文化产业与文化遗产法律法规研究

王瑞光◎著

北京工业大学出版社

图书在版编目（CIP）数据

文化产业与文化遗产法律法规研究 / 王瑞光著 . —北京：北京工业大学出版社，2025.7 重印
ISBN 978-7-5639-6023-1

Ⅰ . ①文… Ⅱ . ①王… Ⅲ . ①文化产业－法律－研究－中国②文化遗产－保护－法律－研究－中国 Ⅳ . ① D922.164

中国版本图书馆CIP数据核字（2019）第 012806 号

文化产业与文化遗产法律法规研究

著　　者：	王瑞光
责任编辑：	刘亚茹
封面设计：	王　斌
出版发行：	北京工业大学出版社
	（北京市朝阳区平乐园 100 号　邮编：100124）
	010-67391722（传真）　　bgdcbs@sina.com
经销单位：	全国各地新华书店
承印单位：	三河市元兴印务有限公司
开　　本：	787 毫米 ×960 毫米　1/16
印　　张：	14
字　　数：	251 千字
版　　次：	2021 年 10 月第 1 版
印　　次：	2025 年 7 月第 4 次印刷
标准书号：	ISBN 978-7-5639-6023-1
定　　价：	52.00 元

版权所有　翻印必究

（如发现印装质量问题，请寄本社发行部调换 010-67391106）

本书受到山东省社会科学规划研究项目青年学者重点培养计划研究专项资助（课题名称：生态视角下的山东省非物质文化遗产保护与传承研究；立项编号：18CQXJ04）

前　言

近年来，我国对文化遗产采取的保护措施取得了较为突出的成绩。一方面政府投入了大量精力进行物质文化遗产（特别是文物）和非物质文化遗产的保护与传承工作；另一方面，社会，包括企业也进行了卓有成效的工作，文化遗产的保护和传承呈现出良好局面。但不可否认的是文化遗产工作依然有很多问题需要破解，如民间力量、市场组织的有效介入尚显不足。解决这些问题的必要途径是形成文化遗产保护与传承的生态体系。其中，法律法规是不能忽视的手段。法律法规体系的完善既可以使政府在工作中履行必要的职能，又能为民间力量的参与提供必要的制度保障。

将文化产业打造成支柱产业是我国党和政府的重大决策。而作为文化产业核心内容的艺术产业也将迎来发展的重大机遇期，本书将着重讨论该内容。文化产业的发展需要多种因素的协同促进，其中法律法规是不可或缺的因素。了解相关的法律法规一方面可以帮助从业者规避经营过程中的雷区，更可以适应国家的导向，使经营管理活动得以良性发展。

文化遗产虽然与文化产业存在巨大分野，但两者之间也有紧密联系。文化产业以盈利作为重要旨归，其发展需要大量文化资源，而我国丰富的物质文化遗产和非物质文化遗产在这方面有得天独厚的优势。作为文化遗产而言，其保护和传承是首位的，但这并不意味着只能固守其原来面貌，而是可以进行必要调整，适应时代。当然，适度的产业开发也是一个重要选择。在此方面，文化产业的相关做法可以为文化遗产提供必要的借鉴。

基于上述考虑，本书将文化产业与文化遗产的法律法规放在一个大体系中进行思考，以期对我国文化遗产的生态化保护和传承工作提供一个新的视角。

为使从业者对我国相关法律法规有一个清晰的认知，帮助他们更好地从事相关的工作；同时使学习文化产业、艺术遗产、艺术管理、文化管理的学生更好地掌握相关的知识，为将来的工作打下坚实的法律法规理论基础，笔者撰写了此书。

本书的内容涵盖了我国文化产业、文化遗产领域法律法规的基本概况；结合国内外学者的成果，对文化产业、文化遗产领域的法律以及重要法规进行了解读。其中，第一章主要介绍我国文化产业、文化遗产法规法规的概况；第二、三、四、五章介绍《著作权法》《电影产业促进法》《文物保护法》《非物质文化遗产法》等我国现有的文化产业、文化遗产法律；第六章介绍我国参加的主要国家文化艺术公约；第七到十一章则分别介绍艺术品市场法规、演艺产业法规、广播影视产业法规、网络艺术产业法规、文化遗产法规。

本书在写作过程中，一方面系统分析了我国目前的文化产业、文化遗产领域法律法规条文和执行情况，另一方面也充分吸收了国内外学者的研究成果，在两者的基础上，还介绍、比对了相关的国际公约和国外相关的法律法规，对我国文化产业、文化遗产法律法规的现状以及后续完善的路径提出了自己的看法，有一定的创新性。虽然经过了反复的修改，但书中仍不免会出现疏漏之处，恳请广大读者斧正。

作者

2019 年 1 月

目 录

绪 论 ………………………………………………………… 1

第一章 文化产业、文化遗产法律法规的渊源 ………… 12

 第一节 宪法 ………………………………………… 12

 第二节 法律 ………………………………………… 13

 第三节 行政法规 …………………………………… 14

 第四节 部门规章 …………………………………… 14

 第五节 地方性法规 ………………………………… 16

第二章 《著作权法》 …………………………………… 17

 第一节 著作权法概述 ……………………………… 17

 第二节 著作权的客体 ……………………………… 19

 第三节 著作权的主体 ……………………………… 23

 第四节 著作权的内容 ……………………………… 26

 第五节 邻接权 ……………………………………… 34

 第六节 著作权的限制 ……………………………… 38

 第七节 侵犯著作权的行为及其法律责任 ………… 43

 第八节 著作权的集体管理 ………………………… 48

第三章 《电影产业促进法》 …………………………… 54

 第一节 《电影产业促进法》的制定 ……………… 54

 第二节 《电影产业促进法》的主要内容 ………… 55

第四章 《文物保护法》 …… 74
第一节 文物保护立法的历史 …… 74
第二节 《文物保护法》的主要内容 …… 75

第五章 《非物质文化遗产法》 …… 89
第一节 《非物质文化遗产法》的制定 …… 89
第二节 《非物质文化遗产法》的主要内容 …… 90

第六章 我国参加的主要国际文化艺术公约 …… 99
第一节 《伯尔尼公约》 …… 99
第二节 《世界版权公约》 …… 102
第三节 《"TRIPS 协议"》 …… 107
第四节 《保护录音制品制作者防止未经许可复制其录音制品公约》 …… 110
第五节 《经济、社会、文化权利国际公约》 …… 113
第六节 《保护和促进文化表现形式多样性公约》 …… 114
第七节 《武装冲突情况下保护文化财产公约》 …… 116
第八节 《关于禁止和防止非法进出口文化财产和非法转让其所有权的方法的公约》 …… 119
第九节 《保护世界文化和自然遗产公约》 …… 122
第十节 《关于被盗或者非法出口文物的公约》 …… 125
第十一节 《保护非物质文化遗产公约》 …… 127

第七章 艺术品市场法规 …… 131
第一节 艺术品市场法规概述 …… 131
第二节 艺术品经营环节法规 …… 132
第三节 艺术品拍卖环节法规 …… 137

第八章　演艺产业法规 ·················· 150
第一节　演艺市场法规概述 ·············· 150
第二节　演艺产业经营规范 ·············· 151

第九章　广播影视产业法规 ················ 167
第一节　电影产业法规 ················ 167
第二节　广播电视产业法规 ·············· 181

第十章　网络艺术产业法规 ················ 191
第一节　网络文化产业法规概述 ············ 191
第二节　网络环境下著作权保护方面的法规 ······· 192
第三节　网络艺术产业法规 ·············· 197

第十一章　文化遗产保护法规 ··············· 208
第一节　行政法规 ·················· 208
第二节　部门规章 ·················· 211

主要参考文献 ····················· 214
后　记 ························ 216

绪 论

要讨论文化产业、文化遗产法律法规，首先需要对文化产业、文化遗产进行界定。在《绪论》部分，将对文化产业、文化遗产的定义，文化产业、文化遗产的特点以及文化产业、文化遗产法律法规的重要性等内容做简单介绍。

一、文化产业、文化遗产的概念

（一）文化产业的概念

自1947年阿多诺和霍克海默在《启蒙的辩证法》中提出以来，文化产业逐步在世界上引发人们的关注，至今已超过50年。专家学者们从多个角度对文化产业的概念进行了界定。但到目前为止，在世界范围内，文化产业概念仍未得到十分严格的、统一的界定，在不同国家有不同称谓。在美国，被称之为版权产业，在英国、澳大利亚被称为创意产业，在西班牙称为文化消闲产业，中国、德国、韩国等许多国家则命名为文化产业。

从艺术和哲学价值评判出发，阿多诺和霍克海默对文化产业持否定态度，但自20世纪70年代起，逐渐成为一个中性词语，成为学术界描述现实社会中文化生产、传播和消费的工具，并被纳入国民经济统计中的产业分类范畴。

英国的贾斯汀·奥康纳、约翰·霍金斯，澳大利亚的大卫·索斯比以及其他学者对文化产业的概念都进行了界定，很多政府以及国际组织也对其进行了界定。这些界定不尽相同，但大都强调以下几点：第一，与文化密切相关，以文化为主要内容；第二，强调其商业价值；第三，注重服务性；第四，将创意作为重要手段。

就中国而言，20世纪80年代便出现了"文化产业"的称谓，一般认为是由日本传入。1992年，党中央、国务院作的《关于加快发展第三产业的决定》中明确使用了"文化产业"的概念，文化的"产业"属性得到政府的认可。党的十五届五中全会通过的《关于"十五"计划的建议》中首次出现"文化产业"概念,由此文化产业逐步上升为国家战略。2004年4月1日,国家统计局印发《文化及相关产业分类》,对文化产业的概念和范围进行了权威界定。

结合中国政府的界定以及国内外学者的研究,文化产业可以界定为:是由市场主体实施的,提供文化产品和文化服务的生产、分配、交换的一系列活动的总和,其主要目的是满足人们的精神文化需求。鉴于艺术产业在文化产业中的重要性,下面着重介绍其概念。

2001年以来,艺术产业经常被新闻界、学者提及,在使用时,大家有不同的提法。2001年,新闻界开始关心艺术产业,陆璐、傅旭明分别在《中国文化报》《中国经济时报》发表文章,讨论艺术产业,但并未对其进行定义。

2004年左右,学者们开始将目光对准艺术产业,对其进行分析、讨论。李向民认为,理论上的"艺术产业"是艺术生产、艺术商业与艺术消费等艺术经济活动的总和,是生产、流通、服务和消费的统称。❶ 当艺术作为一个过程而不单单是产品出现时,艺术生产与流通、消费是在一个或多个时空内实现的,理论的发展抽象与现实的过程就难免产生错位。由于整个学界理论的根基尚未真正建立,其上层构造中就有一些摇移。❷ 成乔明认为,艺术产业是指以企业组织方式从事艺术商品生产和艺术服务经营活动的行业,它无疑属于第三产业,首先用于第三产业中的文化娱乐业,其次它还应该属于商业,为一种从事艺术精神生产品买卖和流通的密集式商业经济活动。❸ 加拿大学者哈利·希尔曼·沙特朗认为,艺术产业可以被看作所谓的"文化产业"所构建的诸多圆圈之一的一个圆心或者广泛定义的艺术和文化产业。❹ 黄鸣奋认为,所谓"艺术产业"在广义上是指一切艺术活动的总和,在狭义上是以标准化、规模化的方式组织艺术活动、生产艺术产品以满足社会需要的国民经济行业或部门。❺ 李波认为,"在当代艺术发展的格局中,艺术产业的兴起以及发展是一个必须面对的历史事实。艺术与产业的结合实现了艺术生产、消费、流通、分配的系统化和规模化,扩展了艺术的社会影响力,趋向成熟的艺术产业不仅有巨大的商业

---

❶ 李佳. 艺术产业化在我国的进程[J]. 美术大观,2012,(7):95.
❷ 成乔明. 艺术产业管理[M]. 昆明:云南大学出版社,2004:序二.
❸ 成乔明. 艺术产业管理[M]. 昆明:云南大学出版社,2004:8.
❹ 李佳. 艺术产业化在我国的进程[J]. 美术大观,2012,(7):95.
❺ 黄鸣奋. 关于艺术产业及其定位的思考[J]. 宁波广播电视大学学报,2007,(4):2;黄鸣奋. 互联网艺术产业[M]. 上海:学林出版社,2008:8.

空间,而且具有创生观念,优化社会环境的作用。"[1] 王廷信等认为,所谓艺术产业,是指按照产业化和市场化的方式来从事艺术产品的生产、流通、经营和服务性活动的行业。也就是说,艺术产业是对艺术中可以走向市场和用产业方式运作的那部分艺术行业、艺术产品和艺术服务的总称。它主要包括影视制作业、音像业、艺术演出业、工艺品生产业、艺术品交易业、艺术经济代理业等行业。[2] 赵小平等认为,艺术产业是文化产业核心内容,在一定程度上引领和决定着文化产业的发展。因为作为广义文化中最具创新性与感染力的表现形式,艺术有着文化的其他组成部分无法比拟的市场亲和力,在文化产业迅速发展壮大的舞台上无可争议的成为领舞者。[3] 巫峻也认为,"艺术产业是我国文化产业的重要组成部分,艺术产业的发展壮大能够带动我国文化产业的蓬勃发展。"[4] 李骏同样持类似观点,他认为,文化产业已成为国民经济的朝阳产业,而艺术产业是文化产业的主要部类。[5] 近年来,在各类学术研讨会中,学者们也对艺术产业倾注了较多关注,讨论其重要性以及发展策略,此处不再展开。

结合众多学者的讨论,笔者认为,艺术产业是文化产业的重要组成部分,是艺术与产业充分融合的产物,是市场上经济条件下艺术发展的必由之路。当代,艺术作品成功与否的一个重要指标也变为经济收入的多寡,产业的因素在艺术行业中的地位越来越高。其实,在中国历史上,便有宋代勾栏瓦舍高度繁荣之势,亦有清末民初京剧的发达,虽不是完整意义上的艺术产业,但可以看成是当代艺术产业的历史积蕴。因此,艺术产业可以做如下界定:艺术产业是文化产业中的核心部分,涵盖文学、美术、音乐、舞蹈、戏剧、戏曲、电影电视、网络艺术的生产、营销与消费等环节,主要呈现为文学出版产业、视觉艺术产业、演艺产业、广播影视产业以及网络艺术产业等部分。

(二) 文化遗产的概念

日常生活中,"文化遗产"通常指某个国家(民族)或群体所创造的、世代传承的、具有突出特质的一切物质财富和精神财富。而作为较为专业的词汇或法律词汇,文化遗产的概念还相对较新,目前尚无统一的界定。

---

[1] 李波.中国当代艺术产业现状分析[J\].社会科学家,2008,(12):24.
[2] 王廷信,郭新茹.江苏艺术产业发展影响因素分析[J].艺术百家,2010,(5):23.
[3] 赵小平,游达明,杨晓辉.艺术产业价值链"陷阱"与协调[J].系统工程,2016,(4):57;赵小平,游达明.艺术产业战略选择与价值创造的关系研究[J].湖南社会科学,2016,(2):124.
[4] 巫峻.艺术产业与金融对接的现状与问题分析[J].贵州大学学报(艺术版),2016,(4):64.
[5] 李骏.我国艺术产业管理的对策[J].东南大学学报(哲学社会科学版),2015,(4):109.

下面结合主要的国际国内法律文件，对其进行说明。

1972年《保护世界文化和自然遗产公约》（以下简称"公约"）中正式采用了"文化遗产"的称谓。公约第1条规定，"在本公约中，下列各项应列为'文化遗产'：古迹：从历史、艺术或科学角度看具有突出的普遍价值的建筑物、碑雕和碑画、具有考古性质的成分或构造物、铭文、窟洞以及景观的联合体；建筑群：从历史、艺术或科学角度看在建筑式样、分布均匀或与环境景色结合方面具有突出的普遍价值的单立或连接的建筑群；遗址：从历史、审美、人种学或人类学角度看具有突出的普遍价值的人类工程或自然与人的联合工程以及包括有考古地址的区域。"❶ 公约以列举的方式确定了需要保护的文化遗产的种类和范围，对于文化遗产保护法律体系的建立具有重要意义。

与《保护世界文化和自然遗产公约》不同，1999年的《国际文化旅游宪章（重要文化古迹遗址旅游管理原则和指南）》中，对"文化遗产"进行了明确界定，"文化遗产是在一个社区发展起来的对生活方式的一种表达，经过时代流传下来，它包括习俗、惯例、场所、物品、艺术表现和价值。文化遗产经常表现为无形的或有形的文化遗产。"❷ 宪章本身不具备强制力，但其精神对各国制订文化遗产政策有一定的影响。

就中国而言，1983年的《宪法》就有文化遗产的提法，但其保护的内容仅局限于文物、名胜古迹、传统工艺美术等。

2005年出台的《关于加强文化遗产保护的通知》（以下简称"通知"）中对文化遗产有了明确的规定，"文化遗产包括物质文化遗产和非物质文化遗产。物质文化遗产是具有历史、艺术和科学价值的文物，包括古遗址、古墓葬、古建筑、石窟寺、石刻、壁画、近代现代重要史迹及代表性建筑等不可移动文物，历史上各时代的重要实物、艺术品、文献、手稿、图书资料等可移动文物；以及在建筑式样、分布均匀或与环境景色结合方面具有突出普遍价值的历史文化名城（街区、村镇）。非物质文化遗产是指各种以非物质形态存在的与群众生活密切相关、世代相承的传统文化表现形式，包括口头传统、传统表演艺术、民俗活动和礼仪与节庆、有关自然界和宇宙的民间传统知识和实践、传统手工艺技能等以及与上述传统文化表现形式相关的文化空间。"❸ 这是目前我国对文化遗产最为权威的

---

❶ 保护世界文化和自然遗产公约. 中国人大网[DB/OL]. http://www.npc.gov.cn/wxzl/gongbao/2000-12/26/content_5001720.htm.

❷ 国家文物局. 国际文化遗产保护文件选编[M]. 北京：文物出版社，2007：187.

❸ 关于加强文化遗产保护的通知. 中国政府网[DB/OL]. http://www.gov.cn/gongbao/content/2006/content_185117.htm

解释。本书也采用通知对文化遗产的解释。

二、文化产业、文化遗产的特点

当前,文化产业在国民经济中的影响力越来越大,政府出台的文件中也将其作为支柱产业来培育。2017年,我国出台了《国家"十三五"时期文化发展改革规划纲要》,对文化产业有如下描述:"现代文化产业体系和现代文化市场体系更加完善,文化市场的积极作用进一步发挥,做优做强做大一批文化企业和文化品牌,文化整体实力和竞争力明显增强,'十三五'末文化产业成为国民经济支柱性产业。"❶ 这是政府对文化产业在国民经济中地位的重要判断。其实,早在2011年,党的十七届六中全会便部署推动文化产业成为国民经济支柱性产业。上述部署说明政府对文化产业寄予了厚望,中国厚重的文化积淀以及国外成功经验的借鉴都为中国发展文化产业提供了坚实的依据。作为优秀传统文化的承载者,文化遗产近年来也受到党和政府的高度重视。

(一) 文化产业的特点

文化产业的相关内容具有创新程度高、辐射范围广、附加值高等特点。

1. 创新程度高

文化产业的核心内容是艺术产品的创作、制作、销售,而艺术产品一个重要的特点是具有强烈的创新性。每一项优秀的艺术产品,都应该独具匠心、与众不同。当然艺术产品在生产过程中,不可避免地借鉴和吸收前人的劳动成果,但绝不是简单重复前人的劳动,而是创造出不同以往的新内容。因此,艺术产品的生产也就是原创性和发明的过程,每一件文化产品都具有不可替代性,这是艺术产品的最大价值所在。能否具有高度的创新意识也成为评判艺术家的最大尺度。当然,艺术作品创作出来后,也需要发挥制作者、销售者的智慧,用最吸引人的方式将产品制作成型,再通过新颖巧妙的方式销售出去。就此而言,文化产业显然较一般产业更具创新性,创新程度更高。

2. 影响范围广

作为文化产业的核心内容,艺术作品,特别是优秀作品虽由艺术家个

---

❶ "十三五"末文化产业成为国民经济支柱性产业,新华网[DB/OL]. http://www.xinhuanet.com/local/2017-05/08/c_129593390.htm

人或艺术家群体共同创造,但它是人类文化和文明发展的结果,是人类精神普遍性的客观反映,凝聚了共通的价值观念和审美观念。因此,就有超越时代和民族的广泛影响,可以得到众多民族的一致认可,在历史长河中受到普遍赞誉。艺术作品容易形成品牌效应,通过无数次重复生产,其产值得以累积,其影响力得以扩大。文化产业的影响力还表现在它可以影响众多行业,甚至影响到政治、社会生活等,此处不再展开。

3. 附加值高

文化产业是知识密集型产业,文化产业增长的核心因素是知识、精神、智慧与思想。虽然文化产业的发展离不开物质力量,但其并不构成核心力量,主要充当载体,起润滑作用,是实现文化价值向经济价值转变的手段。在文化产业的产业链条中,创意是起点,生产、再生产和销售其余环节都是围绕知识和创意展开的。艺术产品生产之初,需要一次投入较多资本,"但是一旦固定投资成本形成,在后续产品生产时,边际成本迅速下降,甚至下降为零。"[1] 并且,在艺术作品的价值中最大的部分是知识、创意的成分,物质成本相对较低,由此知识、创意的价值得以有效展现,文化产业附加值高的特性也彰显出来。

(二) 文化遗产的特点

作为特定历史文化的承载者,文化遗产具有不同于一般遗产的特点:

1. 精神性

不同于一般遗产,物质文化遗产与非物质文化遗产都具有显著的精神性特征。物质文化遗产的精神性体现在它是对民族、国家或群体的世界观的呈现,是其特定思想理念、生活方式的凝聚;非物质文化遗产更是如此,作为一种无形的遗产,它更多表现为精神、思想的传承和发扬。

2. 历史性

历史性是文化遗产的第二个重要特点。无论是物质文化遗产,抑或是非物质文化遗产都是经过漫长的历史长河,留存到今天的。它们或者原封不动的呈现,或者经过岁月的打磨,随着时光的消逝呈现出不同于原初的状态,无一例外都有历史的厚度、年华的味道。

3. 艺术性、科学性

凝结祖先智慧的文化遗产,是先人在特定条件下智力和想象的产物,

---

[1] 李骏. 我国艺术产业管理的对策[J]. 东南大学学报(哲学社会科学版),2015,(4):109.

既有技术上的千锤百炼，又有审美上的苦心孤诣，科学性、艺术性兼具。司母戊大方鼎的厚重、四羊方尊的精致，离不开技术方面的精工细作，又离不开艺术上的巧妙构思。茅台的酱香浓郁、五粮液的香气悠久，既有工艺上的娴熟，又凝聚着品味上的洒脱。

4. 稀缺性

文化遗产是智慧、技艺、精神的共同体，是各种质素的高度整合与展现，是不可再生的、稀缺的。文化遗产的稀缺性意味着一旦失去，很难再行恢复，即便恢复，价值也大打折扣。

此外，文化遗产还具有地域性、民族性等特点。自然禀赋的差异，如环境的不同、气候的悬殊、纬度的高低、地理的分野、生活、生产方式的差异，与之相关的文化遗产便形成了地域的特点、民族的特性。

三、政策、法律法规辨析

政策与法律法规在艺术产业的发展中都有不可替代的作用，它们都是维护艺术产业健康发展的保障与支撑，但也存在区别。因此需要进行简要辨析。

（一）政策的特点

《辞海》对政策的定义为："国家、政党为实现一定历史时期的路线和任务而制定的行动准则"❶。我们可以进一步理解为，政策是国家机关、政党等为了实现某种利益，为达到或实现某种政治、经济或社会目的，根据社会发展情况而制订的谋略、措施、办法、条例等。其主要特征包括：(1) 政策具有突出的阶级性特征，是统治阶级利益的集中体现；(2) 政策的基本目标是追求社会的政治、经济和文化的稳定，呈现出稳定性的特定；同时政策又不是始终不变的，伴随着社会的发展，政策也需要调整变化，因此呈现出变动性的特征。

（二）法律法规的含义及特点

通常，人们将法律法规称为"法"。法是由国家制定或认可的、由国家强制力保证实施的、普遍适用的行为规范体系。与政策一样，它也是统治阶级意志的体现。

---

❶ 夏征农,陈至立.辞海(全五册)[M].上海:上海辞书出版社,2009.

"法"有狭义和广义两种含义。狭义的"法",又称"法律",是指拥有立法权的国家机关制定的法律文件。在我国,特指由全国人民代表大会及其常委会制定的规范性文件。

广义的"法",不仅包括法律,也包括行政法规、地方性法规、行政规章等规范性法律文件以及国家认可的判例等。因此,人们通常所称的法律法规实际上就是广义的"法"。为了尊重人们的使用习惯,本书在行文中采用"法律法规"这一表述方式。

(三) 政策与法律法规的联系

政策与法律在本质上是一致的,它们存在的目的都是维护统治阶级的利益,巩固统治阶级的统治,都是国家进行社会管理的规则体系,共同规范社会成员的行为。

政策与法律法规的联系还表现在:(1)政策对法律有重要的指导作用。在法律法规的制定过程中,政策构成了其依据,在宪法和法律以及各类法规中,政策的影响都十分明显。国家政策往往对于法律制定有重要作用,指导着法律的制定,或者上升为法律。在我国,政策法律化现象普遍存在,在成熟的时候,按照立法法由有立法权限的机关按照程序制定成规范性文件,政策就转换成法律了。❶ 法律法规的实施层面,党的政策对其贯彻执行也有重要的指导作用。(2)法律法规对政策也有制约作用。政策的制定、出台必须符合宪法和法律的规定;政策的贯彻执行必须符合宪法和法律的规定。

政策与法律的联系还表现在适用的互补性上。政策比法律法规调整的范围更加广泛,可以调整和规范社会生活的各个方面,而法律在宗教、道德、民族等领域内并不可能调整太多。

(四) 政策与法律法规的区别

政策与法律法规在制定主体和程序、规范形式、实施方式以及稳定程度等方面有所区别,表现为:

(1)制定主体和程序不同。政策是由执政党按照一定的程序制定的,是其意志的集中,在其上升为法律之前,不具备国家意志的属性。而法律是由国家机关制定或认可的,需要严格依照法定职权和法定程序加以制定或认可,具有国家意志的属性。

(2)规范形式不同。政策以"导向"为主,因此其文件可以主要或完

---

❶ 赵阳,徐宝祥. 文化产业政策与法规[M]. 北京:中山大学出版社,2012:10.

全由原则性规定组成,只规定方向而不规定具体的规则。而法律法规具有高度的明确性,无论法典或单行法律和法规,都必须以明确的规则为主,而不能仅有原则性的规定。

(3) 实施方式不同。政策发挥作用的基础是人民对政策的信任、支持,实施的方式是宣传教育、劝导。一般而言,政策的强制力相对较弱,对违反者只能通过行政手段予以处分。而法律法规的强制性突出,依靠其强制力保证实施效果。

(4) 稳定程度不同。政策的制定和变化要适应社会发展的需要,跟随社会的发展,及时调整以解决新的社会现象和社会问题,时效性较短,稳定性相对较弱。法律法规一般是对试行和检验为正确的政策定型化,其修改、废止有着严格的程序,要在充分酝酿后才会进行调整,具有较强的稳定性。

四、文化产业、文化遗产法律法规的作用

文化产业、文化遗产法律法规在各自领域都有着不可替代的作用,下面就分别予以介绍。

(一) 文化产业法律法规的作用

文化产业的发展一方面需要法律法规的规范,另一方面也需要提供包括扶持在内的各种支持,许多国家的经验证明了这一点,如英国的创意产业高度发达,与英国颁布的多部保障性法规密切相关,韩国电影产业和游戏产业在亚洲金融风暴后的较短时间内迅速崛起离不开《文化产业振兴法》等诸多文化产业的法律法规的强大支持。近年来我国电影产业发展迅速,与《电影产业促进法》的出台以及《电影管理条例》的修订有非常密切的联系。文化产业法律法规对文化产业的作用主要有以下几点:

1. 为文化产业的发展提供良好的环境,加速文化产业的发展

这种作用主要体现在:其一,法律法规可以有效地保障市场主体的合法权益。文化法、知识产权法在这方面都有重要的意义。相关的法律法规对于保护艺术市场主体的合法权益有积极意义,增强市场主体的从业信心,调动艺术产品生产者、经营者的积极性;其二,法律法规可以维护艺术市场秩序。经济法、合同法、艺术市场的各种管理条例、消费者权利法等都可以有效保护消费者的权益,为艺术市场的长足发展提供大量的消费人群。

2. 对文化产业结构调整提供指南

文化产业法律法规对于文化产业结构的优化和调整也有重要影响。相关法律法规的出台不仅能够影响产业结构的方向、目标、规划，并且通过行政、经济的手段，使文化产业经营者调整自己的经营方向和经营行为，使资源配置按预定的目标发展，达到优化组合的目的。特别是法律法规在市场准入方面规定的变动，可以使市场主体发生很大的变化，不但可以使更多经营主体进入市场，而且还对当前的市场主体的经营产生直接的影响，市场主体都要对其有清醒的认识，自觉遵守和使用法律法规的新变化。

3. 对文化产业国际竞争力的"提升"

该作用主要通过两种方式体现：一是对本国的某些文化产业的保护。我国在加入WTO时，鉴于文化产业的特殊性，对电影产业等文化产业采取了一定程度的保护措施，这些在相应的法律法规中也得以确认，它们对于保护特定的相对弱势的文化产业有不可小觑的作用；二是中国参加的多个国际公约，为中国文化产业在海外的发展提供了有力的保障，中国文化产业的经营者和管理者在海外市场也可以获得必要的保护，有利于提升竞争力。

（二）文化遗产法律法规的作用[1]

文化遗产法在保护文化遗产方面发挥了积极的作用，主要表现为：是保护文化遗产的法律武器、处理国际文化遗产争端的法律依据，为政府进行文化遗产保护与管理提供了明确依据、为公民和社会组织享用和保护文化遗产提供了有力保障。

1. 文化遗产法是保护文化遗产的法律武器

作为祖先遗留的宝贵财富，文化遗产经理过漫长发展历程，已十分脆弱。在工业化、城市化和全球化的大背景下，文物古迹等物质文化遗产面临诸多危机，特别是基础建设、房地产开发等使其快速消失。而生产、生活方式的改变使得非物质文化遗产所依存的大环境发生巨大变化，交通的便利使得具有突出地域特性的非物质文化遗产也面临被侵蚀的危险。很多传统工艺、传统表演艺术等非物质文化遗产濒临失传或已失传。文化遗产法的制定及实施为全社会进行文化遗产保护活动指明了方向，为遏制文化遗产的进一步消亡提供了法律武器。

---

[1] 王云霞. 文化遗产法教程[M]. 北京：商务印书馆，2012：38-40.

2. 为政府依法进行的文化遗产保护和管理行为提供了依据

文化遗产本质上是一种公共产品，要求政府代表社会的共同利益，甚至子孙后代的福祉，积极保护和管理文化遗产。面对社会上出现的破坏文化遗产的情况，文化遗产法为政府展开文化遗产保护提供了原则和具体的方针、政策、措施，政府可以此为依据进行文化遗产的保护和管理。当然，文化遗产法对各级政府和文化遗产行政主管部门进行了限制，不能越权和超越范围。

3. 为公民和社会组织享用文化遗产提供了依据

文化遗产是全民的财富，公民和社会组织有权使用，不同性质的文化遗产该如何使用，文化遗产法律法规也进行了规定。例如，私有的文化遗产，其所有者或传承者可以依法处置，包括使用、获得收益等，但也受到一定的限制。对于集体所有的文化遗产，其处置应考虑当地社区的合法利益。而国有的文化遗产，全民都有权利接触、欣赏和利用。换句话说，文化遗产法律法规在此有明确的规定，可以有效保护公民和社会组织的合法利益。

4. 为处理国际文化遗产争端提供了坚实的依据

文化遗产虽然具有区域性、民族性的特征，但也是全人类共同的财富。因此，其保护需要所在国的有力保护，也需要国际社会的共同参与。历史上，曾经出现了很多通过武力或其他不正当手段掠夺或毁灭他国文化遗产的情况，给文化遗产所在国造成了严重伤害。当今，文化财产的跨国非法流通也给文化遗产资源国的保护和管理造成了巨大的伤痛，打击此类行为已经刻不容缓。这些都要一定的依据，文化遗产法律法规就是这样的依据。

总之，文化产业、文化遗产法律法规在各自领域都发挥着重要的作用，其相关精神也可为彼此提供有效的借鉴。

五、本书结构

本书第一章主要介绍我国文化产业、文化遗产法律法规的渊源；第二、三、四、五章介绍《著作权法》《电影产业促进法》《文物保护法》《非物质文化遗产法》等我国现有的文化产业、文化遗产法律；第六章介绍我国参加的主要国家文化艺术公约；第七到十章则分别介绍艺术品市场法规、演艺产业法规、广播影视产业法规、网络艺术产业法规、文化遗产法规。

第一章　文化产业、文化遗产法律法规的渊源

文化产业、文化遗产法律法规在我国文化艺术政策与法律法规体系中具有重要地位，本章将对其渊源进行简单介绍。

从法的渊源看，我国文化产业、文化遗产法律法规体系构成包括宪法、法律、行政法规、地方性法规、部门规章，以及党政机关颁布的规范性文件。其中，作为我国根本大法的《宪法》，规定了国家文化事业的总体原则和整体发展方向。由全国人大和人大常委会制定的法律（狭义的法律）以及由国务院及有关部门制定的行政法规和部门规章，在各类艺术活动中发挥着主体性作用，而由各地制定的地方性法规主要起补充作用。法规性文件的作用是补充相关法律、法规的内容，有时起先导性作用。

第一节　宪法

宪法是我国的根本大法，其关于国家基本制度和发展文化事业及保障公民享有从事文化活动的权利的规定，为艺术产业法制建设提供了基本原则。宪法规定："人民依照法律规定，通过各种途径和形式，管理国家事务，管理经济和文化事业，管理社会事务。"❶ "国家根据各少数民族的特点和需要，帮助各少数民族地区加速经济和文化的发展。"❷ "国家发展为人民服务、为社会主义服务的文学艺术事业、新闻广播电视事业、出版发行事业、图书馆博物馆文化馆和其他文化事业，开展群众性的文化活动。"❸ "国家保护名胜古迹、珍贵文物和其他重要历史文化遗产。"❹ 宪法还规定："中华人民共和国公民有进行科学研究、文学艺术创作和其他文化活动的自由。国家对于从事教育、科学、技术、文学、艺术和其他文

---

❶ 中华人民共和国宪法[Z].2018-3-11.第2条.
❷ 中华人民共和国宪法[Z].2018-3-11.第4条.
❸ 中华人民共和国宪法[Z].2018-3-11.第22条.
❹ 中华人民共和国宪法[Z].2018-3-11.第22条.

事业的公民的有益于人民的创造性工作，给以鼓励和帮助。"❶ 宪法的这些规定，既是文化法律体系的有机组成，又为建立文化法律体系提供了根本依据。

第二节 法律

与经济、社会等领域的立法相比，我国的文化立法依然有较大的推进空间。值得庆幸的是，近年来，文化立法以及现有文化法律的修订工作正在加快推进。2014年6月，国务院公布了《中华人民共和国著作权法（修订草案送审稿）》，面向社会征求意见。根据现实需要，2017年11月，《文物保护法》完成了第五次修正。2016年12月，《公共文化服务保障法》审议通过并正式颁布，并已于2017年3月1日正式实施。2016年11月，全国人大常委会审议通过了《电影产业促进法》。《公共图书馆法》于2017年11月4日经全国人大常委会审议通过，并于2018年1月1日开始实施。与此同时，《文化产业促进法》《广播电视传输保障法》正在推进过程中。

目前，文化领域在国家层面的法律并不多，只有《电影产业促进法》（2016年颁布）、《公共文化服务保障法》（2016年颁布）、《文物保护法》（1982年颁布，2017年第5次修正）、《非物质文化遗产法》（2011年颁布）、《著作权法》（1990年颁布，2010年第2次修订，目前正在进行第3次修订）、《公共图书馆法》（2017年颁布，2018年修正）。《电影产业促进法》作为第一部文化产业领域内的法律，其规定的主要措施将对中国电影产业有显著的推进作用，为中国电影产业持续健康繁荣发展提供了强有力的支撑。《公共文化服务保障法》是我国公共文化服务方面的第一部法律，不仅规定了公共文化设施建设与管理的内容，还对公共文化服务提供等方面进行了详细规定。《文物保护法》对文物的保护、利用和研究作出全面规定。《非物质文化遗产法》从调整对象、调查名录、传承传播等多个方面，对非物质文化遗产的保护和利用进行了详细的规定。《著作权法》对著作权人的各项权利及其保护措施进行了规定，对激发著作权人的创作积极性、促进文化创作繁荣有积极的意义。

---

❶ 中华人民共和国宪法[Z].2018-3-11.第47条.

第三节　行政法规

行政法规是国务院根据宪法和法律，按照《行政法规制定程序条例》的规定而制定的各类法规的总称。行政法规一般称"条例""规定"或"办法"等。国务院根据全国人民代表大会及其常务委员会的授权决定制定的行政法规，称"暂行条例"或者"暂行规定"。❶

我国目前共有数十部文化艺术方面的行政法规，主要有《著作权法实施条例》（2002年颁布，2013年修订）、《著作权集体管理条例》（2004年颁布，2011年、2013年修订）、《传统工艺美术保护条例》（1997年颁布，2013年修订）、《广播电视管理条例》（1997年颁布，2013年、2017年修订）、《广播电视设施保护条例》（2000年颁布）、《电信条例》（2000年颁布，2014年、2014年修订）、《电影管理条例》（1996年颁布，2001年重订）、《娱乐场所管理条例》（1996年颁布，2006年重订）、《音像制品管理条例》（2001年颁布，2011年、2013年修订）、《广播电台电视台播放录音制品支付报酬暂行办法》（2009年颁布，2011年修订）、《计算机软件保护条例》（2001年颁布，2011年、2013年修订）、《互联网信息服务管理办法》（2000年颁布，2011年修订）、《互联网上网服务营业场所管理条例》（2002年颁布，2011年、2016年修订）、《信息网络传播权保护条例》（2006年颁布，2013年修订）、《文物保护法实施条例》（2003年颁布，2013年、2016年修订）、《水下文物保护管理条例》（1989年颁布，2011年修订）、《营业性演出管理条例》（2005年颁布，2008年、2013年修订）。

国务院制定的保护著作权以及各类艺术作品、演出娱乐、广播、出版等方面的行政法规，对保障公民享有的言论、表达等民主权利，促进我国文化艺术行业的发展具有重要作用。

第四节　部门规章

部门规章属于具体法规，主要是国务院的各部委根据法律和行政法规而制定的操作规范及准则，具有操作性强、变动性大的特点。现行文化艺术方面的部门规章有数十部，主要有：《国家艺术基金章程（试行）》

---

❶ 国务院.行政法规制定程序条例[Z].2017-12-22.第5条.

(2014年颁布)、《互联网文化管理暂行规定》(2011年颁布)、《网络游戏管理暂行办法》(2010年颁布)、《乡镇综合文化站管理办法》(2009年颁布)、《文化部涉外文化艺术表演及展览管理规定》(2004年颁布)、《营业性演出管理条例》(2005年颁布)、《营业性歌舞娱乐场所管理办法》(2005年颁布)、《娱乐场所管理条例》(2006年颁布)、《营业性演出管理条例实施细则》(2009年颁布)、《演出经纪人员管理办法》(2012年颁布)、《音像制品进口管理办法》(2003年颁布)、《中外合作音像制品分销企业管理办法》(2003年颁布)、《美术品经营管理办法》(2004年颁布)、《全国重点美术馆评估办法》(2009年颁布)、《文物藏品定级标准》(2001年颁布)、《文物保护工程管理办法》(2003年颁布)、《文物认定管理暂行办法》(2009年颁布)、《文物行政处罚程序暂行规定》(2005年颁布)、《世界文化遗产保护管理办法》(2006年颁布)、《文物进出境审核管理办法》(2007年颁布)、《古人类化石和古脊椎动物化石保护管理办法》(2006年颁布)、《国家级非物质文化遗产保护与管理暂行办法》(2006年颁布)、《国家级非物质文化遗产项目代表性传承人认定与管理暂行办法》(2008年颁布)、《文化市场行政执法管理办法》(2006年)、《文化部立法工作规定》(2006年颁布)、《博物馆管理办法》(2005年颁布)、《艺术档案管理办法》(2001年颁布)等。❶

新闻出版广播影视方面的主要有:《音像制品复制管理办法》(1996年颁布)、《电子出版物管理规定》(1997年颁布)、《出版管理行政处罚实施办法》(1997年颁布)、《内部资料性出版物管理办法》(1997年颁布,2015年修订)、《中华人民共和国新闻出版行政执法证管理办法》(1998年颁布)、《印刷品广告管理办法》(2000年颁布)、《新闻出版行业标准化管理办法》(2001年颁布,2013年修订)、《印刷业经营者资格条件暂行规定》(2001年颁布)、《设立外商投资印刷企业暂行规定》(2002年颁布)、《音像制品进口管理办法》(2002年颁布,2011年修订)、《赴国外租买频道和设台管理暂行规定》(2002年颁布)、《外商投资图书、报纸、期刊分销企业管理办法》(2003年颁布)、《印刷品承印管理规定》(2003年颁布)、《著作权行政处罚实施办法》(2003年颁布,2009年修订)、《外商投资电影院暂行规定》(2004年颁布)、《音像制品出版管理规定》(2004年颁布)、《图书质量管理规定》(2004年颁布)、《订户订购进口出版物管理办法》(2004年颁布,2011年修订)、《报社记者站管理办法》(2005年颁布,2009年修订)、《新闻记者证管理办法》(2005年颁布,2009年修

---

❶ 文化和旅游部. 政策法规[DB/OL]. http://zwgk.mcprc.gov.cn/? classInfoId=21.

订)、《新闻出版统计管理办法》(2005年颁布,2016年修订)、《电影剧本(梗概)备案、电影片管理规定》(2006年颁布)、《互联网视听节目服务管理规定》(2007年颁布)、《电子出版物出版管理规定》(2008年颁布)、《音像制品制作管理规定》(2008年颁布)、《图书出版管理规定》(2008年颁布)、《出版专业技术人员职业资格管理规定》(2008年颁布)、《期刊出版管理规定》(2008年颁布)、《新闻出版总署立法程序规定》(2009年颁布)、《复制管理办法》(2009年颁布)、《卫星电视广播地面接收设施安装服务暂行办法》(2009年颁布)、《广播电视广告播出管理办法》(2009年颁布)、《广播电视安全播出管理规定》(2009年颁布)、《电视剧内容管理规定》(2010年颁布)、《电影艺术档案管理规定》(2010年颁布)、《著作权质权登记办法》(2010年颁布)、《出版物市场管理规定》(2011年颁布,2016年修订)、《有线广播电视运营服务管理暂行规定》(2011年颁布)、《教科书法定许可使用作品支付报酬办法》(2013年颁布)、《出版单位变更资本结构审批办法(试行)》(2014年颁布)、《新闻从业人员职务行为信息管理办法》(2014年颁布)、《使用文字作品支付报酬办法》(2014年颁布)、《国家新闻出版产业基地(园区)管理办法》(2014年颁布)、《广播电影电视行业统计管理办法》(2015年颁布)、《公益广告促进和管理暂行办法》(2016年颁布)、《新闻出版许可证管理办法》(2016年颁布)、《网络出版服务管理规定》(2016年颁布)、《专网及定向传播视听节目服务管理规定》(2016年颁布)。❶ 这些规章的制定为文化艺术、新闻、出版、广播影视方面的执法提供了必要的依据和参照。

第五节 地方性法规

从文化领域的立法可以看到各地对文化传统以及对文化事业和文化产业发展的重视程度,一些具有深厚文化根基和浓厚文化氛围的大城市及省份都比较重视艺术产业领域的立法,如北京、上海、浙江、江苏、陕西等地。❷ 近年来,在文化大发展大繁荣政策的号召下,各地纷纷加快了艺术产业地方立法的节奏。

需要说明的是,虽然列举了广义法律所包含的多项内容,但本章所涉及的法律是指狭义的法律,即指由全国人大和人大常委会制定的法律。

---

❶ 国家新闻出版广电总局.法律法规[DB/OL]. http://www.sapprft.gov.cn/sapprft/govpublic/6682.shtml.

❷ 黄虚峰.文化产业政策与法律法规[M].北京:北京大学出版社,2013:78-79.

第二章 《著作权法》

著作权法在我国文化艺术管理中居于基础地位，对保护文艺创作主体、文艺接受主体权益，繁荣文化艺术创作，促进文化产业发展方面有重要作用。

第一节 著作权法概述

一、著作权法在我国的变迁

清末，我国便开始关注对著作权的保护。中国历史上第一部著作权法诞生于1910年，当年清政府颁布了《大清著作权律》。但因清政府很快垮台，该法实际上未得以有效实施。但该法对北洋政府和南京国民政府都有所启示，1915年北洋政府颁布了《著作权法》，南京国民政府上台后，也于1928年颁布了《著作权法》，两部《著作权法》基本上沿袭了《大清著作权律》的内容。

中华人民共和国成立后，南京国民政府的《著作权法》虽被废止，但并未停止对著作权的保护，制定了诸如《关于书籍稿酬的暂行规定》《图书、期刊版权保护试行条例》等法规。但效力和覆盖面都有局限。伴随中国经济社会的发展，特别是改革开放以来，中国融入世界的步伐加快，系统全面的著作权保护法的出台显得较为迫切

1990年9月7日，中华人民共和国第一部《著作权法》获得通过。作为新中国第一部全面系统的保护著作权的法律，《著作权法》具有拓荒的性质。随着时间推进和客观形势的变化，我国于2001年、2010年对《著作权法》进行了修正，著作权法的保护水平进一步提升。主要修订内容包括：一是增加了受保护的作品种类和著作权人的专有权利；二是增加了对技术措施和权利管理信息的保护；三是调整了"法定许可"的范围等。

在网络技术迅猛发展的背景下，新技术不断涌现，著作权保护面临着很多新问题；同时版权产业在我国已开始占有较为重要的地位，需要更有

力的版权保护环境。基于上述原因,我国于 2011 年 7 月 13 日启动了《著作权法》的第 3 次修订工作。2014 年 6 月 6 日起,《中华人民共和国著作权法(修订草案送审稿)》开始向社会征求意见,为期一个月。其中一项重要内容为相关权制度的完善,主要包括出版者版式设计权、表演者权、录音制作者权和广播组织权等。

二、著作权的定义、特征

(一)著作权的定义

著作权,是指作者等著作权人对文学、艺术和自然科学、社会科学、工程技术等作品所依法享有的人身和财产权利等专有权利的总称,是基于具有独创性的作品而产生的权利。作品是产生著作权的基础要件,无作品便没有著作权。作品创作完成后,无论是否发表或利用,著作权即已产生。

著作权是作者的人身权利与财产权利的合一。著作人身权,又称精神权利,是指作者基于作品而产生的与作者人身密切相关的权利,一般只能由作者本人享有和行使。著作财产权,又称经济权利,是指作者等著作权人自己使用或授权他人通过某种形式使用作品,并获得经济报酬的权利。该权利允许作者将作品转让或许可给他人使用。

著作权有广义和狭义之分。狭义的著作权,是指作者就其所创作的作品而享有的专有权利。大陆法系国家的著作权是狭义的,不含邻接权。我国现行的《著作权法》以及《著作权法(修订草案送审稿)》中虽未有"邻接权"的表述,但实际上有邻接权的相关内容,如后者的"相关者权"实际上是邻接权。

广义的著作权,还包括邻接权。出版者、表演者等作品传播者在作品传播作品过程中,因自己的创造性劳动和资金投入所取得的成果也属于著作权保护的范畴。在英美法系国家,作者权利、邻接权都是版权的组成部分,没有著作权和邻接权的区别,采用的是广义的著作权。

(二)著作权的特征

作为知识产权的有机组成,著作权具有知识产权的一般特征:一是非物质性;二是时间性;三是地域性。

(1)非物质性。著作权的非物质性是指著作权的客体不是物质载体本身,而是物质载体所"承载"或"体现"的精神性内容。

(2) 地域性。著作权的地域性是指著作权的效力一般只限于本国境内，除非该国加入的国际条约、双边或多边协定中有相关规定。这一点与所有权迥异。

(3) 时间性。著作权的时间性是指对著作权的保护有一定的期限，其目的是为了防止过度保护，导致公众根据前人的成果进行创新和创造受限。我国《著作权法》第 21 条对各种类型的著作权期限进行了规定，如作品的复制权为作者终生及其死后 50 年。

三、著作权法的含义

著作权法是指规定有关著作权以及相关权益的取得、行使和保护的法律规范的总和。

除上文提及的《著作权法》外，我国保护著作权的法律还有《刑法》《民法通则》中的有关规定；国务院的行政法规有《计算机软件保护条例》（2002 年颁布，2013 年修订）、《著作权集体管理条例》（2005 年颁布）、《信息网络传播权保护条例》（2006 年颁布，2013 年修订）、《著作权法实施条例》（2011 年颁布，2013 年修订）；部门规章有国家版权局发布的《著作权行政处罚实施办法》（2009 年颁布）；司法解释有 2002 年颁布的《最高院关于审理著作权民事纠纷案件适用法律若干问题的解释》以及 2007 年颁布的《最高人民法院、最高人民检察院关于办理侵犯知识产权刑事案件具体应用法律若干问题的解释（二）》等。

此外，我国加入的国际公约中也有与著作权相关的内容，同样可以纳入我国著作权法思考的范畴。我国于 1992 年加入《伯尔尼公约》《世界版权公约》；1993 年，加入《保护录音制品制作者防止未经授权复制其制品公约》；2001 年，伴随着我国加入世界贸易组织，"TRIPS"协议（《与贸易有关的知识产权协议》）也已对我国生效。它们保护的是外国人，即只有外国人才可以在我国主张条约所赋予的利益。具体操作过程中，首先应根据我国《著作权法》办理，当我国《著作权法》与国际公约不一致时，才可以依据公约获得保护。

第二节 著作权的客体

著作权的客体，即著作权法的保护对象，是指受著作权法保护的具有独创性并能以某种有形形式复制的文学、艺术和科学作品。

一、作品应具备的条件

（一）具有独创性

这是作品最重要的特征或条件。其一，独创性的"独"是指作品由创作者独立完成。其二，独创性的"创"是作品必须具有创造性。

（二）具有能够被他人感知的外在形式

作品必须具备一定的客观外在表达形式，即作品具有可感知性，它是作品受著作权法保护的必要条件。

（三）具有可复制性

作品还须具有可复制性，只有如此，作品才有被侵权的可能，因而需要法律的保护。

二、不受著作权法保护的对象

（一）思想

在建立著作权保护制度的国家，虽然强调保护"思想的表达"，但对思想本身不予保护。著作权法并不保护抽象的思想、观念、构思、创意、工艺、操作方法等。

（二）事实及对事实的一般汇编

著作权法保护作品中的独创性部分，但不鼓励和保护创作者垄断作品中的材料部分。

（三）官方正式文件

因法律等官方文件涉及社会公众和国家整体利益，因此《著作权法》规定："法律、法规，国家机关的决议、命令和其他具有立法、司法、行政性质的文件以及官方正式译文"不在著作权法保护范围之内。❶

---

❶ 中华人民共和国著作权法[Z].2010-2-26.第5条.

(四) 公有领域的作品

作品超过保护期之后便进入了公有领域，成为公共财产，人人可以使用，但包括发表权、署名权、修改权等著作权的精神权利部分不会随之消亡，应始终得到尊重。

(五) 竞技体育活动

著作权法保护对思想、观念或情感等具有一定美感的表达。除花样游泳、花样滑冰、体育舞蹈、艺术体操等运动竞赛表演除外，其他体育活动不在著作权保护范围之内。

(六) 被法律禁止出版、传播的作品

在我国，内容反动、淫秽的作品属依法禁止出版、传播的作品，不受著作权法保护。

三、作品的分类

在我国，按照著作权法的规定来划分，作品主要有以下几类：

(一) 文字作品

文字作品主要"包括诗词、散文、小说、论文等以文字形式表现的作品。"❶ 产品说明书、节目预告单、科技论文等也属于文字作品。

(二) 口述作品

口述作品是指"即兴演讲、授课等以口头语言形式表现的作品。"❷

(三) 音乐、戏剧、曲艺、舞蹈和杂技艺术作品

音乐作品包括"声乐、器乐作品，是能够演唱或者演奏的作品。"❸

戏剧作品是指"传统戏曲、话剧、音乐剧、歌剧等在舞台上演出的作品。

曲艺作品是指相声、评书等以说唱为主要形式的表演作品。两者受到

---

❶ 国务院.中华人民共和国著作权法实施条例[Z].2013-1-30.第4条.
❷ 国务院.中华人民共和国著作权法实施条例[Z].2013-1-30.第4条.
❸ 国务院.中华人民共和国著作权法实施条例[Z].2013-1-30.第4条.

著作权法保护的部分是剧本或底本。"❶

舞蹈作品是指"通过人体优美的动作、生动的表情等表现情感的作品。著作权法保护的主要是舞蹈动作的设计,而不是舞蹈表演本身。"❷

杂技艺术作品是指"杂技、马戏等通过动作和技巧表现的作品。杂技艺术作品的内容主要是杂技艺术作品的设计与创作。"❸

(四) 美术、建筑作品

美术作品是指"以线条、色彩等塑造的有审美意义的平面或者立体的造型艺术作品,主要包括绘画、雕塑、书法等。"❹

建筑作品是指"以建筑物或构筑物形式表现的具有审美意义的作品。建筑作品主要有两方面的内容:一个是建筑物本身;另一个是建筑的设计图和它的模型。"❺

(五) 摄影作品

摄影作品是指"摄影师在感光材料等材料上记录物体形象,用来反映社会生活与自然现象,并表达作者思想情感的艺术作品。著作权法意义上的摄影作品必须具有独创性。"❻

(六) 影视作品

影视作品,即电影作品和以类似摄制电影的方法创作的作品,是指"存储在一定介质之上,由一系列的有声或无声的画面组成,并借助放映装置进行放映或传播的作品。"❼

(七) 图形作品和模型作品

我国《著作权法实施条例》中,对图形作品有如下定义:"为施工、生产绘制的工程设计图、产品设计图,以及反映地理现象、说明事物原理或者结构的地图、示意图等作品"。❽

---

❶ 国务院.中华人民共和国著作权法实施条例[Z].2013-1-30.第4条.
❷ 国务院.中华人民共和国著作权法实施条例[Z].2013-1-30.第4条.
❸ 国务院.中华人民共和国著作权法实施条例[Z].2013-1-30.第4条.
❹ 国务院.中华人民共和国著作权法实施条例[Z].2013-1-30.第4条.
❺ 国务院.中华人民共和国著作权法实施条例[Z].2013-1-30.第4条.
❻ 国务院.中华人民共和国著作权法实施条例[Z].2013-1-30.第4条.
❼ 国务院.中华人民共和国著作权法实施条例[Z].2013-1-30.第4条.
❽ 国务院.中华人民共和国著作权法实施条例[Z].2013-1-30.第4条.

模型作品则是指"为展示、观测或者试验等用途，根据物体的原貌，按照比例制成的立体作品，如动植物模型、地理沙盘模型和产品模型等。"❶

（八）其他作品

是指需要法律或行政法规履行规定的作品。我国《著作权法》规定："民间文学艺术作品的著作权保护办法由国务院另行规定。"❷

第三节 著作权的主体

著作权的主体是指依法享有著作权的人。

一、著作权的几大主体

我国《著作权法》相关规定，著作权人可分为以下4类：

（一）自然人作者

著作权最基本的权利主体是自然人，主要是创作文学艺术作品和科学作品的自然人。不仅作者，其他人根据合同或法律的规定，也能成为著作权人。

首先，通过继承、赠予、遗赠、受让，自然人可获得著作权。这类著作权人称继受主体，他们不能享有完整的著作权，因为著作权中的人身权利不能转让。

其次，有一类情况比较特殊，作者不享有著作权或仅有部分著作权。如按照最高人民法院《关于审理著作权民事纠纷案件适用法律若干问题的解释》规定："由他人执笔，本人审阅定稿并以本人名义发表的报告、讲话等作品，著作权归报告人或者讲话人享有。"❸

（二）视为作者的法人或者其他组织

《著作权法》规定："由法人或者其他组织主持，代表法人或者其他组

---

❶ 国务院.中华人民共和国著作权法实施条例[Z].2013-1-30.第4条.
❷ 中华人民共和国著作权法[Z].2010-2-26.第6条.
❸ 最高人民法院.最高人民法院关于审理著作权民事纠纷案件适用法律若干问题的解释[Z] 200-10-12.第13条.

织意志创作,并由法人或者其他组织承担责任的作品,法人或者其他组织视为作者。"❶ 例如,《电影管理条例》等行政法规中规定电影制片的主体是单位,因此,电影作品的著作权人是法人,而不是自然人。

(三) 国家

某些情况下,著作权的主体(一般是财产权)是国家,主要包括以下3种情况:(1)公民死亡时,无继承人或受遗赠人,或继承人放弃继承权的,著作权中的财产权归国家所有;(2)"公民死亡时无继承人、受赠人,或者法人、非法人组织终止,没有权利义务承受人,著作权中的财产权利归国家所有。"❷(3)公民、法人或者其他组织赠予国家的,著作权中的财产权归国家所有。

(四) 外国人

外国人的作品在中国获得著作权保护,必须符合以下3项条件中的任意一条:(1)外国人的作品首先在中国出版,或外国人的作品在"中国境外首先出版后,30日内在中国境内出版的,视为该作品同时在中国境内出版"❸;(2)其所属国或者经常居住国与中国签订了相互保护著作权的协议或共同参加了《伯尔尼公约》《世界版权条约》和 TRIPS 协议等保护著作权的国际条约❹;(3)外国人的作品首次在上述国际条约的缔约国出版,或者在非缔约国首次出版后30天内在缔约国出版❺。

二、特殊作品的著作权归属问题

通常情况下,著作权归作者所有。但是,有些作品在创制和传播过程中,多个主体共同参与,就涉及著作权的归属问题。

(一) 职务作品的著作权归属

职务作品是指"公民为完成法人或者其他组织工作任务所创作的作品"❻。《著作权法》中,对职务作品的著作权归属有以下规定:

---

❶ 中华人民共和国著作权法[Z].2010-2-26.第11条.
❷ 王丽萍,王守和.著作权民事法律关系剖析[J].山东法学,1995(1):23.
❸ 国务院.中华人民共和国著作权法实施条例[Z].2013-1-30.第8条.
❹ 中华人民共和国著作权法[Z].2010-2-26.第2条.
❺ 黄虚峰.文化产业政策与法律法规[M].北京:北京大学出版社,2013:108.
❻ 中华人民共和国著作权法[Z].2010-2-26.第16条.

第一,一般情况下,"职务作品的著作权人为作者,但法人或其他组织在其业务范围内有优先使用权。作品完成两年内,未经单位同意,作者不得许可第三人以与单位使用的相同方式使用该作品。"[1]

第二,以下两种情况,作者只享有署名权,著作权的其他权利由法人或者其他组织享有:"(一) 主要是利用法人或者其他组织的物质技术条件创作,并由法人或者其他组织承担责任的工程设计图、产品设计图、计算机软件等作品;(二) 法律、行政法规规定或者合同约定著作权由法人或者其他组织享有的职务作品。"[2]

(二) 委托作品的著作权归属

委托作品是指受人委托创作的作品。我国《著作权法》规定:"受委托创作的作品,著作权的归属由委托人和受托人通过合同约定。合同未作明确约定或者没有订立合同的,著作权属于受托人。"[3]

(三) 演绎作品的著作权归属

演绎作品,又称派生作品,是利用原有作品进行改编、翻译、注释、整理而产生的作品。[4] 一部演绎作品同时包含了原作者和演绎作者的智力创造,因此我国对两者都予以保护。

(四) 合作作品的著作权归属

合作作品,是指"由两个以上的作者共同创作的作品,其著作权由合作作者共同享有",当合作作品无法分割时,其著作权由合作作者共同享有[5]。当作品可分割使用时,作者对各自创作的部分单独享有著作权。[6]

(五) 汇编作品的著作权归属

汇编作品是指对若干作品、作品的片段等进行选择、汇集和编排而产生的新作品,其著作权归汇编人享有,但其前提是不侵犯原作品的著作权。[7]

---

[1] 中华人民共和国著作权法[Z].2010-2-26.第16条.
[2] 中华人民共和国著作权法[Z].2010-2-26.第16条.
[3] 中华人民共和国著作权法[Z].2010-2-26.第17条.
[4] 中华人民共和国著作权法[Z].2010-2-26.第34条.
[5] 国务院.中华人民共和国著作权法实施条例[Z].2013-1-30.第9条.
[6] 中华人民共和国著作权法[Z].2010-2-26.第13条.
[7] 中华人民共和国著作权法[Z].2010-2-26.第14条.

(六) 影视作品的著作权归属

我国《著作权法》规定，编剧、导演、摄影、作词、作曲等是影视作品的作者。我国《著作权法》规定："电影作品和以类似摄制电影的方法创作的作品的著作权由制片者享有，但编剧、导演、摄影、作词、作曲等作者享有署名权，并有权按照与制片者签订的合同获得报酬。电影作品和以类似摄制电影的方法创作的作品中的剧本、音乐等的作者有权单独行使其著作权。"❶

(七) 美术作品原件的著作权归属

美术作品主要涉及两种权利：一是创作作品的艺术家享有的美术作品著作权；二是财产权，它是指作品原件所有人对美术作品原件所享有的所有权，包括对美术作品原件的占有、使用、收益和处置的权利。这是两类不同的权利，两者可以分离。我国《著作权法》规定："美术等作品原件所有权的转移，不视为作品著作权的转移，但美术作品原件的展览权由原件所有人享有。"❷

第四节　著作权的内容

著作权的内容是著作权法中最为重要的部分，是指著作权人所享有的所有专有权利。我国《著作权法》规定，著作权的内容包括人身权和财产权两大部分。

一、人身权

人身权，又称精神权利，是作者基于作品依法享有的与人身相联系或密不可分的却与财产无直接关系的权利内容。只有作者才能享有，他人不可剥夺、转让和限制，永远受到保护，无时间限制。

在我国，作者享有发表权、署名权、修改权和保护作品完整权等4项人身权。

---

❶ 中华人民共和国著作权法[Z].2010-2-26.第15条.
❷ 中华人民共和国著作权法[Z].2010-2-26.第18条.

(一) 发表权

发表权是指作者所享有的"将作品公之于众的权利"❶。发表权明确了只有作者本人才能决定是否将自己的思想公之于世。

发表权包括如下内容:(1) 决定发表作品的权利;(2) 决定不发表作品的权利;(3) 选择发表方式的权利;(4) 选择发表时间的权利。

发表权具有如下特点:(1) 遵循"一次用尽"原则。作品一旦公之于众,发表权也就用尽了;(2) 捆绑使用。发表权通常要和著作财产权的某一种权利一起行使;(3) 不可转让。发表权专属于作者,不可转移,也不能继承;(4) 行使发表权时不得侵犯他人利益。

(二) 署名权

署名权是作者在自己创作的作品上署名,表明自己身份的权利。❷ 如果没有相反证明,在作品上署名的人就是作者❸,无论署的是真名、笔名、假名。作者也可以选择暂时不署名。作者也有权同意或禁止未参加创作的人在自己作品上署名。❹ 如果作者在发表的作品上署名,则他人以出版、改编或其他任何方式使用该作品时,都应当对作者姓名予以说明,否则便构成侵权。

(三) 修改权

修改权是指作者本人"修改或者授权他人修改其作品的权利"。❺ 所谓"修改",是对作品内容作局部的变更以及文字、用语的修正。❻ 修改既可以在作品发表前进行,也可在作品发表以后进行。

修改权通常由作者自己进行,经作者授权后,其他人也可修改。未经作者授权,任何修改行为都属侵权行为。

修改权的行使在实际应用中受到一定限制:(1) 文字性的修改。编辑对作品中存在的错漏、笔误、语病等进行的修改,可以不经过作者的同意,直接修改;(2) 基于物权的对抗效力,修改权受到限制。建筑作品竣工后或美术作品原件所有权转移后,作者修改权的行使需经过建筑物所有

---

❶ 中华人民共和国著作权法[Z].2010-2-26.第10条.
❷ 中华人民共和国著作权法[Z].2010-2-26.第10条.
❸ 中华人民共和国著作权法[Z].2010-2-26.第11条.
❹ 杨泰山.著作权及其法律保护[J].编辑学刊,1992,(2):61.
❺ 中华人民共和国著作权法[Z].2010-2-26.第10条.
❻ 胡康生.中华人民共和国著作权法释义[M].北京:法律出版社,2002.

人或美术作品原件所有人的同意，方可进行。

（四）保护作品完整权

指"保护作品不受歪曲、篡改的权利"。❶ 作品是作者独创精神的产物，是作者的思想、情感和智慧的结晶，如果被他人歪曲和篡改，必然会破坏其完整性，损害作者体现在作品中的感情和人格。

保护作品完整权，既包括保护作品的内容、表现形式，也包括保护作品形象的完整。保护作品内容的完整，要求他人在使用作品时，不得作歪曲性、贬损性的使用，不得断章取义、篡改作者的思想观点；保护作品表现形式的完整，是指作者有权禁止他人剽窃、割裂文章，以维护文章形式的和谐统一；保护作品形象的完整，是指他人在评价作品时，不得随意吹捧或者贬损作品形象，以保护作品的社会评价水平不受伤害、不被降低。❷

（五）其他著作人身权

《著作权法》规定了上述4种著作人身权。一些大陆法系国家还规定了包括收回作品权、接触作品权和追续权等在内的其他著作人身权。

1. 收回作品权

目前仅有部分大陆法系国家承认。考虑到该权利严重违反契约自由原则，不利于交易安全，因此英美法系国家不予承认。其含义为，即便作者已经转让了经济权利或许可其行使，如希望修改作品或者不希望原作品继续流传，可以收回已转让或许可的权利。但由于该权利的行使必然会影响先前合法获得权利者的利益，因此作者在行使此项权利时必须进行合理补偿。❸

收回作品权主要有3种情况：第一种是因内容错误或观点改变而引起的收回权；第二种是因使用权人或受让人不作为而引起的收回权；第三种是特定时间点的收回权，西班牙、葡萄牙等国的著作权法中有相关规定。❹

2. 接触作品权

接触权，也称"著作物接触权""接触作品权"等，是指作品原件或

---

❶ 中华人民共和国著作权法[Z].2010-2-26.第10条.

❷ 黄宪容.出版法及其应用[M].江苏：苏州大学出版社，2005：61.

❸ 王迁.论"制作录音制品法定许可"及在我国〈著作权法〉中的重构[J].东方法学，2011，(6)：58.

❹ 曹琳.论作者的收回作品权[J].法制博览，2015，(7)：278.

稀有复制件转让后，因行使著作权的需要，作者接触作品并复制的权利。❶

就其性质而言，接触权首先是一种著作人格权，具有专属性，只有作者享有，其他受让著作权的主体不享有接触权。其次，接触权本质上是一种控制权。以美术作品为例，接触权是在无形物作品（著作权）与作为载体的有形物（美术作品原件）不可分离地结合后，当作为载体的有形物转移占有后，作者仍然是无形物作品的权利主体，仍享有在一定条件下，接触和控制作为载体的有形物的权利。❷

但需要注意的是，作者行使接触权时应当尽量避免对合法占有人造成不便。

3. 追续权

截至 2015 年，全球已有 81 个国家创设了追续权制度。随着英国、瑞士分别于 2006 年、2014 年创设追续权制度，世界顶级的艺术品市场中只剩下我国与美国尚未规定追续权制度。值得一提的是，我国正在第三次修改的《著作权法》，其修改草案新增了追续权条款。❸

追续权，又称"延续权""转售权""转售版权税"等。不同国家对追续权有不同的界定，基本内涵可概括为：艺术作品原件初次售出后，当此原件再次转售时，作者或者相关权利人，可从转售的金额获得一定的收益。

二、财产权

财产权，是指作者享有的基于作品的使用而获得报酬的权利，是作者所享有的财产权利。英美法系国家、大陆法系国家，都十分重视对财产权利的保护和利用。一定意义上，著作财产权利是著作人身权的支撑和基础。只有作者才能利用作品并获得经济利益，他人使用有关作品必须经过作者许可授权，并支付相应的费用。这种排他性的财产权利和由此产生的经济利益，是对作者创作活动的激励。

我国《著作权法》共规定了 13 种财产权利，权利人可以通过转让或者许可他人使用等方式来获得经济利益。

---

❶ 周晓冰. 接触权的性质及行使条件研究[J]. 电子知识产权,2014,(3):49.
❷ 周晓冰. 接触权的性质及行使条件研究[J]. 电子知识产权,2014,(3):49-50.
❸ 戴哲. 美国追续权立法研究——兼谈对我国追续权立法的影响与启示[J]. 电子知识产权,2016,(8):35.

（一）复制权

复制权是著作财产权中最常用、最核心的权利。我国《著作权法》将复制权定义为"以印刷、复印、拓印、录音、录像、翻录、翻拍等方式将作品制作一份或者多份的权利"。❶

要构成著作权法上的"复制行为"，须满足以下两个要件：

（1）该行为应当在有形物质载体之上再现作品。

（2）该行为应当使作品被相对稳定和持久地"固定"在有形物质载体之上，形成作品的有形复制件。❷

（二）发行权

发行权即"以出售或者赠予方式向公众提供作品的原件或者复制件的权利"❸，实际上由复制权派生而来。通常而言，发行是复制的结果，在出版行业，发行构成了复制的目的。

在著作权法中，发行的形式十分广泛，既包括图书、美术作品、影视作品、录音录像制品等的有偿销售发行，还包括赠阅等无偿的发行行为。美国版权法中甚至把出租、租借和借阅纳入发行的范畴。❹

构成著作权法意义上的发行行为，应当符合以下条件：

首先，该行为应当是公开行为，即面向"公众"提供作品的原件或复印件，非公开地提供作品原件或复制件不构成发行。

其次，该行为必须导致公众获得作品原件或有形复印件。因此，像公开朗诵诗歌、展览油画等并非发行行为。❺

发行权可以给著作权人带来经济利益，但不是无限制的，德国、美国、奥地利等国家都规定了"发行权的一次用尽原则"，我国事实上也承认该原则。"发行权的一次用尽原则"，意味着"著作权人将作品的原件或复制件提供给公众后，著作权人便失去了对这些原件或复制品的控制权，他人可以再次出售，而不构成对著作权人的侵权。"❻

---

❶ 中华人民共和国著作权法[Z].2010-2-26.第10条.
❷ 王迁.知识产权法教程[M].北京：中国人民大学出版社,2016：130-131.
❸ 中华人民共和国著作权法[Z].2010-2-26.第10条.
❹ 王迁.知识产权法教程[M].北京：中国人民大学出版社,2016：132.
❺ 中华人民共和国著作权法[Z].2010-2-26.第10条.
❻ 樊伟星.发行权穷竭原则的现实与立法构想[J].法治与社会,2012,(21)：23.

(三) 出租权

我国《著作权法》将出租权定义为"有偿许可他人临时使用电影作品和以类似摄制电影的方法创作的作品、计算机软件的权利,计算机不是出租的主要标的的除外。"❶ 除此之外,按照《著作权法》第 42 条的规定,录音录像制品的制作者也享有出租权。

(四) 展览权

展览权,又称公开展览权或展示权,是指"公开陈列展示美术作品、摄影作品的原件或者复制件的权利。"❷ 在我国,展览权仅适用于美术作品和摄影作品。展览既包括在美术馆等专业场所进行的展览,也包括在其他公开场合进行的展示。展览的形式不仅有直接展示,还包括以电视、幻灯以及网络形式的展示。

需要注意的是,我国对著作权有一些限制,如《著作权法》规定:"美术等作品原件所有权的转移,不视为作品著作权的转移,但美术作品原件的展览权由原件所有人享有。"❸ 这是对"展览权"规定的一个重要例外。另外,关于人像的绘画、雕塑和摄影,如果涉及第三人的肖像,著作权人或原件所有人行使展览权时,应得到该第三人的许可。

(五) 表演权

表演权是指"公开表演作品,以及用各种手段公开播送作品的表演的权利。"❹ 表演权可分为现场表演(舞台表演)和机械表演两种形式。现场表演(舞台表演)包括现场朗诵诗歌、演奏音乐、戏剧演出、表演舞蹈、曲艺表演等;机械表演是指借助机器设备录制舞台表演,并将其公开传播的行为。❺

表演权主要包含以下 3 项内容:

(1) 授权他人在现场表演其作品,即上演、演奏其作品,这是指演员、演唱者亲自在现场的公开表演。

(2) 授权他人以任何手段或方法公开表演,包括通过录音录像制品进行表演。

---

❶ 中华人民共和国著作权法[Z].2010-2-26.第 10 条.
❷ 中华人民共和国著作权法[Z].2010-2-26.第 10 条.
❸ 中华人民共和国著作权法[Z].2010-2-26.第 18 条.
❹ 中华人民共和国著作权法[Z].2010-2-26.第 10 条.
❺ 余俊.论著作财产使用权[J].兰州学刊,2007,(7):102.

(3) 授权他人"向公众播送表演",即以广播或电视方式传播之外的其他所有的公开传送方式。

(六) 放映权

放映权是指"通过放映机、幻灯机等技术设备公开再现美术、摄影、电影和以类似摄制电影的方法创作的作品等的权利。"❶ 所谓的公开再现,是指"面向公众的放映,不管盈利与否,都属于著作权人的放映权范围之内。"❷ 放映权的设立意味着公开播放电影、电视等作品的行为必须经过著作权人的授权许可并支付相应的报酬。

放映权在国外一般属于机械表演权,并没有单列。值得注意的是,目前,我国《著作权法》正在进行第3次修订,在公布的《中华人民共和国著作权法(修订草案送审稿)》中,将"放映权"调整为"播放权"。

(七) 广播权

广播权是指以"无线方式公开广播或者传播作品,以有线传播或者转播的方式向公众传播广播的作品,以及通过扩音器或者其他传送符号、声音、图像的类似工具向公众传播广播的作品的权利。"❸

广播权主要包括3个层次的内容:"(1) 授权广播其作品(或以任何其他无线传送符号、声音或图像等向公众传播其作品);(2) 许可由原广播机构以外的其他广播机构,以有线方式转播前述广播的作品;(3) 许可通过扩音器(或其他传送符号、声音、图像的类似工具)传播前述广播的作品。"❹

在具体操作中,未发表的作品,广播电台、电视台播放时必须获得作者授权,"而对于已发表的作品,广播电台、电视台播放时可以不经著作权人许可,但应当支付报酬。"❺

(八) 信息网络传播权

信息网络传播权是指"以有线或无线的信息传输网络向公众提供作品,使公众可以在某个选定的时间和地点获得作品的权利。"❻

---

❶ 中华人民共和国著作权法[Z]. 2010-2-26. 第10条.
❷ 余俊. 论著作财产使用权[J]. 兰州学刊,2007,(7):103.
❸ 中华人民共和国著作权法[Z]. 2010-2-26. 第10条.
❹ 周安平著. 中国著作权理论与实践研究[M]. 北京:人民出版社,2014:122.
❺ 中华人民共和国著作权法[Z]. 2010-2-26. 第43条.
❻ 中华人民共和国著作权法[Z]. 2010-2-26. 第10条.

科学技术的进步促进了文化艺术的发展，但也给著作权的保护提出了很多新的挑战。为了应对网络环境下的新变化，我国2001年修订的《著作权法》中新增了信息网络传播权的内容。

对于信息网络传播权，有以下内容需要注意：

（1）网络既包括互联网这一网络媒介，也包括电话网络等以电子技术为基础的网络。

（2）信息的接收者是不特定的公众，而不是特定的个人或团体。

（3）网络的方式可使公众自由选择获得作品的时间和地点。

（九）摄制权

摄制权是指以摄制电影或者以类似摄制电影的方法将作品固定在载体上的权利。❶ 著作权人自己可以行使该权利，但实践中通常是授权他人来使用，最常见的是将小说拍成电影、电视剧。视听作品完成后，制片人将对视听作品享有单独的著作权，而原作品的著作权人对原作品仍享有单独的著作权。

在具体操作过程中，《著作权法实施条例》也有相关规定："著作权人许可他人将其作品摄制成电影作品或以类似摄制电影的方法创作作品的，视为已同意对其作品进行必要的改动，但是这种改动不得歪曲篡改原作品。"❷

（十）改编权

改编权是指"改变原作品，创作出具有独创性的新作品的权利。"❸ 改编是一种再创作，故又称为二度创作。改编者对作品进行再度创作并赋予新的形式，对新的作品享有著作权。需要注意的是，根据改编作品进行第二次改编的，需要得到原作品著作权人和第一次改编作品作者的许可，否则不能公开使用。

（十一）翻译权

翻译权是将作品从一种语言文字转换成另一种语言文字的权利。❹ 这是一种著作权人对自己的作品享有的以其他各种语言文字形式再表现的权

---

❶ 中华人民共和国著作权法[Z].2010-2-26.第10条.
❷ 国务院.中华人民共和国著作权法实施条例[Z].2013-1-30.第10条.
❸ 中华人民共和国著作权法[Z].2010-2-26.第10条.
❹ 中华人民共和国著作权法[Z].2010-2-26.第10条.

利,包括禁止他人未经许可而实施上述行为的权利。❶ 翻译人对翻译作品的新的表现形式享有著作权。中外文的互译都属于翻译行为,而由普通话译成中国某地区的方言或将方言译成普通话不属于翻译,因为它们在书面上都用汉字。

(十二) 汇编权

汇编权是指将作品或者作品的片段通过选择或者编排汇集成新作品的权利。❷ 并非所有汇编都能形成新作品,只有其内容的选择或者编排具有独创性而构成智力创作,才能享受著作权的保护。需要注意的是,如果被汇编的作品或者作品片段是他人享有著作权的,应当得到著作权人的许可。

(十三) 应当由著作权人享有的其他权利

这是一种开放式的规定,为未来将出现的新的作品使用方式预留空间,是各国的通行做法,我国也是如此。

第五节 邻接权

邻接权,又称"有关权",是指与著作权"邻近、接壤"的权利。著作权法中的邻接权(Neighboring Right),是知识产权中与著作权邻接的权利,其实质上是指作品传播者在传播作品过程中所享有的各项权利。

目前,我国的《著作权法》中,并未出现"邻接权"这一名词,《中华人民共和国著作权法(修订草案送审稿)》中也未有该名词,而是采用了"相关权"的表述,但两者所涉及的出版者权、表演者权、录音录像制作者权、广播电视组织者权实际上就是邻接权。

一、出版者权

出版者权指出版者对自己出版的图书等所享有的专有权利。

---

❶ 刘春田.知识产权法[M].北京:中国人民大学出版社,2002:79.
❷ 中华人民共和国著作权法[Z].2010-2-26.第10条.

(一) 版式设计权

《著作权法》规定:"出版者有权许可或者禁止他人使用其出版的图书、期刊的版式设计。前款规定的权利的保护期为十年,截止于使用该版式设计的图书、期刊首次出版后第十年的 12 月 31 日。"❶ 需要说明的是,版式设计不等于装帧设计,下面将对版式设计与装帧设计做简单介绍。

版式设计是指对图书、刊登文章等出版物的版面格式的设计,包括对版心、篇章结构、排式、用字、行距、标点等版面布局因素的安排。❷ 版式设计权的使用针对的是同一种出版物而言的。

装帧设计是指对出版物外观的装饰设计,包括封面的色彩和图形等。如果出版物销量较大,装帧设计可以作为知名商品特有的装潢受到《反不正当竞争法》的保护。❸

(二) 专有出版权

专有出版权,是指出版者享有的对作品以图书形式进行复制并予以发行的专有权利。《著作权法》规定:"图书出版者对著作权人交付出版的作品,按照合同约定享有的专有出版权受法律保护,他人不得出版该作品。"❹

需要说明的是,专有出版权来自于著作权人的授权,要取得专有出版权,出版者必须与著作权人签订出版合同。专有出版权包括重印和再版图书的权利。在权利的有效期限内,图书出版者有权对图书重印和再版,但必须通知著作权人,并支付相应的报酬。同时,出版者也有义务重印和再版。"图书脱销时,图书出版者拒绝重印、再版的,著作权人有权终止合同。"❺

(三) 修改删节权

《著作权法》规定:"图书出版者经作者许可,可以对作品修改、删节。""报社、期刊社可以对作品作文字性修改、删节。对内容的修改,应当经作者许可。"❻

---

❶ 中华人民共和国著作权法[Z].2010-2-26.第 36 条.
❷ 胡康生.中华人民共和国著作权法释义[M].北京:法律出版社,2002:148.
❸ 张天浩.谈图书封面装帧设计的司法保护[J].中国版权,2014,(4):42.
❹ 中华人民共和国著作权法[Z].2010-2-26.第 31 条.
❺ 中华人民共和国著作权法[Z].2010-2-26.第 32 条.
❻ 中华人民共和国著作权法[Z].2010-2-26.第 34 条.

对书稿、报刊作品的编辑加工，是图书出版、报刊出版过程的重要环节。但修改权是作者所享有的一种人身权，经作者同意后，图书、报刊出版者方可以对作品进行修改、删节。

二、表演者权

表演者权是指表演者对其表演活动所享有的人身权、财产权等专有权利。

（一）主体

我国《著作权法实施条例》规定："表演者是指演员、演出单位或者其他表演文学、艺术作品的人。"❶

关于表演者主体的界定，要注意以下 3 点：

（1）无论原作品是否在著作权保护期内，对其进行表演的表演者都享有表演该作品的表演者权。例如，曹雪芹的《红楼梦》已过了著作权保护期，但是，邓婕对其塑造的王熙凤依然享有表演者权。

（2）被表演的作品不是著作权法意义上的作品，从事表演活动的人便无法构成著作权法意义上的"表演者"。❷

（3）演出单位也可以是表演者。此时，演出组织者需要与著作权人建立著作权许可使用合同，参演的演员不是许可使用法律关系的主体，不须与著作权人订立许可合同。

（二）客体

表演者权的客体是表演活动，也就是"表演者通过对作品的理解和解释，以声音、动作、表情等形式将作品的内容传达出来，或者借助一定的工具（如乐器、道具等）将作品的内容传达出来。"❸ 如果表演者表演了多次，则表演者对每一次表演都享有表演者权。❹

（三）内容

我国《著作权法》规定，表演者享有以下权利："（1）表明表演者身份；（2）保护表演形象不受歪曲；（3）许可他人从现场直播或公开传送其

---

❶ 国务院.中华人民共和国著作权法实施条例[Z].2013-1-30.第5条.
❷ 黄虚峰.文化产业政策与法律法规[M].北京:北京大学出版社,2013:122.
❸ 李明德,许超.著作权法[M].北京:法律出版社,2003:185.
❹ 王迁.知识产权法教程[M].北京:中国人民大学出版社,2007:215.

现场表演，并获得报酬；（4）许可他人录音录像，并获得报酬；（5）许可他人复制、发行录有其表演的录音录像制品，并获得报酬；（6）许可他人通过信息网络向公众传播其表演，并获得报酬。"❶

其中表明表演者身份、保护表演形象不受歪曲的保护期不受限制，其余权利的保护期为 50 年。

三、录音录像制作者权

录音录像制作者权是指"录音、录像制品的制作者对其制作的录音、录像制品享有的专有权利。"❷

我国《著作权法实施条例》对录音制品的定义为"任何对表演的声音和其他声音的录制品"。对录像制品的定义为"电影作品和以类似摄制电影的方法创作的作品以外的任何有伴音或者无伴音的连续相关形象、图像的录制品"。❸

录音录像制作者对其制作的录音录像制品，享有许可他人复制、发行、出租、通过信息网络向公众传播并获得报酬的权利，权利的保护期为 50 年。❹

四、广播组织权

广播组织权是指"广播组织就自己播放的节目信号享有的权利。"❺ 广播组织包括广播电台、电视台、卫星广播组织、有线广播组织等。广播组织权包括以下两项权利：

（一）转播其播放的广播、电视节目的权利

电台、电视台对其制作的广播、电视节目，有权予以播放，无须再征求著作权人和表演者的同意。转播是指一个广播组织同时播放另一个广播电视组织正在播放的节目。

---

❶ 中华人民共和国著作权法[Z].2010-2-26.第 38 条.
❷ 谢艳华,王志敏,吴海玲.表演和录音录像制品著作权归属辨析[J].河北工程大学学报(社会科学版),2009,(2):83.
❸ 国务院.中华人民共和国著作权法实施条例[Z].2013-1-30.第 5 条.
❹ 中华人民共和国著作权法[Z].2010-2-26.第 42 条.
❺ 王昆仑.论我国广播组织邻接权制度的完善[J].中国广播,2011,(11):44.

(二) 录制、复制其广播电视节目的权利

其他广播电视组织未经其许可,不得将播放的广播、电视节目录制在音像载体上,并且要复制这个音像载体,也必须得到广播电台、电视台的许可。❶

广播电台、电视台上述权利的保护期为 50 年。

第六节 著作权的限制

制定《著作权法》的目的,一方面是为了"保护权利人的专有权",另一方面又"促进知识的传播"。这两点是相互矛盾的,过分保护权利人的专有权,就会抑制知识的传播,因此在保护权利人的同时,必须进行必要的限制。在我国,著作权的限制有 3 类:合理使用、法定许可和强制许可。

三者的不同之处在于,根据合理使用规定对作品进行的使用既不需要经过著作权人许可,也不需要支付报酬。根据法定许可使用作品者无须经过著作权人的许可,但应当支付报酬。❷ 强制许可则需经使用人事先申请,由主管机关授权后方可使用,并向著作权人支付报酬,未获主管机关授权的不得使用。❸

一、合理使用

合理使用是指"在特定情况下使用作品,可以不经著作权人许可,不向其支付报酬,但应当指明作者姓名、作品名称",并且不得侵犯著作权人依法享有的其他权利。❹

对于合理使用的标准,我国《著作权法实施条例》明确规定:"依照著作权法有关规定,使用可以不经著作权人许可的已经发表的作品的,不得影响该作品的正常使用,也不得不合理地损害著作权人的合法利益。"❺ 目前,我国法院在做出相关判断时大多依据该规定。

---

❶ 中华人民共和国著作权法[Z].2010-2-26.第45条.
❷ 黄虚峰.文化产业政策与法律法规[M].北京:北京大学出版社,2013:125.
❸ 叶珊.著作权保护的现代发展:从侵权限止到交易励进[J].河北法学,2009,(4):144.
❹ 中华人民共和国著作权法[Z].2010-2-26.第22条.
❺ 国务院.中华人民共和国著作权法实施条例[Z].2013-1-30.第21条.

(一) 合理使用应遵循的几大原则

(1) 合理使用的作品必须是已经发表的作品。
(2) 合理使用必须说明作者姓名、作品名称和作品的出处。
(3) 合理使用不得侵犯著作权人的其他权益。
(4) 合理使用必须出于正当目的。❶

(二) 合理使用的具体情况

我国《著作权法》规定了合理使用的具体情况。

(1) "为个人学习、研究或者欣赏,使用他人已经发表的作品。"❷

这种情况有3种限制:一是主体上限于使用者本人,排除单位或团体使用;二是使用目的是为了学习、研究或欣赏,而不能用以出版、出租、出借和其他营业性的使用;三是使用对象是他人已经发表的作品,未发表的作品,不在"合理使用"之列。❸

(2) "为介绍、评论某一作品或者说明某一问题,在作品中适当引用他人已经发表的作品。"❹

这种情况的关键词是"适当"两字。一般来说,引用不能超过一定的量,如果超过一定的量,则很可能转化为抄袭。其次要注意引用的目的,是为了说明自己的思想观点或情感,而不是其他。

(3) "为报道时事新闻,在报纸、期刊、广播电台、电视台等媒体中不可避免地再现或者引用已经发表的作品。"❺

(4) "报纸、期刊、广播电台、电视台等媒体刊登或者播放其他报纸、期刊、广播电台、电视台等媒体已经发表的关于政治、经济、宗教问题的时事性文章,但作者声明不许刊登、播放的除外。"❻

这些文章,通常与国家或有关政府部门以及执政党在经济、政治、外交等重大问题上的方针、政策有关,其他内容,如历史、艺术等类文章都不属合理使用的范围。另外,此处可以合理使用的使用者是其他新闻媒介,非新闻媒介不可对这些时事性文章作合理使用。

(5) "报纸、期刊、广播电台、电视台等媒体刊登或者播放在公众集

---

❶ 黄清."合理使用"范畴内的表达自由[J].东南传播,2007,(7):4.
❷ 中华人民共和国著作权法[Z].2010-2-26.第22条.
❸ 黄先蓉.著作权法律环境下图书馆"合理使用"论[J].四川图书馆学报,2000,(1):37.
❹ 中华人民共和国著作权法[Z].2010-2-26.第22条.
❺ 中华人民共和国著作权法[Z].2010-2-26.第22条.
❻ 中华人民共和国著作权法[Z].2010-2-26.第22条.

会上发表的讲话,但作者声明不许刊登、播放的除外。该条款的目的为了让公众了解当前生活中的事件和观点。"❶

(6)"为学校课堂教学或者科学研究,翻译或者少量复制已经发表的作品,供教学或者科研人员使用,但不得出版发行。"❷

基于国情,我国制定出该条款。在一些发达国家,则把这类使用排除在"合理使用"的范围之外。这里的学校课堂教学,专指面授教学,函授、广播或电视教学不在此列。使用目的只能是教学科研人员的课堂教学和科学研究,学生的学习使用也不能使用。❸

(7)"国家机关为执行公务在合理范围内使用已经发表的作品。"❹

为了公众、社会和国家的利益,国家机关可以在履行职能时,在合理范围内使用已经发表的作品,如发布通缉令时所使用的犯罪嫌疑人的照片或者画像,即使它们是受到著作权保护的作品,公安机关的使用也是合理的。

(8)"图书馆、档案馆、纪念馆、博物馆、美术馆等为陈列或者保存版本的需要,复制本馆收藏的作品。"❺

该条款表述中的3个内容需要注意:一是"本馆收藏的作品";二是"为陈列或者保存版本需要";三是无论是否已经发表,都可进行此种复制。

(9)"免费表演已经发表的作品,该表演未向公众收取费用,也未向表演者支付报酬。"❻

此处的表演仅指现场表演。免费表演是指非营业性的表演,既不向观众收费,包括直接的和间接的;也不向表演者支付报酬,包括给表演者的车马费、出场费或实物对价。

(10)"对设置或者陈列在室外公共场所的艺术作品进行临摹、绘画、摄影、录像。"❼

对此类艺术作品的临摹、绘画、摄影、录像等属于再创作行为,将此类行为归为"合理使用",是国际惯例。但此类行为不能采取与艺术作品"直接接触"的方式,如拓印等。

---

❶ 中华人民共和国著作权法[Z]. 2010-2-26. 第22条.
❷ 中华人民共和国著作权法[Z]. 2010-2-26. 第22条.
❸ 刘春田. 知识产权法[M]. 北京:高等教育出版社、北京大学出版社,2003:199.
❹ 中华人民共和国著作权法[Z]. 2010-2-26. 第22条.
❺ 中华人民共和国著作权法[Z]. 2010-2-26. 第22条.
❻ 中华人民共和国著作权法[Z]. 2010-2-26. 第22条.
❼ 中华人民共和国著作权法[Z]. 2010-2-26. 第22条.

(11)"将中国公民、法人或者其他组织已经发表的以汉语言文字创作的作品翻译成少数民族语言文字作品在国内出版发行。"❶

该条款的设置是为了使少数民族获得更多的信息和受教育的机会,促进少数民族地区和人口的发展。

(12)"将已经发表的作品改成盲文出版。"❷

为了增加盲人的福利,使盲人能够更好地获得信息和阅读作品。对于可以改成盲文的作品,本条未做限定,既包括中国公民或组织以汉语发表的作品,也包括外国公民或组织以其他语言发表的作品。

二、法定许可

法定许可使用制度,又称"法定许可证"制度,是指根据法律的明确规定,以特定的方式使用他人已经发表的作品可以不经著作权人许可,但必须向著作权人支付报酬的制度。❸ 我国《著作权法》一共有5种"法定许可证"的情形。《信息网络传播权保护条例》也有一种"法定许可"和一种"准法定许可"情形。

(一)教科书编写出版法定许可

《著作权法》规定:"为实施九年制义务教育和国家教育规划而编写出版教科书,除作者事先声明不许使用的外,可以不经著作权人许可,在教科书中汇编已经发表的作品片段或者短小的文字作品、音乐作品或者单幅的美术作品、摄影作品,但应当按照规定支付报酬,指明作者姓名、作品名称,并且不得侵犯著作权人依照本法享有的其他权利。"❹

(二)报刊转载法定许可

《著作权法》规定:"作品刊登后,除著作权人声明不得转载、摘编的外,其他报刊可以转载或者作为文摘、资料刊登,但应当按照规定向著作权人支付报酬。"❺

此项法定许可仅适用于报刊之间的相互转载,不适用于书籍之间和报刊与书籍之间。

---

❶ 中华人民共和国著作权法[Z].2010-2-26.第22条.
❷ 中华人民共和国著作权法[Z].2010-2-26.第22条.
❸ 巴占防,张照国.论版权权利限制[J].山东审判(山东法官培训学院学报),2006,(6):51.
❹ 中华人民共和国著作权法[Z].2010-2-26.第23条.
❺ 中华人民共和国著作权法[Z].2010-2-26.第33条.

(三) 制作录音制品的法定许可

《著作权法》规定:"录音制作者使用他人已经合法录制为录音制品的音乐作品制作录音制品,可以不经著作权人许可,但应当按照规定支付报酬;著作权人声明不许使用的不得使用。"❶

"制作录音制品的法定许可"实际上只允许使用词曲本身。根据法定许可制作录音制品者,必须自己聘用乐队、与歌手(表演者)签约,并将歌手的演唱录制下来制成录音制品。❷ 该规定的目的是为了防止唱片公司的垄断。

(四) 广播电台、电视台播放已经出版的录音制品法定许可

《著作权法》规定:"广播电台、电视台播放已经出版的录音制品,可以不经著作权人许可,但应当支付报酬。当事人另有约定的除外。"❸

(五) 广播电台、电视台播放已经发表作品的法定许可

《著作权法》规定:"广播电台、电视台播放他人已发表的作品,可以不经著作权人许可,但应当支付报酬。"❹

需要指出的是,"播放作品的法定许可"不适用于电视台播放的电影作品。

(六) 制作和提供课件法定许可

2005年国务院颁布《信息网络传播权保护条例》,2013年对其进行了修订。新版《信息网络传播权保护条例》规定:"通过信息网络实施九年制义务教育或者国家教育规划,可以不经著作权人许可,使用其已经发表作品的片断或者短小的文字作品、音乐作品或者单幅的美术作品、摄影作品制作课件,由制作课件或者依法取得课件的远程教育机构通过信息网络向注册学生提供,但应当向著作权人支付报酬。"❺ 该条款可以看作是"教科书编写出版法定许可"在网络环境中的延伸。

---

❶ 中华人民共和国著作权法[Z].2010-2-26.第40条.
❷ 王迁.知识产权法教程[M].北京:中国人民大学出版社,2007:267.
❸ 中华人民共和国著作权法[Z].2010-2-26.第44条.
❹ 中华人民共和国著作权法[Z].2010-2-26.第43条.
❺ 国务院.信息网络传播权保护条例[Z].2013-1-30.第8条.

(七) 通过网络向农村提供特定作品的准法定许可

新版《信息网络传播权保护条例》规定："为扶助贫困,通过信息网络向农村地区的公众免费提供中国公民、法人或者其他组织已经发表的种植养殖、防病治病、防灾减灾等与扶助贫困有关的作品和适应基本文化需求的作品,网络服务提供者应当在提供前公告拟提供的作品及其作者、拟支付报酬的标准。自公告之日起30日内,著作权人不同意提供的,网络服务提供者不得提供其作品;自公告之日起满30日,著作权人没有异议的,网络服务提供者可以提供其作品,并按照公告的标准向著作权人支付报酬。网络服务提供者提供著作权人的作品后,著作权人不同意提供的,网络服务提供者应当立即删除著作权人的作品,并按照公告的标准向著作权人支付提供作品期间的报酬。"❶ 同时规定,按照上述规定提供作品的个人或机构,不得直接或者间接获得经济利益。

第七节 侵犯著作权的行为及其法律责任

根据我国《著作权法》的规定,侵犯著作权和侵犯邻接权是侵犯著作权的两个主要方面,侵权者要承担民事责任、行政责任或刑事责任。

一、侵犯著作权行为

(一) 侵犯著作权行为的定义

所谓侵犯著作权的行为,是指"未经作者或著作权人许可,又无法律上的根据,擅自使用了受著作权保护的作品,侵犯著作权人专有权利的行为。"❷

(二) 侵犯著作权行为的主要表现

我国《著作权法》第47条、48条以及《著作权法实施条例》规定的违法行为主要有3类:一是侵犯著作权与邻接权的人身权、财产权的侵权行为形态;二是与著作权、邻接权有关的侵权行为形态;三是兜底性侵权

---

❶ 国务院.信息网络传播权保护条例[Z].2013-1-30.第9条.
❷ 付建飞.侵犯著作权的构成要件[J].连环画、动画片角色之法律保护,2003,(3):44.

行为形态。

1. 侵犯著作权与邻接权的人身权、财产权的侵权行为形态

①未经著作权人许可，发表其作品的；②未经合作作者许可，将与他人合作创作的作品当作自己单独创作的作品发表的；③没有参加创作，为谋取个人名利，在他人作品上署名的，歪曲、篡改他人作品的；④剽窃他人作品的；⑤未经著作权人许可，以展览、摄制电影和以类似摄制电影的方法使用作品，或者以改编、翻译、注释等方式使用作品的，《著作权法》另有规定的除外；⑥使用他人作品，应当支付报酬而未支付的；⑦未经电影作品和以类似摄制电影的方法创作的作品、计算机软件、录音录像制品的著作权人或者与著作权有关的权利人许可，出租其作品或者录音录像制品的，《著作权法》另有规定的除外；⑧未经著作权人许可，复制、发行、表演、放映、广播、汇编、通过信息网络向公众传播其作品的，《著作权法》另有规定的除外；⑨未经出版者许可，使用其出版的图书、期刊的版式设计的；⑩未经表演者许可，从现场直播或者公开传送其现场表演，或者录制其表演的；⑪其他侵犯著作权以及与著作权有关的权益的行为；❶⑫出版他人享有专有出版权的图书的；⑬未经表演者许可，复制、发行录有其表演的录音录像制品，或者通过信息网络向公众传播其表演的，《著作权法》另有规定的除外；⑭未经录音录像制作者许可，复制、发行、通过信息网络向公众传播其制作的录音录像制品的，《著作权法》另有规定的除外；⑮未经许可，播放或者复制广播、电视的，《著作权法》另有规定的除外。❷

2. 与著作权、邻接权有关的侵权行为形态

①未经著作权人或者与著作权有关的权利人许可，故意避开或者破坏权利人为其作品、录音录像制品等采取的保护著作权或者与著作权有关的权利的技术措施的，法律、行政法规另有规定的除外；②未经著作权人或者与著作权有关的权利人许可，故意删除或者改变作品、录音录像制品等的权利管理电子信息的，法律、行政法规另有规定的除外；③制作、出售假冒他人署名的作品的。❸

3. 兜底性侵权行为形态

其他侵犯著作权以及与著作权有关的权益的行为。

---

❶ 中华人民共和国著作权法[Z].2010-2-26.第47条.
❷ 中华人民共和国著作权法[Z].2010-2-26.第48条.
❸ 中华人民共和国著作权法[Z].2010-2-26.第48条.

在我国采用著作权侵权过错责任原则的情况下，原告诉求的落空是很现实的。所以，我国知识产权审判实践中一般是限制过错要件对著作权侵权诉讼的干扰的，其办法就是借助于上述侵权行为形态对过错概念进行客观解释，也就是说被告的行为只要包含上述行为之中的任意一种，并且被告知道原告的权利存在，被告就有过错。❶

二、侵犯著作权的法律责任

侵权责任，有广义与狭义之分。广义的侵权责任，是指行为人因侵害《著作权法》等所确认和保护的著作权人合法权益、国家或社会公共利益而依法应当承担的法律责任的总称。侵犯著作权的行为人依法应承担法律责任。一般情况下，侵权人应承担停止侵权、赔礼道歉或赔偿损失等民事责任，如果侵权行为损害了公共利益，还要承担行政责任，严重损害公共利益并构成犯罪的侵权行为要承担刑事责任。❷ 狭义的侵权责任，是指行为人因其侵权行为而依法应当承担的民事责任的总称。此处，我们讨论的是广义的侵权责任。

（一）民事责任

1. 停止侵害

停止侵害是指阻止侵权人立即停止正在实施的侵犯他人著作权的行为。停止侵害包括停止出版、封存处理、中止正在传播的作品的扩散等。❸

2. 消除影响、赔礼道歉

侵权人侵犯了著作权人的人身权利时，法院应当判定侵权人消除影响和赔礼道歉，以弥补侵权行为给著作权人造成的人身权利的损害。消除影响，是指侵权人在与损害受害人名誉的同等范围内消除损害带来的影响，一般采取公开声明的方式。

3. 赔偿损失

赔偿损失是指侵权人由于侵犯著作权并导致著作权人蒙受损失时，侵权人应承担的民事责任。

我国《著作权法》规定，侵犯著作权或者与著作权有关的权利的，侵权人应当：①按照权利人的实际损失给予赔偿；②实际损失难以计算的，

---

❶ 周安平.中国著作权理论与实践研究[M].北京:人民出版社,2014:311.
❷ 王迁.著作权法学[M].北京:北京大学出版社,2007:281.
❸ 黄虚峰.文化产业政策与法律法规[M].北京:北京大学出版社,2013:132.

可以按照侵权人的违法所得给予赔偿，赔偿数额还应当包括权利人为制止侵权行为所支付的合理开支；③权利人的实际损失或者侵权人的违法所得不能确定的，由人民法院根据授权行为的情节，判决给予50万元以下的赔偿。❶ 3种计算赔偿额的方式有明确的先后顺序，损失额前一种方式无法计算时，才能适用后一种方式。

（二）行政责任

当授权人的特定侵权行为同时损害公共利益时，还需要承担行政责任。行政责任是著作权行政管理部门对于侵犯他人著作权的行为所给予的行政处罚，与我国不同，世界上大多数国家的著作权法中并无行政责任的相关内容。❷

在我国，适用于行政责任的行为在《著作权法》中有明确规定，共8种侵权行为：

（1）未经著作权人许可，复制、发行、表演、放映、广播、汇编、通过信息网络向公众传播其作品的；（2）出版他人享有专有出版权的图书的；（3）未经表演者许可，复制、发行录有其表演的录音录像制品，或者通过信息网络向公众传播其表演的；（4）未经录音录像制作者许可，复制、发行、通过信息网络向公众传播其制作的录音录像制品的，《著作权法》另有规定的除外；（5）未经许可，播放或者复制广播、电视节目的，《著作权法》另有规定的除外；（6）未经著作权人或者与著作权有关的权利人许可，故意避开或者破坏权利人为其作品、录音录像制品等采取的保护著作权或者与著作权有关的权利的技术措施的；（7）未经著作权人或者与著作权有关的权利人许可，故意删除或者改变作品、录音录像制品等的权利管理电子信息的；（8）制作、出售假冒他人署名的作品的。❸

"著作权行政管理部门可以责令侵权人停止侵权行为，没收违法所得，没收、销毁侵权复制品，并可处以罚款等。著作权行政管理部门实施行政处罚，应当适用《行政处罚法》规定的一般程序。当事人对地方著作权行政管理部门的行政处罚不服的，可以向该部门的本级人民政府或者其上一级著作权行政管理部门申请行政复议。如对国家版权局的行政处罚不服的，可以向国家版权局申请行政复议。当事人对行政处罚或者行政复议决定不服的，可以依法提起行政诉讼。"❹

---

❶ 中华人民共和国著作权法[Z].2010-2-26.第49条.
❷ 黄虚峰.文化产业政策与法律法规[M].北京:北京大学出版社,2013:132.
❸ 中华人民共和国著作权法[Z].2010-2-26.第48条.
❹ 王迁.知识产权法教程[M].北京:中国人民大学出版社,2007:288.

（三）刑事责任

著作权是一种私权，多数情况下侵犯著作权的行为应当只导致民事责任。但是，某些严重侵犯著作权的行为，不仅会影响著作权人自身的利益，还会扰乱市场经营秩序，对社会公共利益造成严重损害。❶ 对此，多数国家都在民事责任之外规定了刑事责任。

侵犯著作权入刑在我国经历了一个过程。1990年的《著作权法》和当时的《刑法》并未涉及侵犯著作权的内容。1997年，我国修订《刑法》时，才在《分则》第3章中增加了"侵犯知识产权犯罪"，其第217条、第218条规定的都是与侵犯著作权有关的犯罪分别规定了"侵犯著作权罪"和"销售侵权复制品罪"。1998年12月，《关于审理非法出版物刑事案件具体应用法律若干问题的解释》由最高人民法院颁布，对打击非法出版物的侵权行为提供了有力依据。2004年12月，《关于办理侵犯知识产权刑事案件具体应用法律若干问题的解释》，对打击严重侵犯知识产权的行为提供了明确规则。2006年5月，国务院发布了《信息网络传播权保护条例》。2007年4月，《颁布的关于办理侵犯知识产权刑事案件具体应用法律若干问题的解释（二）》。2011年1月，最高人民法院、最高人民检察院、公安部发布了《关于办理侵犯知识产权刑事案件适用法律若干问题的意见》。2015年12月，国务院发布了《关于新形势下加快知识产权强国建设的若干意见》。这些法律法规为追究侵犯著作权行为的刑事责任提供了依据。

1. 侵犯著作权罪

按照《刑法》的规定，侵犯著作权罪可以定义为：以营利为目的，侵犯他人著作权，违法所得数额较大或者有其他严重情节的行为。犯罪主体既可以是个人，也可以是单位。❷

我国《刑法》规定，以营利为目的，有以下侵犯著作权情形之一，违法所得数额较大或者有其他严重情节的，处3年以下有期徒刑或者拘役，并处或者单处罚金；违法所得数额巨大或者有其他特别严重情节的，处3年以上7年以下有期徒刑，并处罚金：①未经营作权人许可，复制发行其文字作品、音乐、电影、电视、录像作品、计算机软件及其他作品的；②出版他人享有专有出版权的图书的；③未经录音录像制作者许可，复制发

---

❶ 黄亮.网络时代我国著作权刑事立法缺陷及改良刍议[J].净月学刊,2014,(3):86.
❷ 黄虚峰.文化产业政策与法律法规[M].北京:北京大学出版社,2013:134.

行其制作的录音录像的;④制作、出售假冒他人署名的美术作品的。❶

2. 销售侵权复制品罪

销售侵权复制品罪,是指以营利为目的,销售明知是侵权的复制品,违法所得数额巨大的行为。犯罪主体可以是个人,也可以是单位。❷

我国《刑法》规定,以营利为目的,销售明知是《刑法》第217条规定的侵权复制品,违法所得数额巨大的,处3年以下有期徒刑或者拘役,并处或者单处罚金。❸

《关于办理侵犯知识产权刑事案件具体应用法律若干问题的解释》对该项内容做了较为细致的解释。其第6条规定:"以营利为目的,实施《刑法》第218条规定的行为,违法所得数额在10万元以上的,属于"违法所得数额巨大",应当以销售侵权复制品罪判处3年以下有期徒刑或者拘役,并处或者单处罚金。"❹ 第14条规定:"实施《刑法》第217条规定的侵犯著作权的行为,又销售该复制品,构成犯罪的,应当依照《刑法》第217条的规定,以侵犯著作权罪处罚。实施《刑法》第217条规定的侵犯著作权行为,又销售明知是他人的侵权复制品,构成犯罪的,应当实行数罪并罚。"❺ 第15条规定:"单位实施《刑法》第213条至第219条规定的行为,按照本解释规定的相应个人犯罪的定罪量刑标准的3倍定罪量刑。"❻ 第16条规定:"明知他人实施侵犯知识产权犯罪,而为其提供贷款、资金、帐号、发票、证明、许可证件,或者提供生产、经营场所或运输、储存、代理进出等便利条件、帮助的,以侵犯知识产权犯罪的共犯论处。"❼

第八节　著作权的集体管理

著作权法赋予著作权人享有各项著作财产权利,保障作者能够从其创

---

❶ 中华人民共和国宪法[Z].2018-3-11.第217条.

❷ 黄虚峰.文化产业政策与法律法规[M].北京:北京大学出版社,2013:136.

❸ 中华人民共和国宪法[Z].2018-3-11.第218条.

❹ 最高人民法院、最高人民检察院.关于办理侵犯知识产权刑事案件具体应用法律若干问题的解释[Z].2004-12-8.第6条.

❺ 最高人民法院、最高人民检察院.关于办理侵犯知识产权刑事案件具体应用法律若干问题的解释[Z].2004-12-8.第14条.

❻ 最高人民法院、最高人民检察院.关于办理侵犯知识产权刑事案件具体应用法律若干问题的解释[Z].2004-12-8.第15条.

❼ 最高人民法院、最高人民检察院.关于办理侵犯知识产权刑事案件具体应用法律若干问题的解释[Z].2004-12-8.第16条.

作中获得经济利益。但是，该项权利不会直接变为经济利益，而需要通过著作权人对其进行开发与管理得以实现。著作权法保障著作权人合法管理自己的著作权利。

著作权人对其合法权利的管理方式可分为个人管理和集体管理两种："个人管理是指著作权人仅依靠自身的力量，对其合法权利加以行使和保护；集体管理则表现为著作权人借助著作权集体管理组织等专门机构，更有效地行使和保护其合法权利。"❶

个人管理方式在有效行使和保护著作权方面存在诸多局限性。一般而言，在保护著作权方面，著作权人个人既无精力也无专门的经验。因此，集体管理的重要性便凸显出来了。著作权集体管理组织既可以帮助著作权所有者有效行使权力，又可以方便著作权使用者便捷地取得使用许可，它是架设在两者之间的桥梁。既可以帮助作品使用者能顺利取得授权，降低作品使用成本，又可以减少著作权人的权利损害，保障著作权人的利益。

著作权的集体管理是指为保障著作权人的利益，按照法律规定成立集体管理组织，并通过该组织集中行使作品的使用许可、收取报酬并予以分配以及纠纷处理的活动。❷

一般而言，著作权集体管理机构只管理著作权人自己无法直接行使的权利。从世界各国经验来看，著作权集体管理主要涉及音乐作品的表演权、播放权和机械复制权；美术作品的追续权；文字作品、美术作品、摄影作品的影印复制权；表演者和唱片制作者的邻接权等。著作权集体管理机构在同著作权人签订合同后，著作权人一般会将其后创作作品的权利也授权该机构。❸

就世界范围而言，著作权集体管理主要采取两种模式，"一种为垄断型模式，一种为竞争型模式。垄断型模式又可分为绝对垄断和相对垄断两种模式。绝对垄断是指在某一国家或某一地区内，由一个中央协会负责不同种类著作权的统一管理。这种协会既是著作权的集体管理机构，又是邻接权的管理机构。前苏联、意大利是典型代表。相对垄断是指根据作品形式和权利形式的不同，而采用多种协会体制，即在同一作品形式或权利范畴内，只存在一个全国性集体管理组织。德国、法国、日本、中国台湾是典型代表。"❹ 垄断型模式的优点在于：（1）能够充分有效地保护著作权人的利益；（2）方便使用人获取授权；（3）有利于国际间的著作权集体管理

---

❶ 张宏涛.中外著作权集体管理组织浅谈[J].科技广场,2002,(4):39.
❷ 刘洁.我国著作权集体管理制度研究[M].北京:中国政法大学出版社,2014.
❸ 黄虚峰.文化产业政策与法律法规[M].北京:北京大学出版社,2013:137.
❹ 宋江涛.重构我国著作权集体管理模式的探讨[J].经营管理者,2009,(20):383.

组织的相互授权。但它也存在一定的问题：（1）权利人和使用者失去了选择的自由；（2）著作权集体管理组织可能会滥用垄断优势，如限制会员推出，强迫使用人接受一揽子许可，索取高额使用费等。❶

竞争型模式是指对于同一种类权利可以由多个集体管理组织来管理，鼓励组织之间自由竞争，以美国、加拿大为代表。❷ 其优点在于：（1）可以更公平地保护现著作权人的权益；（2）作品使用人的选择更多；（3）有利于保护公众利益。其缺点在于：（1）管理效率上要低于垄断型模式；（2）容易出现管理权利的混淆。

两种模式各有利弊，各国应该根据实际情况选择。目前我国采取的是垄断型的著作权集体管理模式。1991年国务院发布的《著作权法实施条例》中首次出现了"集体管理"的字样。2001年，我国对《著作权法》进行了第一次修订。修订后的《著作权法》增加了集体管理组织的内容，明确规定："著作权人和与著作权有关的权利人可以授权著作权集体管理组织行使著作权或者与著作权有关的权利。著作权集体管理组织被授权后，可以以自己的名义为著作权人和与著作权有关的权利人主张权利，并可以作为当事人进行涉及著作权或者与著作权有关的权利的诉讼、仲裁活动。""著作权集体管理组织是非营利性组织"。❸ 2004年国务院颁布了《著作权集体管理组织条例》（以下简称《条例》），对著作权集体管理进行了更详尽的规定，详细地规定了其设立、组织机构、管理活动以及法律责任。2011年、2013年国务院对其部分条款进行了修订。

一、著作权集体管理组织的职责、收费与分配

（一）职责范围

著作权集体管理组织的职责范围主要包括以下几项：（1）代表权利人与作品使用者就使用作品的条件和许可资进行协商谈判，并发放许可、收取使用费；（2）与境外著作权集体管理组织签订协议，代表境外著作权人管理其权利；（3）开展其他活动，如对社会公众进行宣传教育、帮助青年作者、为会员提供社会保障等。❹

著作权集体管理组织管理的权利种类包括表演权、放映权、广播权、

---

❶ 周安平.中国著作权理论与实践研究[M].北京：人民出版社，2014：230-234.
❷ 宋江涛.重构我国著作权集体管理模式的探讨[J].经营管理者，2009，（20）：383.
❸ 中华人民共和国著作权法[Z].2001-10-27.第8条.
❹ 黄虚峰.文化产业政策与法律法规[M].北京大学出版社，2013：137.

出租权、信息网络传播权、复制权等权利人自己难以有效行使的权利。❶

(二) 许可与收费

发放许可与收取许可费用是著作权集体管理组织的主要工作内容。

许可方式主要包括两种：一揽子许可和单项许可。一揽子许可适用于使用者对作品的需求量较大的情况，如广播电台、电视台、娱乐场所等每年播放大量音乐作品，集体管理组织采取一揽子许可的方式可以提高办事效率。单项许可即著作权集体管理组织针对每一次特定的使用作品行为，向使用者发放许可并收取许可费，如演唱会上的音乐作品的使用。❷

对于收费标准，《条例》规定："著作权集体管理组织应当根据下列因素制订使用费收取标准：(1) 使用作品、录音录像制品等的时间、方式和地域范围；(2) 权利的种类；(3) 订立许可使用合同和收取使用费工作的繁简程度。"第25条规定："除著作权法第二十三条、第三十三条第二款、第四十条第三款、第四十三条第二款和第四十四条规定应当支付的使用费外，著作权集体管理组织应当根据国务院著作权管理部门公告使用费收取标准，与使用者约定收取使用费的具体数额。"❸

(三) 分配

著作权集体管理组织具有非营利性。因此，在向作品使用者收取作品许可费之后，扣除一定比例的使用费作为其日常管理开支外，一般都直接地分配给著作权人。

为了保障权利人获得合理分配份额的权利，《条例》规定："著作权集体管理组织转付使用费，应当编制使用费转付记录。使用费转付记录应当载明使用费总额、管理费数额、权利人姓名或者名称、作品或者录音录像制品等的名称、有关使用情况、向权利人转付使用费的具体数额等事项，并应当保存10年以上。"❹

二、我国的主要著作权集体管理组织

目前，我国已经成立了音乐著作权协会、音像著作权集体管理协会、

---

❶ 国务院.著作权集体管理条例[Z].2004-12-28.第4条.
❷ 黄虚峰.文化产业政策与法律法规[M].北京大学出版社,2013:137.
❸ 国务院.著作权集体管理条例[Z].2004-12-28.第13条.
❹ 国务院.著作权集体管理条例[Z].2004-12-28.第29条.

文字著作权协会、摄影著作权协会和电影著作权协会。

（一）中国音乐著作权协会

中国音乐著作权协会简称"音著协"，成立于 1992 年 12 月 17 日，是由国家版权局和中国音乐家协会共同发起成立的中国唯一的音乐著作权集体管理组织，是专门维护作曲者、作词者和其他音乐著作权人合法权益的非营利性机构，是联系音乐著作权人与音著协以及会员与音著协的桥梁和纽带。在国际合作方面，协会于 1994 年 5 月加入了国际作者和作曲者协会联合会（CISAC），在 CISAC 的框架下，协会已与 50 多个国家和地区的同类组织签订了相互代表协议。2007 年 6 月，协会成为国际影画乐曲复制权协理联会（BIEM）成员。2012 年 10 月，音著协加入国际复制权联合会（IFRRO）。2009 年 3 月，协会被批准成为国际标准音乐作品编码，即 ISWC 编码中国大陆地区唯一代理机构。❶

（二）中国音像著作权集体管理协会

中国音像著作权集体管理协会，是经国家版权局正式批准成立的我国唯一音像集体管理组织，依法对音像节目的著作权以及与著作权有关的权利实施集体管理。该协会管理的权利种类包括：

（1）音像节目表演权。
（2）音像节目放映权。
（3）音像节目广播权。
（4）音像节目出租权。
（5）音像节目信息网络传播权。
（6）音像节目复制、发行权。
（7）其他适合集体管理的音像节目著作权和与著作权有关的权利。❷

（三）中国文字著作权协会

中国文字著作权协会（以下简称协会）是依据《中华人民共和国著作权法》和国务院颁布的《著作权集体管理条例》，由中国作家协会、国务院发展研究中心等 12 家著作权人比较集中的单位和陈建功等 500 多位我国各领域著名的著作权人共同发起，并于 2008 年 10 月 24 日在北京成立。协会是以维护著作权人合法权益为宗旨，从事著作权服务、保护和管理的非

---

❶ 中国音乐著作权协会.基本会情[DB/OL].http://www.mcsc.com.cn/mIL-5.html.
❷ 中国音像著作权集体管理协会.协会简介[DB/OL],http://www.cavca.org/gyxh.php.

营利性社会团体，并已获得国家版权局正式颁发的《著作权集体管理许可证》，是我国唯一的文字作品著作权集体管理机构。承担对会员及文字作品的登记、管理，依法收取使用者交纳的使用费，并发放许可证，定期向权利人分配使用费，教科书和报刊转载文字作品等"法定许可"著作权使用费的收转工作。❶

（四）中国摄影著作权协会

中国摄影著作权协会是由中国摄影家协会联合全国性摄影团体和著名摄影家发起，经国家版权局同意，报国务院总理办公会批准成立的国家一级社团及非营利性组织。2010年获世界知识产权组织最高奖——版权金奖。中国摄影著作权协会由广电总局主管，作为国家政府唯一指定的摄影著作权管理机构，以维护著作权人合法权益，促进摄影作品的创作和传播为宗旨。通过著作权管理和举办展览、培训、影赛、作品限量鉴证（交易）等活动，推动摄影繁荣和文化发展。中国摄影著作权协会实行会员制，对会员及优秀作品给予50年的著作权（人身权和财产权）维护。拥有优秀摄影作品（良好传播价值）的摄影家、摄影工作者和摄影爱好者以及有关组织，均可申请加入。❷

（五）中国电影著作权协会

电影著作权协会是著作权集体管理领域继音乐、音像、文字、摄影后成立的第五家协会，简称"影著协"。中国电影著作权协会的前身是中国电影版权保护协会，自2005年8月成立以来，在宣传电影版权、推广版权知识、开展国际交流和为会员单位积极维权等方面做了大量工作。中国电影著作权协会就可以以自己的名义，受会员单位委托发放电影作品的使用许可，收取和转付使用费用，并对侵权盗版行为以自己的名义进行维权。

---

❶ 中国文字著作权协会. 协会简介[DB/OL]. http://www.prccopyright.org.cn/staticnews/2010-01-28/100128145635437/1.html.

❷ 中国摄影著作权协会. 协会简介[DB/OL]. http://www.icsc1839.org/gybh.html.

第三章 《电影产业促进法》

作为我国艺术产业领域内的第一部法律，《电影产业促进法》对我国电影产业的发展具有重要意义，同时对于其他艺术产业领域的立法推进也有示范意义。

第一节 《电影产业促进法》的制定

《电影产业促进法》（以下简称《促进法》）的制定经历了一个较长的过程，1984年第一稿诞生，但它至多是一部适应计划经济体制的法律，对于我们现在讨论的《促进法》参考意义不大。2003年，《促进法》正式开始由原国家广电总局组织起草，立法进程得以加速。2008年，讨论多年的《促进法》草案终于定稿，并报送国务院法制办公室。2011年12月15日，由后者公布，面向各界征求意见，各界积极回应。2015年9月1日，《促进法》迎来重大利好，在当天的国务院常务会议予以审议并获通过，《促进法》草案还获得提请全国人大常委会审议的资格。2016年11月7日，《促进法》的作用和地位获得认可，在第12届全国人民代表大会常务委员会第24次会议上予以通过。2017年3月1日，《促进法》正式实施。

电影业界普遍认为，《促进法》的出台表明政府在法律层面上肯定了中国电影产业改革的方向和路径，它的出台进一步健全和完善了中国电影法律法规和政策体系，为中国电影产业提供了一个更加法治化的市场环境。[1]

---

[1] 电影产业有了哪些新"法" 票房注水等将面临严厉处罚[DB/OL]. 2016-11-10, http://ent.cnr.cn/gd/20161110/t20161110_523256068.shtml.

第二节 《电影产业促进法》的主要内容

《促进法》共 6 章 60 条，包含如下内容：

一、总则

（一）电影产业应坚持的基本原则

主要包括："（1）坚持为人民服务、为社会主义服务，坚持社会效益优先，实现社会效益与经济效益相统一。（2）坚持以人民为中心的创作导向，坚持百花齐放、百家争鸣的方针，尊重和保障电影创作自由，倡导电影创作贴近实际、贴近生活、贴近群众，鼓励创作思想性、艺术性、观赏性相统一的优秀电影。"❶

（二）《促进法》的适用范围

《促进法》的适用范围，即在"中华人民共和国境内从事电影创作、摄制、发行、放映等活动（以下统称电影活动）"❷。《促进法》对电影的内涵也进行了界定，是指"运用视听技术和艺术手段摄制、以胶片或者数字载体记录、由表达一定内容的有声或者无声的连续画面组成、符合国家规定的技术标准、用于电影院等固定放映场所或者流动放映设备公开放映的作品。对于通过互联网、电信网、广播电视网等信息网络传播电影的活动进行了特别要求，要遵守互联网、电信网、广播电视网等信息网络管理的法律、行政法规的规定。"❸

（三）电影产业的保障和鼓励措施

保障和鼓励措施主要有："（1）要求国务院将电影产业发展纳入国民经济和社会发展规划。县级以上地方人民政府根据当地实际情况将电影产业发展纳入本级国民经济和社会发展规划。同时，国家制定电影及其相关产业政策，引导形成统一开放、公平竞争的电影市场，促进电影市场繁荣

---

❶ 中华人民共和国电影产业促进法[Z].2016-11-7.第3-4条.
❷ 中华人民共和国电影产业促进法[Z].2016-11-7.第2条.
❸ 中华人民共和国电影产业促进法[Z].2016-11-7.第2条.

发展。(2) 鼓励电影科技的研发、应用，制定并完善电影技术标准，构建以企业为主体、市场为导向、产学研相结合的电影技术创新体系。(3) 与电影有关的知识产权受法律保护，任何组织和个人不得侵犯。县级以上人民政府负责知识产权执法的部门应当采取措施，保护与电影有关的知识产权，依法查处侵犯与电影有关的知识产权的行为。(4) 鼓励公民、法人和其他组织依法开发电影形象产品等衍生产品。(5) 支持建立电影评价体系，鼓励开展电影评论。对优秀电影以及为促进电影产业发展做出突出贡献的组织、个人，按照国家有关规定给予表彰和奖励。(6) 鼓励开展平等、互利的电影国际合作与交流，支持参加境外电影节（展）。"[1]

对于第一点保障措施，业界以及理论界评价较高，学者们认为，当前中国正处于经济结构转型的关键期，推动文化产业成为国民支柱性产业是经济转型的重要目标。"电影产业作为最具活力、潜力和竞争力的文化产业类型，在经济结构转型的关键期，系统升级的重要性不言而喻。当下粗放型的生长方式必须向精耕细作的可持续发展转变，中国电影应该而且必须借助于"城镇化"效应，依托《电影产业促进法》深化改革建立起中国电影现代市场体系、现代工业体系、现代电影产业体系和现代传播体系。"[2] 将电影产业纳入国民经济和社会发展规划有利于实现这一点。

（四）电影行业的主管部门

《促进法》规定："国务院电影主管部门负责全国的电影工作；县级以上地方人民政府电影主管部门负责本行政区域内的电影工作；县级以上人民政府其他有关部门在各自职责范围内，负责有关的电影工作。"[3]

（五）电影行业组织的权利和义务

《促进法》对电影行业组织的权利和义务，也有明确规定，"电影行业组织可依法制定行业自律规范，开展业务交流，加强职业道德教育，维护其成员的合法权益。"[4] 这是《促进法》的一条重要调整，《电影管理条例》中虽提到了电影行业组织，但对其权利未有充分表述，只规定其要"在国务院广播电影电视行政部门指导下，实行自律管理。"《促进法》的规定，无疑可以促进电影行业组织的发展。电影发达国家，特别是美国电影行业组织十分发达，甚至将电影分级的工作都交由其负责。作为专业性

---

[1] 中华人民共和国电影产业促进法[Z]. 2016-11-7. 第5-7,10-11条.
[2] 饶曙光,尹鹏飞."电影与国家:历史、理论与实践"研究专题[J].电影艺术,2016,(4):16.
[3] 中华人民共和国电影产业促进法[Z]. 2016-11-7. 第8条.
[4] 中华人民共和国电影产业促进法[Z]. 2016-11-7. 第9条.

组织，对电影行业有更为清醒的认知和理解，这对电影业发展是十分重要的。

(六) 演员、导演应尽的义务

电影产业需要具有高超艺术才能的电影创作人员，但从业者的良好品德也是电影高品质的保证。作为公众人物的电影从业者，应该严格要求自己，做好表率。❶《促进法》对此有积极回应，规定"演员、导演等电影从业人员应当坚持德艺双馨，遵守法律法规，尊重社会公德，恪守职业道德，加强自律，树立良好社会形象。"❷ 该条款可以看作是对吸毒嫖娼行为的明星和有伤害民族感情等各类不当言行的国内外明星、导演的应对措施。今后，电影人和电影作品如果踩踏红线、跨越雷区，将会受到严厉的处罚，甚至断送职业生涯。

二、电影创作、摄制

(一) 创作、摄制电影的条件

1. 国内拍摄的电影，电影剧本梗概需要备案或审查

电影摄制是电影产业的核心环节，对其基础条件，《促进法》有明确规定，"拟摄制电影的法人、其他组织应当将电影剧本梗概向国务院电影主管部门或者省、自治区、直辖市人民政府电影主管部门备案"，"涉及重大题材或者国家安全、外交、民族、宗教、军事等方面题材的，应当按照国家有关规定将电影剧本报送审查。符合规定的，由国务院电影主管部门将拟摄制电影的基本情况予以公告，并由国务院电影主管部门或者省、自治区、直辖市人民政府电影主管部门出具备案证明文件或者颁发批准文件。"❸

相对于《电影管理条例》以及之前的电影法规而言，此规定有较大变动。此前，拍摄电影需要成立电影制片企业或者获得《摄制电影片许可证（单片）》，否则不允许进入电影摄制领域。而《电影产业促进法》取消

---

❶ 张雪娇. 业界人士为电影产业促进法点赞[N]. 中国新闻出版广电报, 2016-11-11.
❷ 中华人民共和国电影产业促进法[Z]. 2016-11-7. 第9条.
❸ 中华人民共和国电影产业促进法[Z]. 2016-11-7. 第13条.

了电影制片单位和《摄制电影片许可证（单片）》审批等。❶ 以后，只要有足够的资金和人员准备，民营企业等都可进入电影拍摄领域，电影拍摄的门槛有所降低。2017、2018年上半年电影市场的火爆与该规定有一定的联系。

2. 中外合作拍摄电影，需要经过国务院电影主管部门批准

对于中外合作拍摄电影，《促进法》有明确规定："法人、其他组织经国务院电影主管部门批准，可以与境外组织合作摄制电影。"但有所限制，即"不得与从事损害我国国家尊严、荣誉和利益，危害社会稳定，伤害民族感情等活动的境外组织合作，也不得聘用有上述行为的个人参加电影摄制。"❷ 这可以看成总则第9条规定的演员、导演应尽义务的延伸。"合作摄制电影符合创作、出资、收益分配等方面比例要求的，该电影视同境内法人、其他组织摄制的电影。"❸

3. 境外组织不能独立从事电影摄制活动

对于境外组织和个人在境内的电影摄制活动，《促进法》规定："境外组织不得在境内独立从事电影摄制活动，而境外个人则不允许在境内从事电影摄制活动。"❹ 此举可以看作对国内电影拍摄主体的保护举措。

（二）保障和鼓励措施

电影产业的发展既需要市场主体的辛勤努力，政府的支持和鼓励同样不可或缺，对于某些类别，这种鼓励甚至起最关键的作用。为此，《促进法》制定了多重保障和鼓励措施：

（1）"鼓励电影剧本创作和题材、体裁、形式、手段等创新，鼓励电影学术研讨和业务交流。县级以上人民政府电影主管部门根据电影创作的需要，为电影创作人员深入基层、深入群众、体验生活等提供必要的便利和帮助。"❺

（2）"县级以上人民政府电影主管部门应当协调公安、文物保护、风景名胜区管理等部门，为法人、其他组织依照该法从事电影摄制活动提供

---

❶ 五问解读《电影法》：公开审查标准严打偷票房[DB/OL].2016-11-11,http://ent.sina.com.cn/original/youliao/117/.
❷ 中华人民共和国电影产业促进法[Z].2016-11-7.第14条.
❸ 中华人民共和国电影产业促进法[Z].2016-11-7.第14条.
❹ 中华人民共和国电影产业促进法[Z].2016-11-7.第14条.
❺ 中华人民共和国电影产业促进法[Z].2016-11-7.第12条.

必要的便利和帮助。"❶ 但同时，"从事电影摄制活动的法人或其他组织，应当遵守管理和安全生产等方面的法律、法规，并在摄制过程中注意采取保护、防护措施。"❷

《促进法》的主要目的在于促进电影产业的发展，因此其中的很多条款都涉及保障和鼓励的内容，总则中就有多条保障措施，创作、摄制部分也有多项保障措施，其中很多都是之前电影管理的法规中没有涉及的，是新的提法。

（三）禁载的内容

《促进法》第 16 条规定了电影应该禁止包含的内容，共 8 大项，它们与其他产业中所应避免"禁载十条"的内容是基本一致的，但增加了"侵害未成年人合法权益或者损害未成年人身心健康"这一条款。❸

（四）电影审查

电影审查是我国电影行业的一项基本制度，清末已出现萌芽，北洋政府时期出现了完整的审查政策，其后的南京国民政府在继承的基础上有所发展。中华人民共和国成立后，也制定了电影审查的政策，如在《电影管理条例》中有详细的规定，而《促进法》对电影审查又有所完善。

1. 审查机构及审查期限

（1）审查机构。长期以来，我国电影审查的主体是国务院广播电影电视行政部门的电影审查机构，因此审查周期较长。而《促进法》进行了调整，明确规定"电影审查的主体是国务院电影主管部门或者省、自治区、直辖市人民政府电影主管部门"❹。在此之前，《电影管理条例》第 24 条规定，电影审查的主体是国务院广播电影电视行政部门的电影审查机构。两者相比，《促进法》实现了电影审查权利的下放，地方审查机构可以在审查中发挥更大的作用。有论者认为，将电影审查权限下放，有利于促进地域竞争，进一步激发市场活力。❺

（2）审查期限及审查结果。对于审查期限及审查结果，《促进法》有了明确的限定，规定审查机构"应当自受理申请之日起 30 日内作出审查

---

❶ 中华人民共和国电影产业促进法[Z].2016-11-7.第 15 条.
❷ 中华人民共和国电影产业促进法[Z].2016-11-7.第 15 条.
❸ 中华人民共和国电影产业促进法[Z].2016-11-7.第 16 条.
❹ 中华人民共和国电影产业促进法[Z].2016-11-7.第 17 条.
❺ 于帆.中国影业发展或将迎来新契机[N].中国文化报,2016-11-14.

决定。对符合规定的，准予公映，颁发电影公映许可证，并予以公布；对不符合规定的，不准予公映，并书面通知申请人并说明理由。"❶

2. 审查标准、程序及其他规定

（1）审查标准及程序。审查标准及程序对电影审查至关重要。但电影业界、社会长期以来无法了解电影审查的标准，因此对电影审查的结果多有怀疑。为此，制定明确的审查标准显得尤为迫切，《促进法》回应了这一点，明确提出，"国务院电影主管部门应当根据该法制定完善电影审查的具体标准和程序，并向社会公布。制定完善电影审查的具体标准应当向社会公开征求意见，并组织专家进行论证。"对于审查标准而言，《电影管理条例》等法规未曾涉及。业界以及社会对审查标准不清晰，导致对电影审查产生很多负面评价，此次规定要制定标准是电影审查的一个进步。❷

审查程序也是《促进法》重点关注的内容，其中对审查人员的规定值得关注，审查人员的素质和水平对电影审查无疑至为重要。电影行业专家以及家长的参与是电影业发达国家的常规做法，《促进法》在此方面也有所推进，规定："进行电影审查应当组织不少于5名专家进行评审，由专家提出评审意见。法人、其他组织对专家评审意见有异议的，国务院电影主管部门或者省、自治区、直辖市人民政府电影主管部门可以另行组织专家再次评审。专家的评审意见应当作为作出审查决定的重要依据。"❸ 复审（再次评审）在《电影管理条例》中已有所规定，此次是重申。对于审查程序而言，最大的改变是强调审查人员的构成，即不少于5位专家。并且他们的评审意见应当作为作出审查决定的重要依据。一直以来，业界有声音要求取消电影审查，很重要的原因在于电影人认为电影审查人员不专业，属于外行管理内行。此次的规定有利于减轻此类质疑，促进电影审查的专业化和科学化。

对于已取得电影公映许可证的电影需要变更内容的，《促进法》也有规定，其第19条规定，此类情况应当依照规定重新报送审查。

（2）审查结果的应用和效力。审查结果如何运用对电影审查也颇为重要，关系到电影审查如何落地，如何产生作用。因此，《促进法》在此方面颇为留意，规定："摄制电影的法人、其他组织应当将取得的电影公映许可证标识置于电影的片头处。"❹ 这是对《电影管理条例》相关规定的继

---

❶ 中华人民共和国电影产业促进法[Z].2016-11-7.第17条.
❷ 于帆.中国影业发展或将迎来新契机[N].中国文化报,2016-11-14.
❸ 于帆.中国影业发展或将迎来新契机[N].中国文化报,2016-11-14.
❹ 中华人民共和国电影产业促进法[Z].2016-11-7.第20条.

承。而"电影放映可能引起未成年人等观众身体或者心理不适的,应当予以提示"❶ 这属于新规定,其目的与第16条第5款不得含有"侵害未成年人合法权益或者损害未成年人身心健康"的规定一样,意在保护未成年人,此处稍作说明。在很多国家实行电影分级制度,其目的一方面是为了不同的观众群体可以欣赏到各自适合观看的影片,另一方面也是要保护青少年。我国目前未实行分级制度,但青少年保护问题同样重要。因此,《促进法》采取了一个折衷的方式。

审查的效力对电影审查来说同样重要,如果审查的结果不能影响电影放映和电影制作,电影审查的权威性就不能得到认可。因此,《促进法》在此方面有明确的规定,主要包括:

"未取得电影公映许可证的电影,不得发行、放映,不得通过互联网、电信网、广播电视网等信息网络进行传播,不得制作为音像制品;但是,国家另有规定的,从其规定。"❷

"摄制完成的电影取得电影公映许可证,方可参加电影节(展)。拟参加境外电影节(展)的,送展法人、其他组织应当在该境外电影节(展)举办前,将相关材料报国务院电影主管部门或者省、自治区、直辖市人民政府电影主管部门备案。"❸

《电影管理条例》中便有关于电影审查效力的相关规定,《促进法》加以修正,强调了未经审查并获得电影公映许可证的,不得通过任何方式进行传播,并不准参加各类电影节(展)。国内未获审查通过,而在国际电影节获奖的情况或在其他国家放映的情况将会有所减少。

3. 承接境外电影的洗印、加工、后期制作等业务的规定

对境外电影的加工、制作等环节与电影制作密切相关,对于电影产业的发展同样重要,《促进法》持支持态度,规定:"公民、法人和其他组织可以承接境外电影的洗印、加工、后期制作等业务,并报省、自治区、直辖市人民政府电影主管部门备案。"❹ 与《电影管理条例》相比,该规定有重大改进,体现在一是后期制作业务上,《电影管理条例》中仅规定了国内制作的影片到境外进行后期加工的情况,对境外影片在国内的后期制作未做规定。《促进法》的相关规定反映出近年来我国后期制作技术的快速发展,因此进行必要规定。另一方面,最重要的改变是,《电影管理条例》

---

❶ 中华人民共和国电影产业促进法[Z].2016-11-7.第20条.
❷ 中华人民共和国电影产业促进法[Z].2016-11-7.第20条.
❸ 中华人民共和国电影产业促进法[Z].2016-11-7.第21条.
❹ 中华人民共和国电影产业促进法[Z].2016-11-7.第18条.

中虽规定电影洗印单位可承接境外电影的洗印、加工，但要求"电影洗印单位接受委托洗印加工境外的电影底片、样片和电影片拷贝的，应当事先经国务院广播电影电视行政部门批准，并持批准文件依法向海关办理有关进口手续。洗印加工的电影底片、样片和电影片拷贝必须全部运输出境"❶，而《促进法》中则取消了这些规定。这意味着，境外制作的电影，只要符合有关规定即可在国内加工处理，在取得公映许可证后，可在国内放映。

4. 对电影档案的规定

电影档案是电影制作、传播的重要资料，对于研究和推进电影产业的发展有不可忽略的作用，为此《促进法》对电影档案进行了专门规定，要求"国家设立的电影档案机构依法接收、收集、整理、保管并向社会开放电影档案，并配置必要的设备，采用先进技术，提高电影档案管理现代化水平。摄制电影的法人、其他组织依照《中华人民共和国档案法》的规定，做好电影档案保管工作，并向国家设立的电影档案机构移交、捐赠、寄存电影档案。"❷ 这是对《电影艺术档案管理规定》相关规定的确认。

三、发行、放映

（一）电影发行、放映的条件

我国对电影发行、固定放映场所电影放映实行许可制度。具备相应条件，并经电影主管部门批准的，可从事电影发行、固定放映场所电影放映活动。❸ 具体要求如下：

（1）电影发行活动要经过许可。电影发行活动被誉为电影产业的"腰"，是链接电影制作和电影放映的桥梁，对电影产业的发展颇为重要，因此各国都很重视。《促进法》对其有专门的规定："企业具有与所从事的电影发行活动相适应的人员、资金条件的，经国务院电影主管部门或者所在地省、自治区、直辖市人民政府电影主管部门批准，可以从事电影发行活动。"❹

（2）固定放映场所电影放映活动要经过许可。固定放映场所电影放映

---

❶ 国务院.电影管理条例[Z].2001-12-25.第23条.
❷ 中华人民共和国电影产业促进法[Z].2016-11-7.第23条.
❸ 中华人民共和国电影产业促进法[Z].2016-11-7.第24条.
❹ 中华人民共和国电影产业促进法[Z].2016-11-7.第24条.

活动,即影院放映活动是反映电影产业发展程度的重要指标,良好的放映秩序对产业的整体发展十分关键。为此,《促进法》进一步明确了准入条件,规定:"企业、个体工商户具有与所从事的电影放映活动相适应的人员、场所、技术和设备等条件的,经所在地县级人民政府电影主管部门批准,可以从事电影院等固定放映场所电影放映活动。"❶ 与《电影管理条例》相比,《促进法》对电影放映的准入条件有所降低,前者要求设立电影放映单位,应当向所在地县或者设区的市人民政府电影行政部门提出申请,并未区分固定放映场所或流动放映。而《促进法》中有明确的区别,且规定了不同的准入条件。

(3) 电影流动放映活动只须备案。流动放映是影院放映的重要补充,是满足无法建立影院地区的民众需求的重要手段,对于此类放映,《促进法》的要求较低,规定:"企业、个人从事电影流动放映活动,应当将企业名称或者经营者姓名、地址、联系方式、放映设备等向经营区域所在地县级人民政府电影主管部门备案。"这一条款实际上降低了电影流动放映活动的准入门槛。

(二) 电影发行、放映申请的审核

1. 审核时间

负责电影发行、放映活动审批的电影主管部门,应当自受理申请之日起 30 日内作出决定。❷ 对于审核时间,《电影管理条例》规定不超过自受理申请之日起 60 日。相比而言,《促进法》的审核时间降低很多。

2. 审查结果

审查结果的明确与否对于申请人来说十分敏感,《促进法》对其进行了专门的规定,"对符合条件的,予以批准,颁发电影发行经营许可证或者电影放映经营许可证,并予以公布;对不符合条件的,不予批准,书面通知申请人并说明理由。"❸

---

❶ 中华人民共和国电影产业促进法[Z].2016-11-7.第 24 条.
❷ 中华人民共和国电影产业促进法[Z].2016-11-7.第 25 条.
❸ 中华人民共和国电影产业促进法[Z].2016-11-7.第 25 条.

(三) 保障和鼓励措施

1. 建立农村公益放映网络

城市的电影放映网络较为完善,而广大农村的放映活动相对较少,为保证农村地区民众的观影需求,政府需要大力支持。为此,《促进法》规定:"政府出资建立完善农村电影公益放映服务网络,引导社会资金投资农村电影放映,改善农村地区观看电影条件,保障农村地区群众观看电影需求。县级以上人民政府应当将农村电影公益放映纳入农村公共文化服务体系建设,按照国家有关规定对农村电影公益放映活动给予补贴。"❶ 农村公益电影,《电影管理条例》中未曾涉及,但 2007 年、2008 年国务院、财政部各有专门文件出台,而《促进法》则将其真正纳入法治范畴,有利于农村电影放映网络的建设。

2. 支持中小学生免费观影

目前青少年已是重要的观众群体,更是未来电影消费的主力,对于电影产业的发展十分重要。同时,以中小学生为主体的青少年世界观尚在形成之中,对电影的辨别能力尚且不足,为保证他们的利益,《促进法》专门规定:"国务院教育、电影主管部门共同推荐有利于未成年人健康成长的电影,并采取措施支持接受义务教育的学生免费观看,由所在学校组织安排。"❷ 这也是《促进法》的一个新的规定,对满足中小学生为主体的青少年的观影需求有重要的作用。

3. 为弱势群体提供观影便利

未成年人、老年人、残疾人、城镇低收入居民以及进城务工人员等弱势群体同样有观影需求,但各方面条件所限,他们的观影需求往往难以满足。为解决这一问题,《促进法》规定:"鼓励电影院以及从事电影流动放映活动的企业、个人采取票价优惠、建设不同条件的放映厅、设立社区放映点等多种措施,为未成年人、老年人、残疾人、城镇低收入居民以及进城务工人员等观看电影提供便利;电影院以及从事电影流动放映活动的企业、个人所在地人民政府可以对其发放奖励性补贴。"❸ 这些措施对满足各类弱势群体的观影需求有一定的作用。

上述几项举措,对于培养电影观众群体,促进中国电影产业的长远发

---

❶ 中华人民共和国电影产业促进法[Z]. 2016-11-7. 第 27 条.
❷ 中华人民共和国电影产业促进法[Z]. 2016-11-7. 第 28 条.
❸ 中华人民共和国电影产业促进法[Z]. 2016-11-7. 第 28 条.

展有重要的意义。

4. 保障国内电影放映比例

不可否认，与好莱坞电影等相比，国产电影的竞争力还显不足。需要政策制定者有一定的扶持措施。为此，《促进法》结合之前广电总局等制定的一些条例，对国产电影的放映比例进行了规定："电影院应当合理安排由境内法人、其他组织所摄制电影的放映场次和时段，并且放映的时长不得低于年放映电影时长总和的2/3。"❶ 对于国产电影放映比例，《电影管理条例》中已有规定，《促进法》又对其进行确认。

5. 其他保障

盗录现象在很多影院中经常出现，不仅直接影响了电影放映机构的收益，而且侵犯了著作权人的权利。《促进法》对这一现象有所关注，并赋予电影工作人员一定的权力。其第21条明确规定："未经权利人许可，任何人不得对正在放映的电影进行录音录像。发现进行录音录像的，电影院工作人员有权予以制止，并要求其删除；对拒不听从的，有权要求其离场。"❷

安全问题也是影响影院发展的重要问题，对此，《促进法》第33条第2款明确规定："任何人不得携带爆炸性、易燃性、放射性、毒害性、腐蚀性物品进入电影院等放映场所，不得非法携带枪支、弹药、管制器具进入电影院等放映场所；发现非法携带上述物品的，有关工作人员应当拒绝其进入，并向有关部门报告。"❸

6. 电影院等发行、放映机构的义务

为了保障观众及电影产业的健康发展，《促进法》对影院等电影发行机构、放映场所等也有一些具体的规定：

（1）"从事农村电影公益放映活动的，不得以虚报、冒领等手段骗取农村电影公益放映补贴资金。"❹

（2）"电影院以及从事电影流动放映活动的企业、个人应当保障电影放映质量。"❺

（3）"电影院的设施、设备以及用于流动放映的设备应当符合电影放

---

❶ 中华人民共和国电影产业促进法[Z].2016-11-7.第29条.
❷ 中华人民共和国电影产业促进法[Z].2016-11-7.第21条.
❸ 中华人民共和国电影产业促进法[Z].2016-11-7.第21条.
❹ 中华人民共和国电影产业促进法[Z].2016-11-7.第33条.
❺ 中华人民共和国电影产业促进法[Z].2016-11-7.第29条.

映技术的国家标准。电影院应当按照国家有关规定安装计算机售票系统。"❶

(4)"电影院在向观众明示的电影开始放映时间之后至电影放映结束前,不得放映广告。"❷

近年来,电影"插播"广告成为一种惯例,它可以为电影放映机构带来更多的收益,但却广遭消费者诟病,原因在于消费者认为,为观看电影已支付了相应的票款,不应再"插播"广告。《促进法》起草过程中显然注意到了消费者的诉求,为此专门作出了上述规定。

(5)"电影院应当遵守治安、消防、公共场所卫生等法律、行政法规,维护放映场所的公共秩序和环境卫生,保障观众的安全与健康。"❸

(6)"电影发行企业、电影院等应当如实统计电影销售收入,提供真实准确的统计数据,不得采取制造虚假交易、虚报瞒报销售收入等不正当手段,欺骗、误导观众,扰乱电影市场秩序。"❹ 票房造假已经成为当前电影业发展的一个毒瘤,不仅不利于制片方的利益,而且也透支了中国电影产业的发展前景。因此《促进法》专门关注了这一点,一方面要求不得票房造假,另一方面在"法律责任"部分也专门规定了处罚措施。

(7)"在境内举办涉外电影节(展),须经国务院电影主管部门或者省、自治区、直辖市人民政府电影主管部门批准。"❺

四、电影产业支持与保障措施

除在总则、电影创作、拍摄、发行、放映部分规定了一些保障措施外,《促进法》第4部分第37-45条对电影产业的支持和保障方面又进行了专门的规定。在电影摄制、资金、税收、保险、人才培养、境外推广等方面制定了相应的措施。

(一)支持优秀电影创作、摄制

电影产业的发展需要一定的导向,《促进法》在此方面有专门的规定,支持一些优秀电影的制作,主要支持以下电影:"(1)传播中华优秀文化、弘扬社会主义核心价值观的重大题材电影;(2)促进未成年人健康成长的

---

❶ 中华人民共和国电影产业促进法[Z].2016-11-7.第30条.
❷ 中华人民共和国电影产业促进法[Z].2016-11-7.第32条.
❸ 中华人民共和国电影产业促进法[Z].2016-11-7.第33条.
❹ 中华人民共和国电影产业促进法[Z].2016-11-7.第34条.
❺ 中华人民共和国电影产业促进法[Z].2016-11-7.第35条.

电影;(3)展现艺术创新成果、促进艺术进步的电影;(4)推动科学教育事业发展和科学技术普及的电影;(5)其他符合国家支持政策的电影。"❶

(二)引导资金、基金、财政资金的支持

电影产业需要耗费大量的资金,必要的资金支持对电影产业的发展无疑有重要作用。为此,《促进法》专门规定:"引导相关文化产业专项资金、基金加大对电影产业的投入力度;综合考虑、统筹安排财政资金对电影产业的支持。"❷

(三)实施必要的税收优惠政策

(四)支持影院的修造

影院作为观众与电影直接接触的场所,影院的发达与否对电影产业的发展有十分重要的作用,需要管理机构的支持。为此《促进法》规定:"县级以上地方人民政府应当依据人民群众需求和电影市场发展需要,将电影院建设和改造纳入国民经济和社会发展规划、土地利用总体规划和城乡规划等,按照国家有关规定,有效保障电影院用地需求,积极盘活现有电影院用地资源,支持电影院建设和改造。"❸

(五)鼓励金融机构提供资金服务

正如上文所言,电影产业需要耗费大量的资金,仅有自有资金和政府扶持的资金还显不足。此时金融机构的支持就显得非常重要,为保证这一行为的顺利实施,《促进法》也进行了专门规定:"鼓励金融机构为从事电影活动以及改善电影基础设施提供融资服务,依法开展与电影有关的知识产权质押融资业务,并通过信贷等方式支持电影产业发展。鼓励保险机构依法开发适应电影产业发展需要的保险产品。鼓励融资担保机构依法向电影产业提供融资担保,通过再担保、联合担保以及担保与保险相结合等方式分散风险。对国务院电影主管部门依照该法规定公告的电影的摄制,按照国家有关规定合理确定贷款期限和利率。"❹需要注意的是,此处对金融机构的要求不是强制性的,在实际操作过程中,尚须金融机构根据实际情况自行决定。

---

❶ 中华人民共和国电影产业促进法[Z].2016-11-7.第36条.
❷ 中华人民共和国电影产业促进法[Z].2016-11-7.第37条.
❸ 中华人民共和国电影产业促进法[Z].2016-11-7.第39条.
❹ 中华人民共和国电影产业促进法[Z].2016-11-7.第40条.

（六）鼓励制片机构进行跨境投资

目前，中国的经济实力已跃居世界第二，中国文化在世界上的影响力越来越大，但同时，文化影响力的提升空间依然很大，电影的海外推广、传播就是其中的一环。电影的直观性使其在传播思想、价值方面有着独特的优势，在海外投资电影不仅在经济上有收获，而且还可以传播中国的文化，进而提升中国文化的影响力。为此，《促进法》规定："鼓励法人、其他组织通过到境外合作摄制电影等方式进行跨境投资，依法保障其对外贸易、跨境融资和投资等合理用汇需求。"❶

（七）实施电影人才扶持计划

电影业发展离不开人才的支持，《促进法》在此方面亦有考虑，规定："支持有条件的高等学校、中等职业学校和其他教育机构、培训机构等开设与电影相关的专业和课程，采取多种方式培养适应电影产业发展需要的人才。鼓励从事电影活动的法人和其他组织参与学校相关人才培养。"❷

（八）采取措施，扶持农村地区、边疆地区、贫困地区和民族地区开展电影活动

农村地区、贫困地区、民族地区的民众同样有观影的需求，为保障他们的利益，《促进法》规定："鼓励、支持少数民族题材电影创作，加强电影的少数民族语言文字译制工作，统筹保障民族地区群众观看电影需求。"❸

（九）鼓励优秀影片翻译和对外传播

正如上文所言，电影是宣传中国形象和文化的有力载体，需要更多的对外宣传和推广。为此，《促进法》规定："对优秀电影的外语翻译制作予以支持，并综合利用外交、文化、教育等对外交流资源开展电影的境外推广活动。鼓励公民、法人和其他组织从事电影的境外推广。"❹

（十）鼓励社会力量支持电影业

电影产业的发展与整个社会都有密切关系，电影从业者、政府、金融

---

❶ 中华人民共和国电影产业促进法[Z].2016-11-7.第41条.
❷ 中华人民共和国电影产业促进法[Z].2016-11-7.第42条.
❸ 中华人民共和国电影产业促进法[Z].2016-11-7.第43条.
❹ 中华人民共和国电影产业促进法[Z].2016-11-7.第44条.

机构有自己的价值,同时社会力量的作用不能缺少。为此,《促进法》规定:"鼓励社会力量以捐赠、资助等方式支持电影产业发展,并依法给予优惠。"❶ 当然,对于社会力量的支持,在税收等方面给予优惠。此项规定一方面可以调动社会力量支持电影业的积极性,为电影业带来更多资金,与此同时也有助于提升捐赠群体观影的积极性,扩大电影业的观众群体。

《电影管理条例》等法规中也规定了支持和保障的措施,但一方面不够系统,另一方面也未建立起配套措施,因此作用不够明显。而《促进法》中除继承了以前相关法规中的做法外,还特别规定了诸如对人才扶持,综合力量推广,鼓励社会捐赠并给予优惠等措施,这些措施如果能够得到切实执行,将会在更大程度上促进中国电影产业的发展。

五、法律责任

法律责任是各类违法行为以及构成违法行为的主体的惩罚惩戒措施,《促进法》第 47-54 条对此有明确规定:

(一) 擅自从事电影摄制、发行、放映活动的法律责任

电影摄制、发行、放映活动都有一定的要求,这些条件的提出是为了保证电影产业的高质量发展。不具备条件,擅自进行相关活动会危害这一局面。为避免这些问题,《促进法》规定,"擅自从事电影摄制、发行、放映活动的,由县级以上人民政府电影主管部门予以取缔,没收电影片和违法所得以及从事违法活动的专用工具、设备;违法所得 5 万元以上的,并处违法所得 5 倍以上 10 倍以下的罚款;没有违法所得或者违法所得不足 5 万元的,可以并处 25 万元以下的罚款。"❷

(二) 违反许可证、批准或者证明文件申请或使用规定的法律责任

在我国,电影发行、放映实行许可制度,而其他一些电影活动也需要相应的资质证明。为保证相关制度的顺利执行,《促进法》规定:"有下列情形之一的,由原发证机关吊销有关许可证、撤销有关批准或者证明文件;县级以上人民政府电影主管部门没收违法所得;违法所得 5 万元以上的,并处违法所得 5 倍以上 10 倍以下的罚款;没有违法所得或者违法所得不足 5 万元的,可以并处 25 万元以下的罚款:(1) 伪造、变造、出租、

---

❶ 中华人民共和国电影产业促进法[Z].2016-11-7.第 45 条.
❷ 中华人民共和国电影产业促进法[Z].2016-11-7.第 47 条.

出借、买卖该法规定的许可证、批准或者证明文件，或者以其他形式非法转让该法规定的许可证、批准或者证明文件的；（2）以欺骗、贿赂等不正当手段取得该法规定的许可证、批准或者证明文件的。"❶

（三）违反电影公映许可证管理规定的法律责任

影片经审查通过后，会获得公映许可证，这是保证电影审查效果的重要方式。为保证该制度的有效实施，《促进法》规定："有下列情形之一的，由原发证机关吊销许可证；县级以上人民政府电影主管部门没收电影片和违法所得；违法所得5万元以上的，并处违法所得10倍以上20倍以下的罚款；没有违法所得或者违法所得不足5万元的，可以并处50万元以下的罚款：（1）发行、放映未取得电影公映许可证的电影的；（2）取得电影公映许可证后变更电影内容，未依照规定重新取得电影公映许可证擅自发行、放映、送展的；（3）提供未取得电影公映许可证的电影参加电影节（展）的。"❷

（四）承接违法内容的境外电影的洗印、加工、后期制作等业务的法律责任

国家允许电影企业承接境外电影的洗印、后期制作等业务，但对违法内容保持零容忍态度，部分国外影片内容不利于国家的安全、稳定、团结和形象。为避免这一问题，《促进法》规定："承接含有损害我国国家尊严、荣誉和利益，危害社会稳定，伤害民族感情等内容的境外电影的洗印、加工、后期制作等业务的，由县级以上人民政府电影主管部门责令停止违法活动，没收电影片和违法所得；违法所得5万元以上的，并处违法所得3倍以上5倍以下的罚款；没有违法所得或者违法所得不足5万元的，可以并处15万元以下的罚款。情节严重的，由电影主管部门通报工商行政管理部门，由工商行政管理部门吊销营业执照。"❸

（五）扰乱市场秩序的法律责任

我国电影市场活跃，但虚假交易、瞒报漏报仍然很多，对电影产业的发展带来了很多危害。为有效治理该问题，《促进法》规定："电影发行企业、电影院等有制造虚假交易、虚报瞒报销售收入等行为，扰乱电影市场

---

❶ 中华人民共和国电影产业促进法[Z]. 2016-11-7. 第48条.
❷ 中华人民共和国电影产业促进法[Z]. 2016-11-7. 第49条.
❸ 中华人民共和国电影产业促进法[Z]. 2016-11-7. 第50条.

秩序的，由县级以上人民政府电影主管部门责令改正，没收违法所得，处5万元以上50万元以下的罚款；违法所得50万元以上的，处违法所得1倍以上5倍以下的罚款。情节严重的，责令停业整顿；情节特别严重的，由原发证机关吊销许可证。"❶

业界对此有较高评价，有论者认为规定不仅有利于惩治不规范行为，还将产生巨大的震慑力，将违法行为扼杀在萌芽状态。❷

（六）电影院违规放映广告的法律责任

放映广告是影院增收的一种方式，但过多的广告会影响观众的观影体验。为保证观影效果，《促进法》规定："电影院在向观众明示电影开始放映时间之后至电影放映结束前放映广告的，由县级人民政府电影主管部门给予警告，责令改正；情节严重的，处1万元以上5万元以下的罚款。"❸

（七）违规在境内举办涉外电影节（展）的法律责任

正如上文所外，部分国外电影存在一些问题，因此要加以管理，不仅影院内放映国外影片如此，电影节上的放映同样如此。为避免部分外国电影的不良影响，《促进法》对境内举办涉外电影节（展）进行了规定："法人或者其他组织未经许可擅自在境内举办涉外电影节（展）的，由国务院电影主管部门或者省、自治区、直辖市人民政府电影主管部门责令停止违法活动，没收参展的电影片和违法所得；违法所得5万元以上的，并处违法所得5倍以上10倍以下的罚款；没有违法所得或者违法所得不足5万元的，可以并处25万元以下的罚款；情节严重的，自受到处罚之日起五年内不得举办涉外电影节（展）。个人擅自在境内举办涉外电影节（展），或者擅自提供未取得电影公映许可证的电影参加电影节（展）的，由国务院电影主管部门或者省、自治区、直辖市人民政府电影主管部门责令停止违法活动，没收参展的电影片和违法所得；违法所得5万元以上的，并处违法所得5倍以上10倍以下的罚款；没有违法所得或者违法所得不足5万元的，可以并处25万元以下的罚款；情节严重的，自受到处罚之日起5年内不得从事相关电影活动。"❹ 这一规定对于电影人参加国际电影节有了明确的规范，第6代导演初期参加国际电影节的状况预计将大幅减少甚至完

---

❶ 中华人民共和国电影产业促进法[Z].2016-11-7.第51条.

❷ 《中华人民共和国电影产业促进法》亮点解读[DB/OL].2016-11-11,http://www.legaldaily.com.cn/ Culture/ content/2016-11/11/content_6873047.htm.

❸ 中华人民共和国电影产业促进法[Z].2016-11-7.第51条.

❹ 中华人民共和国电影产业促进法[Z].2016-11-7.第52条.

全消失。

(八) 因违反该法规定被吊销许可证后的责任

违反规定被吊销许可证后,责任主体也应承担一定的义务。对此《促进法》规定:"法人、其他组织或者个体工商户因违反该法规定被吊销许可证的,自吊销许可证之日起五年内不得从事该项业务活动;其法定代表人或者主要负责人自吊销许可证之日起五年内不得担任从事电影活动的法人、其他组织的法定代表人或者主要负责人。"❶

(九) 县级以上人民政府电影主管部门或者其他有关部门的工作人员违规的法律责任

电影主管部门及有关部门的工作人员处于电影管理的前台,他们是否遵法守法、依法执法对电影产业有直接的影响。为减少或避免违规的概率,《促进法》专门制定了规则,规定:"县级以上人民政府电影主管部门或者其他有关部门的工作人员有下列情形之一,尚不构成犯罪的,依法给予处分:(1) 利用职务上的便利收受他人财物或者其他好处的;(2) 违反该法规定进行审批活动的;(3) 不履行监督职责的;(4) 发现违法行为不予查处的;(5) 贪污、挪用、截留、克扣农村电影公益放映补贴资金或者相关专项资金、基金的;(6) 其他违反该法规定滥用职权、玩忽职守、徇私舞弊的情形。"❷

(十) 违反规定,造成损害的法律责任

《促进法》出台的目的是保障电影产业的健康、快速发展,但如果违反规定,可能会造成多方面的损害。为减少此类损害,《促进法》规定:"违反规定,造成人身、财产损害的,依法承担民事责任;构成犯罪的,依法追究刑事责任。因违反规定2年内受到2次以上行政处罚,又有依照该法规定应当处罚的违法行为的,从重处罚。"❸

(十一) 其他违法行为的法律责任

有下列情形之一的,依照有关法律、行政法规及国家有关规定予以处罚:

---

❶ 中华人民共和国电影产业促进法[Z].2016-11-7.第53条.
❷ 中华人民共和国电影产业促进法[Z].2016-11-7.第54条.
❸ 中华人民共和国电影产业促进法[Z].2016-11-7.第56条.

侵犯电影著作权的行为、违反相关规定的行为会对电影产业的发展造成损害。为此,《促进法》也规定了一些其他违法行为的法律责任,规定:"(1)违反国家有关规定,擅自将未取得电影公映许可证的电影制作为音像制品的;(2)违反国家有关规定,擅自通过互联网、电信网、广播电视网等信息网络传播未取得电影公映许可证的电影的;(3)以虚报、冒领等手段骗取农村电影公益放映补贴资金的;(4)侵犯与电影有关的知识产权的;(5)未依法接收、收集、整理、保管、移交电影档案的;(6)电影院有侵犯与电影有关的知识产权的行为,情节严重的,由原发证机关吊销许可证。"❶

此外,《促进法》还规定:"当事人对县级以上人民政府电影主管部门以及其他有关部门依照该法作出的行政行为不服的,可以依法申请行政复议或者提起行政诉讼。其中,对国务院电影主管部门作出的不准予电影公映的决定不服的,应当先依法申请行政复议,对行政复议决定不服的可以提起行政诉讼。"❷

《促进法》在保护知识产权、规范电影人行为、约束电影院经营行为、税收等综合配套等方面进行了具体规定,对电影产业发展有积极的作用。有业界人士认为《促进法》在一定程度上限定了创作自由,对于业界关心的分级制也未作回应,有进一步提升的空间。但无论如何,《促进法》以法律的形式,确立了国家和政府对电影产业的重视,已是重大的进步。

---

❶ 中华人民共和国电影产业促进法[Z].2016-11-7.第54条.
❷ 中华人民共和国电影产业促进法[Z].2016-11-7.第58条.

第四章 《文物保护法》

文物保护是文化遗产保护与管理的重要环节，《文物保护法》是实施保护和管理的有力依据。本章将结合我国文物保护立法的历史介绍《文物保护法》的主要内容。

第一节 文物保护立法的历史

我国有着悠久的历史，文物保护方面也是如此。唐代、清代的法律条文中便已出现保护文物的相关规定。清末文物保护立法真正开始萌芽，1906年《保存古物推广办法》颁布执行；北洋政府时期，颁布了《保存古物暂行办法》；南京政府上台后，颁布了《名胜古迹古物保存条例》和《古物保存法》，后者规定了古物的保存、登记、所有权、采掘、流通等内容，被认为是我国第一部专门的文物保护法。在《古物保存法》基础上，1931年，南京国民政府还颁布了《古物保存法实施细则》，对文物保护有了更为详细和具体的规定。

中华人民共和国成立后，党和政府高度重视文物保护工作。中华人民共和国建立初期，政务院颁布了保护珍贵文物、古文化遗址发掘等一系列规定。1953年，政务院下达了《中央人民政府政务院关于在基本建设工程中保护历史及革命文物的指示》。1960年，又通过了《文物保护管理暂行条例》，并于次年正式施行，该条例的规定比历史上任何一次文物保护的法律法规都要完善和细致。

经过"文革"的曲折后，1979年《文物保护法》开始起草。1982年，正式颁布实施。1991、2002、2007、2013、2015、2017年分别对其进行了修正修订。

第二节 《文物保护法》的主要内容

《文物保护法》共8章,80条。内容如下:

一、文物保护范围

《文物保护法》第二条规定,下列文物受到国家保护:

(1)具有历史、艺术、科学价值的古文化遗址、古墓葬、古建筑、石窟寺和石刻、壁画;

(2)与重大历史事件、革命运动或者著名人物有关的以及具有重要纪念意义、教育意义或者史料价值的近代现代重要史迹、实物、代表性建筑;

(3)历史上各时代珍贵的艺术品、工艺美术品;

(4)历史上各时代重要的文献资料以及具有历史、艺术、科学价值的手稿和图书资料等;

(5)反映历史上各时代、各民族社会制度、社会生产、社会生活的代表性实物。

此外,同文物一样,具有科学价值的古脊椎动物化石和古人类化石也受国家保护。❶

《文物保护法》自1982年立法以来通过列举的方式,以强化人们对文物的理解,便于法律的具体实施。经过历次修正和修订,文物保护的范围已发生了变化,保护的范围更大。

自2002年以来,《文物保护法》中增加了文物分级的内容,沿用到现在。对于文物的保护级别,《文物保护法》第三条进行了规定:根据历史、艺术、科学价值,不可移动文物可以分别确定为全国重点文物保护单位、省级文物保护单位、市、县级文物保护单位等四级。可移动文物,分为珍贵文物和一般文物;珍贵文物又分为一级文物、二级文物、三级文物。❷文物的分级有利于保护工作的开展。

---

❶ 中华人民共和国文物保护法[Z].2017-11-4.第2条.
❷ 中华人民共和国文物保护法[Z].2017-11-4.第3条.

二、文物保护方针

方针的确定对于文物保护的正常开展和有效实施无疑有重要的意义。2002年,《文物保护法》首次提出了文物保护的方针:"保护为主、抢救第一、合理利用、加强管理"沿用到现在。

三、文物所有权

在我国,文物所有权主要有国家所有权、集体所有权和民间私人所有权三种形式。1982年的《文物保护法》中就已确定该原则。

国家所有的文物包括:境内地下、内水和领海中遗存的一切文物;移动文物方面,主要有古文化遗址、古墓葬、石窟寺;国家指定保护的纪念建筑物、古建筑、石刻、壁画、近代现代代表性建筑等不可移动文物;国家另有规定的除外。可移动文物方面,主要有:(1)中国境内出土的文物,国家另有规定的除外;(2)国有文物收藏单位以及其他国家机关、部队和国有企业、事业组织等收藏、保管的文物;(3)国家征集、购买的文物;(4)公民、法人和其他组织捐赠给国家的文物;(5)法律规定属于国家所有的其他文物。❶

《文物保护法》中对属集体所有的文物未进行明确列举,但规定:纪念建筑物、古建筑和祖传文物以及依法取得的其他文物可归集体或私人所有,并受国家法律保护。❷

民间私人所有的文物亦未作列举,但规定了民间收藏文物的获得方式:(1)依法继承或者接受赠与;(2)从文物商店购买;(3)从经营文物拍卖的拍卖企业购买;(4)公民个人合法所有的文物相互交换或者依法转让;(5)国家规定的其他合法方式。❸ 同时,对私人不可购买的文物进行了列举:(1)国有文物,但是国家允许的除外;(2)非国有馆藏珍贵文物;(3)国有不可移动文物中的壁画、雕塑、建筑构件等,但是依法拆除的国有不可移动文物中的壁画、雕塑、建筑构件等不属于《文物保护法》规定的应由文物收藏单位收藏的除外;(4)来源不符合《文物保护法》规定的文物。❹ 需要说明的是,2017年之前,《文物保护法》中采用的是私

---

❶ 中华人民共和国文物保护法[Z].2017-11-4.第6条.
❷ 中华人民共和国文物保护法[Z].2017-11-4.第6条.
❸ 中华人民共和国文物保护法[Z].2017-11-4.第50条.
❹ 中华人民共和国文物保护法[Z].2017-11-4.第51条.

人收藏的说法，未出现"民间收藏文物"的字眼。后一说法中收藏群体的范围得以扩展，除个人之外，组织也被纳入收藏群体的范围，保护的对象也得以拓展。

除上述内容外，第一章《总则》中还规定了文物保护的主管单位、责任单位，各级人民政府的责任，旅游发展与文物保护的关系，财政支持，鼓励措施，机关、组织和个人的义务等内容。

四、不可移动文物

《文物保护法》第二章对不可移动文物进行了专门的规定。2002年之前，《文物保护法》中采用的是文物保护单位的称谓，这一改动扩大了文物保护的范围，未被核定公布文物保护单位的不可移动文物也被纳入保护范围。

（一）文物保护单位的级别、流程和责任主体

《文物保护法》第十三条对文物保护单位的级别、流程和责任主体进行了规定。全国重点文物保护单位、省级文物保护单位、市级和县级文物保护单位分别由国务院文物行政部门，省级人民政府，设区的市、自治州和县级人民政府确定或核定。尚未核定公布为文物保护单位的不可移动文物，由县级人民政府文物行政部门予以登记并公布。❶

（二）历史文化名城、历史文化街区、村镇

自1982年开始，《文物保护法》中就规定要对历史文化名城进行保护。2002年开始，又增加了对历史文化街区、村镇进行保护的条款，保护范围进一步拓宽。现行《文物保护法》第十四条规定，历史文化名城、历史文化街区、村镇分别由国务院、省、自治区、直辖市人民政府核定。

（三）各级政府的责任

（1）保护范围和档案。《文物保护法》规定，各级文物保护单位，分别由各级政府划定必要的保护范围，作出标志说明，建立记录档案，并设置专门机构或者专人负责管理。❷

（2）建设规划与文物保护。在制定城乡建设规划中，各级政府应根据

---

❶ 中华人民共和国文物保护法[Z].2017-11-4.第13条.
❷ 中华人民共和国文物保护法[Z].2017-11-4.第15条.

文物保护的需要，事先由城乡建设规划部门会同文物行政部门商定对本行政区域内各级文物保护单位的保护措施，并纳入规划。❶

(四) 建设与文物保护

1. 其他建设工程或者爆破、钻探、挖掘等作业

《文物保护法》规定，文物保护单位的保护范围内不得进行其他建设工程或者爆破、钻探、挖掘等作业。确需作业的，必须保证文物保护单位的安全，并经核定公布该文物保护单位的人民政府批准，在批准前应当征得上一级人民政府文物行政部门同意；在全国重点文物保护单位的保护范围内进行其他建设工程或者爆破、钻探、挖掘等作业的，必须经省级人民政府批准，在批准前应当征得国务院文物行政部门同意。❷

2. 建设控制地带

根据保护文物的实际需要，经批准，可以在文物保护单位的周围划出一定的建设控制地带，并予以公布。在文物保护单位的建设控制地带内进行建设工程，不得破坏文物保护单位的历史风貌；工程设计方案应当根据文物保护单位的级别，经相应的文物行政部门同意后，报城乡建设规划部门批准。在文物保护单位的保护范围和建设控制地带内，不得建设污染文物保护单位及其环境的设施，不得进行可能影响文物保护单位安全及其环境的活动。对已有的污染文物保护单位及其环境的设施，应当限期治理。建设工程选址，应当尽可能避开不可移动文物；因特殊情况不能避开的，对文物保护单位应当尽可能实施原址保护。实施原址保护的，建设单位应当事先确定保护措施，根据文物保护单位的级别报相应的文物行政部门批准；未经批准的，不得开工建设。无法实施原址保护，必须迁移异地保护或者拆除的，应当报省级人民政府批准；迁移或者拆除省级文物保护单位的，批准前须征得国务院文物行政部门同意。全国重点文物保护单位不得拆除；需要迁移的，须由省级人民政府报国务院批准。拆除的国有不可移动文物中具有收藏价值的壁画、雕塑、建筑构件等，由文物行政部门指定的文物收藏单位收藏。❸

---

❶ 中华人民共和国文物保护法[Z].2017-11-4.第 16 条.
❷ 中华人民共和国文物保护法[Z].2017-11-4.第 17 条.
❸ 中华人民共和国文物保护法[Z].2017-11-4.第 18-20 条.

(五) 修缮、保养

1. 修缮、保养的责任主体

国有不可移动文物由使用人负责修缮、保养；非国有不可移动文物由所有人负责修缮、保养。非国有不可移动文物有损毁危险需要修缮的，分两种情况，一是所有人不具备修缮能力的，当地人民政府应当给予帮助；二是所有人具备修缮能力而拒不依法履行修缮义务的，县级以上人民政府可以给予抢救修缮，所需费用由所有人负担。❶

2. 修缮、保养的批准主体

对文物保护单位进行修缮，应当根据文物保护单位的级别报相应的文物行政部门批准；对未核定为文物保护单位的不可移动文物进行修缮，应当报登记的县级人民政府文物行政部门批准。❷

3. 修缮、保养的承担主体

取得文物保护工程资质证书的单位承担文物保护单位的修缮、迁移、重建工作。❸

4. 修缮、保养的原则

对不可移动文物进行修缮、保养、迁移，必须遵守不改变文物原状的原则。❹

(六) 损毁后处理方式

不可移动文物已经全部毁坏的，应当实施遗址保护，不得在原址重建。特殊情况下确需原址重建的，须经省、自治区、直辖市人民政府文物行政部门报省、自治区、直辖市人民政府批准；全国重点文物保护单位需要在原址重建的，由省、自治区、直辖市人民政府报国务院批准。❺

(七) 用途改变

核定为文物保护单位的属于国家所有的纪念建筑物或者古建筑，除可以建立博物馆、保管所或者辟为参观游览场所外，作其他用途的，市、县

---

❶ 中华人民共和国文物保护法[Z].2017-11-4.第21条.
❷ 中华人民共和国文物保护法[Z].2017-11-4.第21条.
❸ 中华人民共和国文物保护法[Z].2017-11-4.第21条.
❹ 中华人民共和国文物保护法[Z].2017-11-4.第21条.
❺ 中华人民共和国文物保护法[Z].2017-11-4.第22条.

级文物保护单位当经核定公布该文物保护单位的人民政府文物行政部门征得上一级文物行政部门同意后,报核定公布该文物保护单位的人民政府批准。国有未核定为文物保护单位的不可移动文物作其他用途的,应当报告县级人民政府文物行政部门。❶

(八) 转让、抵押或用作他途

国有不可移动文物不得转让、抵押。非国有不可移动文物不得转让、抵押给外国人。非国有不可移动文物转让抵押或者改变用途的,应当根据其级别报相应的文物行政部门备案。❷

(九) 使用原则

使用不可移动文物,必须遵守不改变文物原状的原则,不得损毁、改建、添建或者拆除不可移动文物。对危害文物保护单位安全、破坏文物保护单位历史风貌的建筑物、构筑物,当地人民政府应当及时调查处理,必要时,对其予以拆迁。❸

五、考古发掘

(一) 考古发掘的报批

《文物保护法》规定,所有考古发掘工作,必须履行报批手续;从事考古发掘的单位,应当经国务院文物行政部门批准。地下埋藏的文物,任何单位或者个人都不得私自发掘。❹

(二) 考古发掘的程序

为了科学研究,从事考古发掘的单位可申请进行考古发掘,但应当提出发掘计划,报国务院文物行政部门批准;对全国重点文物保护单位的考古发掘计划,应当经国务院文物行政部门审核后报国务院批准。国务院文物行政部门在批准或者审核前,应当征求社会科学研究机构及其他科研机构和有关专家的意见。❺

---

❶ 中华人民共和国文物保护法[Z].2017-11-4.第23条.
❷ 中华人民共和国文物保护法[Z].2017-11-4.第24—25条.
❸ 中华人民共和国文物保护法[Z].2017-11-4.第26条.
❹ 中华人民共和国文物保护法[Z].2017-11-4.第27条.
❺ 中华人民共和国文物保护法[Z].2017-11-4.第28条.

（三）建设与考古发掘

1. 工程建设与考古调查、勘探

进行大型基本建设工程，建设单位应当事先报请省、自治区、直辖市人民政府文物行政部门组织从事考古发掘的单位在工程范围内有可能埋藏文物的地方进行考古调查、勘探。发现文物的，由省、自治区、直辖市人民政府文物行政部门根据文物保护的要求会同建设单位共同商定保护措施；遇有重要发现的，由省、自治区、直辖市人民政府人民政府文物行政部门及时报国务院文物行政部门处理。❶

2. 工程建设与考古发掘

需要配合建设工程进行的考古发掘工作，应当由省、自治区、直辖市文物行政部门在勘探工作的基础上提出发掘计划，报国务院文物行政部门批准。国务院文物行政部门在批准前，应当征求社会科学研究机构及其他科研机构和有关专家的意见。确因建设工期紧迫或者有自然破坏危险，对古文化遗址、古墓葬急需进行抢救发掘的，由省、自治区、直辖市人民政府文物行政部门组织发掘，并同时补办审批手续。❷

3. 考古调查、勘探发掘的经费来源

《文物保护法》规定，因进行基本建设和生产建设需要的考古调查、勘探、发掘，所需费用由建设单位列入建设工程预算。❸

4. 建设工程与农业生产中发现的文物

在进行建设工程或者在农业生产中，发现文物，应当保护现场，立即报告当地文物行政部门，文物行政部门接到报告后，如无特殊情况，应当在二十四小时内赶赴现场，并在七日内提出处理意见。文物行政部门可以报请当地人民政府通知公安机关协助保护现场；发现重要文物的，应当立即上报国务院文物行政部门，国务院文物行政部门应当在接到报告后十五日内提出处理意见。任何单位或者个人不得哄抢、私分、藏匿发现的文物。❹

（四）考古调查、勘探、发觉的结果与发掘文物的处置

《文物保护法》规定，考古调查、勘探、发掘的结果，应当报告文物

---

❶ 中华人民共和国文物保护法[Z].2017-11-4.第29条.
❷ 中华人民共和国文物保护法[Z].2017-11-4.第30条.
❸ 中华人民共和国文物保护法[Z].2017-11-4.第31条.
❹ 中华人民共和国文物保护法[Z].2017-11-4.第32条.

行政部门。考古发掘的文物,应当登记造册,妥善保管,按照国家有关规定移交给文物行政部门或者国务院文物行政部门指定的单位收藏。经批准,从事考古发掘的单位可以保留少量出土文物作为科研标本。考古发掘的文物,任何单位或者个人不得侵占。❶

为保证文物安全、进行科学研究和充分发挥文物作用的需要,省级文物行政部门经本级人民政府批准,可以调用本行政区域内的出土文物;国务院文物行政部门经国务院批准,可以调用全国的重要出土文物。❷

《文物保护法》还对外国人或外国团队在境内的考古调查、勘探、发掘进行了专门规定,非经国务院文物行政部门特别许可,不可进行相应的工作。

六、馆藏文物

(一)馆藏文物的分级、建档

《文物保护法》规定,博物馆、图书馆及其他文物收藏单位对收藏的文物,必须区分文物等级,设置藏品档案,建立严格的管理制度。各级文物行政部门应当分别建立本行政区域内的馆藏文物档案;国务院文物行政部门应当建立国家一级文物藏品档案和其主管的国有文物收藏单位馆藏文物档案。❸

(二)文物的取得

《文物保护法》规定,文物收藏单位可通过购买、接受捐赠、依法交换、法律、行政法规规定的其他方式取得文物。国有文物收藏单位还可以通过文物行政部门指定保管或者调拨方式取得文物。❹

(三)建立、健全管理制度

根据馆藏文物的保护需要,文物收藏单位应按照国家有关规定建立、健全管理制度,并报主管的文物行政部门备案。未经批准,任何单位或者个人不得调取馆藏文物。文物收藏单位的法定代表人对馆藏文物的安全负责。国有文物收藏单位的法定代表人离任时,应当按照馆藏文物档案办理

---

❶ 中华人民共和国文物保护法[Z].2017-11-4.第34条.
❷ 中华人民共和国文物保护法[Z].2017-11-4.第35条.
❸ 中华人民共和国文物保护法[Z].2017-11-4.第36条.
❹ 中华人民共和国文物保护法[Z].2017-11-4.第37条.

馆藏文物移交手续。❶

(四) 调拨、借用、交换

1. 调拨

国有文物收藏单位可以申请调拨国有馆藏文物。国务院文物行政部门可以调拨全国的国有馆藏文物。省级文物行政部门可以调拨本行政区域内其主管的国有文物收藏单位馆藏文物；但调拨国有馆藏一级文物的，应当报国务院文物行政部门备案。❷

2. 借用

国有文物收藏单位之间因举办展览、科学研究等需借用馆藏文物的，非国有文物收藏单位和其他单位举办展览需借用国有馆藏文物的，应当报主管的文物行政部门备案；借用馆藏一级文物的，应当同时报国务院文物行政部门备案。文物收藏单位之间借用文物有时间限制，最长期限不得超过三年。❸

3. 交换

已经建立馆藏文物档案的国有文物收藏单位，经省级文物行政部门批准，并报国务院文物行政部门备案，其馆藏文物可以在国有文物收藏单位之间交换。❹

4. 补偿费用与保管

依法调拨、交换、借用国有馆藏文物，取得文物的文物收藏单位可以对提供文物的文物收藏单位给予合理补偿。补偿费用，必须用于改善文物的收藏条件和收集新的文物，不得挪作他用；任何单位或者个人不得侵占。调拨、借用、交换的文物必须严格保管，不得丢失、损毁。❺

需要注意的是，调拨、交换、借用国有馆藏文物有一定的限制，《文物保护法》规定，未建立馆藏文物档案的国有文物收藏单位，不得借用、交换馆藏文物。❻

---

❶ 中华人民共和国文物保护法[Z].2017-11-4.第38条.
❷ 中华人民共和国文物保护法[Z].2017-11-4.第39条.
❸ 中华人民共和国文物保护法[Z].2017-11-4.第40条.
❹ 中华人民共和国文物保护法[Z].2017-11-4.第41条.
❺ 中华人民共和国文物保护法[Z].2017-11-4.第43条.
❻ 中华人民共和国文物保护法[Z].2017-11-4.第42条.

(五) 文物的其他处置

1. 禁止实行的处置方式

国有文物收藏单位不得将馆藏文物赠与、出租或者出售给其他单位、个人。❶ 文物行政部门和国有文物收藏单位的工作人员不得借用国有文物，不得非法侵占国有文物。❷

2. 国有馆藏文物退出的处置

国有文物收藏单位不再收藏的文物的处置，即文物退出的处置，《文物保护法》未作规定。《国有馆藏文物退出管理暂行办法》进行了专门的规范，此处不予赘述。

3. 修复、复制、拍摄、拓印

修复馆藏文物，不得改变馆藏文物的原状；复制、拍摄、拓印馆藏文物，不得对馆藏文物造成损害。不可移动文物的单体文物的修复、复制、拍摄、拓印也遵循该原则。❸

4. 损毁后处理方式

馆藏一级文物损毁的，应当报国务院文物行政部门核查处理。其他馆藏文物损毁的，应当报省级文物行政部门核查处理，后者应将核查处理结果报国务院文物行政部门备案。馆藏文物被盗、被抢或者丢失的，文物收藏单位应当立即向公安机关报案，并同时向主管的文物行政部门报告。❹

七、民间收藏文物

(一) 文物的取得

《文物保护法》规定，文物收藏单位以外的公民、法人和其他组织可以收藏通过下列方式取得的文物：(1) 依法继承或者接受赠与；(2) 从文物商店购买；(3) 从经营文物拍卖的拍卖企业购买；(4) 公民个人合法所有的文物相互交换或者依法转让；(5) 国家规定的其他合法方式。上述方

---

❶ 中华人民共和国文物保护法[Z]. 2017-11-4. 第44条.
❷ 中华人民共和国文物保护法[Z]. 2017-11-4. 第49条.
❸ 中华人民共和国文物保护法[Z]. 2017-11-4. 第46条.
❹ 中华人民共和国文物保护法[Z]. 2017-11-4. 第48条.

式取得的文物可以依法流通。❶

(二) 禁止买卖的文物

《文物保护法》明确规定，公民、法人和其他组织不得买卖下列文物：（1）国有文物，但是国家允许的除外；（2）非国有馆藏珍贵文物；（3）国有不可移动文物中的壁画、雕塑、建筑构件等，但是依法拆除的国有不可移动文物中的壁画、雕塑、建筑构件等不属于本法第二十条第四款规定的应由文物收藏单位收藏的除外；（4）来源不符合本法第五十条规定的文物。❷

(三) 文物的处置

1. 国家鼓励的处置方式

国家鼓励文物收藏单位以外的公民、法人和其他组织将其收藏的文物捐赠给国有文物收藏单位或者出借给文物收藏单位展览和研究。国有文物收藏单位应当尊重并按照捐赠人的意愿，对捐赠的文物妥善收藏、保管和展示。❸

2. 国家禁止的处置方式

国家禁止出境的文物，不得转让、出租、质押给外国人。❹

(四) 文物商店与文物拍卖企业

1. 文物商店

文物商店应当由省级文物行政部门批准设立，依法进行管理；不得从事文物拍卖经营活动，不得设立经营文物拍卖的拍卖企业。❺

2. 文物拍卖企业

依法设立的拍卖企业经营文物拍卖的，应当取得省级文物行政部门颁发的文物拍卖许可证；不得从事文物购销经营活动，不得设立文物商店。❻

3. 禁止行为

（1）文物行政部门的工作人员不得举办或者参与举办文物商店或者经

---

❶ 中华人民共和国文物保护法[Z].2017-11-4.第50条.
❷ 中华人民共和国文物保护法[Z].2017-11-4.第51条.
❸ 中华人民共和国文物保护法[Z].2017-11-4.第52条.
❹ 中华人民共和国文物保护法[Z].2017-11-4.第52条.
❺ 中华人民共和国文物保护法[Z].2017-11-4.第53条.
❻ 中华人民共和国文物保护法[Z].2017-11-4.第54条.

营文物拍卖的拍卖企业。文物收藏单位不得举办或者参与举办文物商店或者经营文物拍卖的拍卖企业。禁止设立中外合资、中外合作和外商独资的文物商店或者经营文物拍卖的拍卖企业。除经批准的文物商店、经营文物拍卖的拍卖企业外，其他单位或者个人不得从事文物的商业经营活动。❶

（2）文物商店不得销售、拍卖企业不得拍卖《文物保护法》规定禁止销售、拍卖的文物。拍卖企业拍卖的文物，在拍卖前应当经省、自治区、直辖市人民政府文物行政部门审核，并报国务院文物行政部门备案。❷

4. 文物行政主管部门、文物商业经营主体的权责

（1）省级文物行政部门应建立文物购销、拍卖信息与信用管理系统。文物商店购买、销售文物，拍卖企业拍卖文物，应按照国家有关规定作出记录，并于销售、拍卖文物后30日内报省、自治区、直辖市人民政府文物行政部门备案。拍卖文物时，委托人、买受人要求对其身份保密的，文物行政部门应当为其保密；但是，法律、行政法规另有规定的除外。❸

（2）文物行政部门在审核拟拍卖的文物时，可以指定国有文物收藏单位优先购买其中的珍贵文物。购买价格由文物收藏单位的代表与文物的委托人协商确定。❹

《文物保护法》还规定，银行、冶炼厂、造纸厂以及废旧物资回收单位，应当与当地文物行政部门共同负责拣选掺杂在金银器和废旧物资中的文物。拣选文物除供银行研究所必需的历史货币可以由人民银行留用外，应当移交当地文物行政部门。移交拣选文物，应当给予合理补偿。❺

八、文物出境进境

（一）禁止出境的规定

国有文物、非国有文物中的珍贵文物和国家规定禁止出境的其他文物，不得出境；依照《文物保护法》规定出境展览或者因特殊需要经国务院批准出境的除外。❻ 一级文物中的孤品和易损品，禁止出境展览。❼

---

❶ 中华人民共和国文物保护法[Z].2017-11-4.第55条.
❷ 中华人民共和国文物保护法[Z].2017-11-4.第56条.
❸ 中华人民共和国文物保护法[Z].2017-11-4.第57条.
❹ 中华人民共和国文物保护法[Z].2017-11-4.第58条.
❺ 中华人民共和国文物保护法[Z].2017-11-4.第59条.
❻ 中华人民共和国文物保护法[Z].2017-11-4.第60条.
❼ 中华人民共和国文物保护法[Z].2017-11-4.第62条.

(二) 出境管理

文物出境，应当经国务院文物行政部门指定的文物进出境审核机构审核。经审核允许出境的文物，由国务院文物行政部门发给文物出境许可证，从国务院文物行政部门指定的口岸出境。任何单位或者个人运送、邮寄、携带文物出境，应当向海关申报；海关凭文物出境许可证放行。❶

(三) 出境展览的管理

文物出境展览，应当报国务院文物行政部门批准；一级文物超过国务院规定数量的，应当报国务院批准。出境展览的文物出境，由文物进出境审核机构审核、登记。海关凭国务院文物行政部门或者国务院的批准文件放行。出境展览的文物复进境，由原文物进出境审核机构审核查验。❷

(四) 临时进境的管理

文物临时进境，应当向海关申报，并报文物进出境审核机构审核、登记。临时进境的文物复出境，必须经原审核、登记的文物进出境审核机构审核查验；经审核查验无误的，由国务院文物行政部门发给文物出境许可证，海关凭文物出境许可证放行。❸

九、法律责任

对于违反《文物保护法》相关规定，侵犯文物的行为，行为人承担相应的法律责任，主要包括民事责任、行政法律责任和刑事责任。

侵占、灭失、损毁文物，属于侵害他人民事权益的行为，应当承担民事侵权责任，包括停止侵害、消除危险、恢复原状、返还财产、赔偿损失等。

违反文物管理制度的收藏单位或个人，以及负有行政管理职能责任的工作人员违法失职的，应依法承担行政责任。文物收藏单位违反规章制度管理文物的行为，非法经营、买卖文物，尚不构成犯罪的行为，负有移交文物义务拒不移交，或公职人员玩忽职守、以权谋私，尚不构成犯罪的行为等，通常根据情节给以行政处罚或行政处分，包括责令改正、没收违法

---

❶ 中华人民共和国文物保护法[Z].2017-11-4.第61条.
❷ 中华人民共和国文物保护法[Z].2017-11-4.第62条.
❸ 中华人民共和国文物保护法[Z].2017-11-4.第63条.

所得、没收非法经营的文物、处以罚款、吊销资质证书等。对于国家公职人员可以给以行政处分，情节严重的依法开除公职等。

违反《文物保护法》规定构成犯罪的，要承担刑事责任。主要犯罪行为包括盗掘古文化遗址、古墓葬的；故意或者过失损毁国家保护的珍贵文物的；擅自将国有馆藏文物出售或者私自送给非国有单位或者个人的；将国家禁止出境的珍贵文物私自出售或者送给外国人的；以牟利为目的倒卖国家禁止经营的文物的；走私文物的；盗窃、哄抢、私分或者非法侵占国有文物的；以及其他应当追究刑事责任的其他妨害文物管理行为。违法犯罪行为根据《刑法》有关妨碍文物管理罪的规定，按照情节轻重分别给以有期徒刑或拘役直至无期徒刑，并处或者单处罚金，或者没收财产等刑罚。

当然，《文物保护法》在一些方面还不尽完善，有学者认为现行《文物保护法》与《物权法》相脱节，忽视了私法手段。文物作为物质财产，有关文物的物权制度应遵循《物权法》的基本原则，其财产性价值应贯穿于文物保护的整个机制。[1] 法律法规作为规范现实生活的手段，理应随时代发展而不断完善，《文物保护法》也应如此。

---

[1] 范朝霞.文物的私法保护——以《文物保护法》与《物权法》的衔接为视角[J].求索,2018,(2):14.

第五章 《非物质文化遗产法》

文化遗产可分为有形遗产（物质文化遗产）和无形遗产（非物质文化遗产）两种。近年来，越来越多国家认识到后者的重要性，纷纷通过立法的形式对其进行保护。在我国，《非物质文化遗产法》就是保护非物质文化遗产的专门法律。

第一节 《非物质文化遗产法》的制定

《非物质文化遗产法》于 2011 年 2 月 25 日通过，这是世界范围内首部关于非物质文化遗产的专门法律，其出台有着漫长的酝酿期。"非物质文化遗产概念"引入我国之前，我国一般将相关内容称之为民族民间文化。早在 1998 年，我国已经着手立法对其进行保护。2000 年，《云南省民族民间传统文化保护条例》出台，这是我国第一部省级保护法规。其后，相关机构起草了《中华人民共和国民族民间传统文化保护法（建议稿）》。2003 年，全国人大教科文卫委员会拟定了《中华人民共和国民族民间文化保护法草案》，与民族民间文化保护的立法相配套。2004 年，文化部、财政部联合颁发了《关于实施中国民族民间文化保护工程的通知》，并同时印发了附件《中国民族民间文化保护工程实施方案》。

随着我国于 2004 年加入联合国教科文组织《非物质文化遗产保护公约》，以《中华人民共和国民族民间文化保护法草案》为基础，起草了《中华人民共和国非物质文化遗产保护法（草案送审稿）》（以下简称《送审稿》），并列入全国人大立法规划。2005 年，国务院办公厅颁发的《关于加强我国非物质文化遗产保护工作的意见》，同时印发《国家级非物质文化遗产代表作申报评定暂行办法》作为其附件。两者虽是行政法规，但在两者的引导下，全国掀起了文化遗产保护的热潮。从国家的层面上看，《意见》和《办法》都对《非物质文化遗产法》的形成产生了重要影响。

2005 年以后，我国又出台了《国家非物质文化遗产保护专项资金管理暂行办法》《国家级非物质文化遗产保护与管理暂行办法》《关于加强老字号非物质文化遗产保护工作的通知》《关于印发中国非物质文化遗产标识管理办法的通知》《国家级非物质文化遗产项目代表性传承人认定与管理暂行办法》等一系列行政法规。其中，《国家级非物质文化遗产保护与管理暂行办法》，从某种程度上是通向《非物质文化遗产法》的过渡性法规。此外，1993、1997、2000年，我国先后出台的《中医药品种保护条例》《传统工艺美术保护条例》《关于进一步加强少数民族文化工作的意见》为非物质文化遗产的立法也做了良好铺垫。❶

《送审稿》于2006年9月报请国务院审议。收到此件后，国务院法制办先后5次征求意见、4次召开专家论证会。在此基础上，国务院法制办会同文化部对送审稿进行反复研究、修改，并最终通过了《中华人民共和国非物质文化遗产法（草案）》（以下称草案）。

第二节 《非物质文化遗产法》的主要内容

《非物质文化遗产法》（以下简称《非遗法》）共6章45条，分为总则、非物质文化遗产的调查、非物质文化遗产代表性项目名录、非物质文化遗产的传承与传播、法律责任、附则等部分。对非物质文化遗产的概念、保护原则、保护方法、法律责任等进行了规定。其中，总则部分对非物质文化遗产的概念、保护方式、保护与使用的原则、政府的责任、鼓励措施等进行了规定。

一、非物质文化遗产的概念

《非遗法》第二条规定，非物质文化遗产是指各族人民世代相传并视为其文化遗产组成部分的各种传统文化表现形式，以及与传统文化表现形式相关的实物和场所。包括：（1）传统口头文学以及作为其载体的语言；（2）传统美术、书法、音乐、舞蹈、戏剧、曲艺和杂技；（3）传统技艺、医药和历法；（4）传统礼仪、节庆等民俗；（5）传统体育和游艺；（6）其他非物质文化遗产。❷ 该概念承继了联合国教科文组织《保护非物质文

---

❶ 康保成.《中华人民共和国非物质文化遗产法》形成的法律法规基础[J].民族艺术,2012,(1):8-49.

❷ 中华人民共和国非物质文化遗产法[Z].2011-2-25.第2条.

化遗产公约》的精神和精髓，但进行了适度归纳和调整。特别是第6项"其他非物质文化遗产"概括了那些不易归类的非遗形式，避免了遗漏和于法无据的问题，使其更具操作性。

二、保护方式

共分保存和保护两种方式。一是保存，对非物质文化遗产采取认定、记录、建档等措施予以保存。二是保护，对体现中华民族优秀传统文化，具有历史、文学、艺术、科学价值的非物质文化遗产采取传承、传播等措施等予以保护。❶

三、保护与使用原则

（1）保护非物质文化遗产，应当注重其真实性、整体性和传承性。要有利于增强中华民族的文化认同，有利于维护国家统一和民族团结，有利于促进社会和谐和可持续发展。❷

（2）使用非物质文化遗产，应当尊重其形式和内涵，不得以歪曲、贬损等方式使用非物质文化遗产。❸

四、政府的责任

（1）国务院文化主管部门的责任。国务院文化主管部门负责全国非物质文化遗产的保护、保存工作。❹

（2）县级以上文化主管部门的责。县级以上地方人民政府文化主管部门负责本行政区域内非物质文化遗产的保护、保存工作。❺

（3）县级以上政府的责任。县级以上人民政府其他有关部门在各自职责范围内，负责有关非物质文化遗产的保护、保存工作❻；县级以上人民政府应当加强对非物质文化遗产保护工作的宣传，提高全社会保护非物质

---

❶ 中华人民共和国非物质文化遗产法[Z].2011-2-25.第3条.
❷ 中华人民共和国非物质文化遗产法[Z].2011-2-25.第4条.
❸ 中华人民共和国非物质文化遗产法[Z].2011-2-25.第5条.
❹ 中华人民共和国非物质文化遗产法[Z].2011-2-25.第7条.
❺ 中华人民共和国非物质文化遗产法[Z].2011-2-25.第7条.
❻ 中华人民共和国非物质文化遗产法[Z].2011-2-25.第7条.

文化遗产的意识❶；县级以上人民政府应当将非物质文化遗产保护、保存工作纳入本级国民经济和社会发展规划，并将保护、保存经费列入本级财政预算。❷

五、政府、文化行政部门在非遗调查中的权责

《非遗法》第二章对非物质文化遗产的调查进行了规定。

1. 政府的权责

县级以上人民政府根据非物质文化遗产保护、保存工作需要，组织非物质文化遗产调查。❸

2. 文化行政部门的权责

（1）非物质文化遗产调查由文化主管部门负责进行，但县级以上人民政府其他有关部门可以对其工作领域内的非物质文化遗产进行调查。❹ 文化主管部门还负有审批境外组织或个人在中国境内的非物质文化遗产调查活动的职责。❺

（2）文化主管部门和其他有关部门进行非物质文化遗产调查，应当对其予以认定、记录、建档，建立健全调查信息共享机制；收集属于非物质文化遗产组成部分的代表性实物，整理调查工作中取得的资料，并妥善保存，防止损毁、流失。需要注意的是，其他有关部门取得的实物图片、资料复制件，应当汇交给同级文化主管部门。❻

（3）文化主管部门应全面了解非物质文化遗产有关情况，建立档案及相关数据库。除依法应当保密的外，档案及相关数据信息应当公开，便于公众查阅。❼

（4）对通过调查或者其他途径发现的濒临消失的非物质文化遗产项目，县级人民政府文化主管部门应当立即予以记录并收集有关实物，或者采取其他抢救性保存措施；对需要传承的，应当采取有效措施支持传承。❽

---

❶ 中华人民共和国非物质文化遗产法[Z].2011-2-25.第8条.
❷ 中华人民共和国非物质文化遗产法[Z].2011-2-25.第6条.
❸ 中华人民共和国非物质文化遗产法[Z].2011-2-25.第11条.
❹ 中华人民共和国非物质文化遗产法[Z].2011-2-25.第11条.
❺ 中华人民共和国非物质文化遗产法[Z].2011-2-25.第15条.
❻ 中华人民共和国非物质文化遗产法[Z].2011-2-25.第12条.
❼ 中华人民共和国非物质文化遗产法[Z].2011-2-25.第13条.
❽ 中华人民共和国非物质文化遗产法[Z].2011-2-25.第17条.

六、其他主体的调查活动

(1) 中国公民、法人或其他组织。公民、法人和其他组织可以依法进行非物质文化遗产调查。❶

(2) 境外组织或个人。境外组织或者个人在中国境内进行非物质文化遗产调查,应当报经省、自治区、直辖市人民政府文化主管部门批准;调查在两个以上省、自治区、直辖市行政区域进行的,应当报经国务院文化主管部门批准;调查结束后,应当向批准调查的文化主管部门提交调查报告和调查中取得的实物图片、资料复制件。境外组织在中国境内进行非物质文化遗产调查,应当与境内非物质文化遗产学术研究机构合作进行。❷

七、被调查对象的权利

《非遗法》规定,进行非物质文化遗产调查,应当征得调查对象的同意,尊重其风俗习惯,不得损害其合法权益。❸

八、名录的建立及项目入选

《非遗法》第三章对非物质文化遗产代表性项目名录进行了规定。

(一) 名录的建立

1. 国家级名录

国务院建立国家级非物质文化遗产代表性项目名录,将体现中华民族优秀传统文化,具有重大历史、文学、艺术、科学价值的非物质文化遗产项目列入名录予以保护。❹

2. 地方性名录

省级政府建立地方非物质文化遗产代表性项目名录,将本行政区域内体现中华民族优秀传统文化,具有历史、文学、艺术、科学价值的非物质

---

❶ 中华人民共和国非物质文化遗产法[Z].2011-2-25.第14条.
❷ 中华人民共和国非物质文化遗产法[Z].2011-2-25.第15条.
❸ 中华人民共和国非物质文化遗产法[Z].2011-2-25.第16条.
❹ 中华人民共和国非物质文化遗产法[Z].2011-2-25.第18条.

文化遗产项目列入名录予以保护。❶

(二) 项目入选

1. 省级政府直接推荐

省级政府可以从地方性非物质文化遗产代表性项目名录中向国务院文化主管部门推荐列入国家级名录的项目，并提交项目介绍、传承情况介绍、保护要求、视听材料等材料。❷

2. 公民、法人和其他组织可提出建议

公民、法人和其他组织认为某项非物质文化遗产体现中华民族优秀传统文化，具有重大历史、文学、艺术、科学价值的，可以向省级政府或国务院文化主管部门提出列入国家级名录的建议。❸

3. 相同项目的入选规则

相同的非物质文化遗产项目，其形式和内涵在两个以上地区均保持完整的，可以同时列入国家级名录。❹

4. 国家级名录的入选流程

（1）评审。评审分初评和审议两个环节。国务院文化主管部门组织专家评审小组和专家评审委员会，对推荐或者建议列入国家级名录的项目进行初评和审议。初评须经半数通过。专家评审委员会对初评意见进行审议，提出审议意见。评审工作应坚持公开、公平、公正的原则。❺

（2）公示。国务院文化主管部门应当将拟列入国家级名录的项目予以公示，征求公众意见。公示时间不少于20日。❻

（3）名录拟定。国务院文化主管部门根据专家评审委员会的审议意见和公示结果，拟订国家级名录，报国务院批准、公布。❼

(三) 入选目录项目的保护

1. 制定保护规划进行保护

国务院文化主管部门应当组织制定保护规划，对国家级项目进行保

---

❶ 中华人民共和国非物质文化遗产法[Z].2011-2-25.第18条.
❷ 中华人民共和国非物质文化遗产法[Z].2011-2-25.第19条.
❸ 中华人民共和国非物质文化遗产法[Z].2011-2-25.第20条.
❹ 中华人民共和国非物质文化遗产法[Z].2011-2-25.第21条.
❺ 中华人民共和国非物质文化遗产法[Z].2011-2-25.第22条.
❻ 中华人民共和国非物质文化遗产法[Z].2011-2-25.第23条.
❼ 中华人民共和国非物质文化遗产法[Z].2011-2-25.第24条.

护。省级文化主管部门应当组织制定保护规划，对本级政府批准公布的地方性项目进行保护。制定非物质文化遗产代表性项目保护规划，应当对濒临消失的非物质文化遗产代表性项目予以重点保护。❶

2. 整体性保护

对非物质文化遗产代表性项目集中、特色鲜明、形式和内涵保持完整的特定区域，当地文化主管部门可以制定专项保护规划，报经本级人民政府批准后，实行区域性整体保护；区域整体性保护应当尊重当地居民的意愿，并保护属于非物质文化遗产组成部分的实物和场所，避免遭受破坏。实行区域性整体保护涉及非物质文化遗产集中地村镇或者街区空间规划的，应当由当地城乡规划主管部门依据相关法规制定专项保护规划。❷

3. 保护的监督检查及相应措施

国务院文化主管部门和省级文化主管部门应当对项目保护规划的实施情况进行监督检查；发现保护规划未能有效实施的，应当及时纠正、处理。❸

《非遗法》第四章对非物质文化遗产的传承与传播进行了规定。

九、代表性传承人认定

（一）代表性传承人的认定依据

国务院文化主管部门和省级文化主管部门根据本级政府批准公布的非物质文化遗产代表性项目认定代表性传承人。❹

（二）代表性传承人的认定条件

①熟练掌握其传承的非物质文化遗产；②在特定领域内具有代表性，并在一定区域内具有较大影响；③积极开展传承活动。❺

（三）代表性传承人的认定办法

认定非物质文化遗产代表性项目的代表性传承人，参照执行《非遗法》有关非物质文化遗产代表性项目评审的规定，并将所认定的代表性传

---

❶ 中华人民共和国非物质文化遗产法[Z].2011-2-25.第25条.
❷ 中华人民共和国非物质文化遗产法[Z].2011-2-25.第26条.
❸ 中华人民共和国非物质文化遗产法[Z].2011-2-25.第27条.
❹ 中华人民共和国非物质文化遗产法[Z].2011-2-25.第29条.
❺ 中华人民共和国非物质文化遗产法[Z].2011-2-25.第29条.

承人名单予以公布。❶

十、政府在传承、传播中的责任

（1）支持代表性传承人的传承、传播活动。县级以上人民政府文化主管部门根据需要，通过提供必要的传承场所、经费、支持其参与社会公益性活动等，支持代表性项目的代表性传承人开展传承、传播活动。❷

（2）县级以上人民政府应当结合实际情况，采取有效措施，组织文化主管部门和其他有关部门宣传、展示非物质文化遗产代表性项目。❸

（3）县级以上地方人民政府应当对合理利用非物质文化遗产代表性项目的单位予以扶持。❹

十一、代表性传承人的义务及其重新认定

（一）代表性传承人的义务

非物质文化遗产代表性项目的代表性传承人应当履行开展传承活动，培养后继人才；妥善保存相关的实物、资料；配合文化主管部门和其他有关部门进行非物质文化遗产调查；参与非物质文化遗产公益性宣传等义务。❺

（二）代表性传承人的重新认定

非物质文化遗产代表性项目的代表性传承人无正当理由不履行前款规定义务的，文化主管部门可以取消其代表性传承人资格，重新认定该项目的代表性传承人；丧失传承能力的，文化主管部门可以重新认定该项目的代表性传承人。❻

---

❶ 中华人民共和国非物质文化遗产法[Z].2011-2-25.第29条．
❷ 中华人民共和国非物质文化遗产法[Z].2011-2-25.第30条．
❸ 中华人民共和国非物质文化遗产法[Z].2011-2-25.第32条．
❹ 中华人民共和国非物质文化遗产法[Z].2011-2-25.第37条．
❺ 中华人民共和国非物质文化遗产法[Z].2011-2-25.第31条．
❻ 中华人民共和国非物质文化遗产法[Z].2011-2-25.第31条．

十二、鼓励措施

（1）国家鼓励和支持开展非物质文化遗产代表性项目的传承、传播。❶

（2）国家鼓励开展与非物质文化遗产有关的科学技术研究和非物质文化遗产保护、保存方法研究，鼓励开展非物质文化遗产的记录和非物质文化遗产代表性项目的整理、出版等活动。❷

（3）国家鼓励和支持公民、法人和其他组织依法设立非物质文化遗产展示场所和传承场所，展示和传承非物质文化遗产代表性项目。❸

（4）国家鼓励和支持发挥非物质文化遗产资源的特殊优势，在有效保护的基础上，合理利用非物质文化遗产代表性项目开发具有地方、民族特色和市场潜力的文化产品和文化服务。但开发过程中，应当支持代表性传承人开展传承活动，保护属于该项目组成部分的实物和场所。单位合理利用非物质文化遗产代表性项目的，依法享受国家规定的税收优惠。❹

（5）国家扶持民族地区、边远地区、贫困地区的非物质文化遗产保护、保存工作。❺

（6）对在非物质文化遗产保护工作中做出显著贡献的组织和个人，按照国家有关规定予以表彰、奖励。❻

十三、构成民事责任的情况及处罚措施

《非遗法》第五章对法律责任进行了规定。

该部分主要规定了违反该法所应当承担的法律责任，包括民事责任、行政责任和刑事责任。

破坏属于非物质文化遗产组成部分的实物和场所的，依法承担民事责任，包括停止侵害、消除危险、恢复原状、返还财产、赔偿损失等。构成违反治安管理行为的，依法给予治安管理处罚。❼

---

❶ 中华人民共和国非物质文化遗产法[Z]. 2011-2-25. 第28条.
❷ 中华人民共和国非物质文化遗产法[Z]. 2011-2-25. 第33条.
❸ 中华人民共和国非物质文化遗产法[Z]. 2011-2-25. 第36条.
❹ 中华人民共和国非物质文化遗产法[Z]. 2011-2-25. 第37条.
❺ 中华人民共和国非物质文化遗产法[Z]. 2011-2-25. 第6条.
❻ 中华人民共和国非物质文化遗产法[Z]. 2011-2-25. 第10条.
❼ 中华人民共和国非物质文化遗产法[Z]. 2011-2-25. 第40条.

十四、构成行政责任的情况及处罚措施

文化主管部门和其他有关部门的工作人员在非物质文化遗产保护、保存工作中玩忽职守、滥用职权、徇私舞弊的，或者进行非物质文化遗产调查时侵犯调查对象风俗习惯，造成严重后果的，要承担行政责任，依法给予处分。❶ 境外组织违反《非遗法》第十五条规定的，也要承担行政责任，由文化主管部门责令改正，给予警告，没收违法所得及调查中取得的实物、资料；情节严重的，并处罚款。❷

《非遗法》规定，违反该法规定，构成犯罪的，依法追究刑事责任。❸

《非遗法》附则中对建立地方非遗代表性名录的办法、非遗的知识产权问题、传统医药、传统美术的保护等问题进行了规定。

虽然，《非遗法》在某些方面还存在不足，如知识产权的保护方面还有待深入。但毋庸置疑，《非遗法》的颁布实施对我国非物质文化遗产的保护具有重要意义，是当前进行非物质文化遗产保护的有力依据，它的出台也体现了我国对于国际公约的重视和我国积极参加国际性文化工作的决心、信心，是我国非物质文化遗产保护工作进程中的里程碑。

---

❶ 中华人民共和国非物质文化遗产法[Z].2011-2-25.第38,39条.
❷ 中华人民共和国非物质文化遗产法[Z].2011-2-25.第41条.
❸ 中华人民共和国非物质文化遗产法[Z].2011-2-25.第42条.

第六章 我国参加的主要国际文化艺术公约

作为国际社会的积极参与者,我国参与了诸多国际公约。这些国际公约一方面为中国参与国际交往提供了诸多保障,另一方面也为国内的文化艺术领域立法实践提供了有益的参考。本章将介绍我国参与的主要国际性文化艺术公约,特别是艺术产业发展密切相关的公约。

第一节 《伯尔尼公约》

《保护文学艺术作品的伯尔尼公约》(简称《伯尔尼公约》),是世界上最早的也是影响最大的保护文学、艺术和科学作品的国际公约,是我国较早参加的国际文化艺术公约。[1]

一、公约的签订

《伯尔尼公约》于1886年9月缔结,因缔结地点在瑞士首都伯尔尼,因此得名。公约于1887年12月5日正式生效,这是《伯尔尼公约》的最初文本。此后,经过多次修订,现行的文本是1971年的巴黎文本。

《伯尔尼公约》是世界上最大的保护版权的国际公约,也是参加国家最多的国际公约。截止到2016年9月24日,共有172个国家批准或承认这个公约。我国于1992年加入了《伯尔尼公约》,因加入时未对其作任何保留声明,因此我国负有承担公约全部义务的责任。在此之前,虽然我国已于1990年通过了《著作权法》。但事实上,我国的《著作权法》在内的著作权法体系受到了《伯尔尼公约》的深刻影响。1997、1999年我国恢复对中国香港、澳门行使主权后,香港特别行政区、澳门特别行政区也适用该公约。

---

[1] 于海,袁红梅.药品知识产权保护理论与实务[M].北京:人民军医出版社,2009.

伴随着世界经济的发展，国家之间的交往日益密切，国际文化交流日益频繁。为更好保证著作权人的利益，著作权的跨国境保护显得尤为迫切，一些国家签订了一些保护版权的双边条约。但无论是保护的范围，还是保护的力度都难以令人满意，于是订立版权保护的多边国际条约成为必要。《伯尔尼公约》就诞生于这种背景。公约在综合考虑各国版权制度的基础上制定而成。它的缔结对于各国之间的文化艺术交流有重要意义，不仅有利于增进国与国之间的文化交流的广度和深度，也有利于降低交流中的各类纠纷，因此受到很多国家的认可，其确立的重要原则和规则，也被很多国家所接受，成为制定国内法的重要参照。

二、公约的基本原则

（一）国民待遇原则

国民待遇原则是《伯尔尼公约》的基本原则，在《伯尔尼公约》中有充分体现。根据《伯尔尼公约》第5条第1款规定："任何缔约国国民的作品，或者非缔约国国民首先在缔约国出版的作品，在其他缔约国所受到的保护，应当与该缔约国法律现在给予和今后可能给予本国国民作品的保护相同。"[1]

该原则要求各国在著作权保护方面给予缔约国国民的待遇不低于本国国民的待遇。该原则还适用于作品首先在成员国发表的非成员国国民，以及在成员国有惯常居所的人。

"国民待遇"意味着："（1）缔约国国民的作品可享有缔约国各成员国为其本国国民提供的版权保护；（2）享有公约提出的最低保护要求；（3）在成员国享有"诉权"，即无论在侵权行为发生在哪个成员国，缔约国国民均有权在该国起诉，维护自己的版权。"[2]

（二）自动保护原则

按《伯尔尼公约》的规定，"作品享有及行使国民待遇所提供的有关权利时，不需要履行任何手续，也不论作品起源国是否存在保护。也就是说，《伯尔尼公约》对作品实行自动保护原则。因此，作品完成即自动享

---

[1] 李俊英.〈伯尔尼公约〉及其在我国的实施[J].山西省政法管理干部学院学报,2005,(1):34

[2] 杜蕙林.《伯尔尼公约》与《世界版权公约》[J].中国海关,1996,(9):44.

有著作权，无需交存样本、无需登记注册、也无需在作品上加注标记。"[1] 在成员国无居所的非成员国国民的作品首先在成员国出版的，也自动享有著作权。

（三）独立保护原则

根据《伯尔尼公约》第5条第2款的规定："成员国在符合公约的最低要求的情况下，保护其他成员国的作品是依据本国法律的规定来保护的，独立于其来源国。"[2] "在符合公约中最低要求的前提下，该作者的权利受到保护的水平，司法救济方式等均完全适用提供保护的那个成员国的法律。"[3]

（四）最低保护限度原则

此项原则是指成员国为缔约国国民提供的保护力度不能低于公约所规定的保护水平。这些内容可在成员国直接生效适用，不能附加任何条件。

此外，还有地域性原则和国籍原则等。"地域性原则指只要作品在成员国领土范围内首次出版，就受该公约保护。所谓国籍原则即凡是公约成员国的公民，不论其作品在哪国首次发表，都受公约保护。"[4]

三、公约的主要内容

（一）作品保护的范围

《伯尔尼公约》保护的作品范围是成员国国民的或在成员国国内首次发表的科学和文学艺术领域内的所有成果，包括文学艺术作品、演绎作品、实用艺术作品以及工业品外观设计等。[5]

（二）经济权利

公约保护作者翻译权、复制权、公演权、广播权、朗诵权、改编权、

---

[1] 李俊英.〈伯尔尼公约〉及其在我国的实施[J].山西省政法管理干部学院学报,2005,(1):34
[2] 李俊英.〈伯尔尼公约〉及其在我国的实施[J].山西省政法管理干部学院学报,2005,(1):34
[3] 徐学银.《伯尔尼公约》与《世界版权公约》之比较[J].徐州师范学院学报,1995,(3):142.
[4] 于海,袁红梅.药品知识产权保护理论与实务[M].北京:人民军医出版社,2009.
[5] 张昆.网络版权若干法律问题研究[D].广西师范大学硕士论文,2012:25.

录制权、制片权等 8 项经济权利。❶

(三) 精神权利

公约规定精神权利即使在作品的财产权转让时依然归作者所有，并且强调精神权利适用于版权保护的独立性原则；认可并保护作品所具有的不依赖其财产权利而独立存在的精神权利，就是即使作者把某作品的版权全部转让他人，后者也无权删除作者的署名，或篡改他的作品。

(四) 权利的保护期

公约要求"对一般作品的经济权利保护期为作者终生加死后 50 年；电影作品不少于公映或摄制完成后 50 年；摄影作品及实用艺术作品，不少于作品完成后 25 年。"❷ 需要注意的是，权利保护期不带强制性质，允许各国法律规定不同的著作权保护期，但该期限不应超过作品来源国规定的期限。

(五) 追溯力

原则上有追溯保护的效力，即公约不仅"适用于某个成员国参加公约之后其他缔约国的作品，而且适用于参加公约之前即已存在且仍受保护的作品。"❸ 保护作品的范围大为扩展。

(六) 强制许可

为照顾发展中国家的利益，公约实行强制许可，允许发展中国家享受一定的"特权"，规定："对作品保留翻译权和复制权的，发展中国家的主管机关对其本国国民可以发放强制的、非排他的和不可转让的许可证，并且禁止复制品出口。"❹ 该项措施有利于吸引发展中国家加入。

第二节 《世界版权公约》

《伯尔尼公约》在保护文学艺术作品的知识产权方面发挥了积极作用。但一些国家认为公约的保护水平过高，规定过于具体。为此，在美国的带

---

❶ 张昆. 网络版权若干法律问题研究[D]. 广西师范大学硕士论文,2012:25.
❷ 杜蕙林.〈伯尔尼公约〉与〈世界版权公约〉[J]. 中国海关,1996,(9):44.
❸ 杜蕙林.〈伯尔尼公约〉与〈世界版权公约〉[J]. 中国海关,1996,(9):44.
❹ 杜蕙林.〈伯尔尼公约〉与〈世界版权公约〉[J]. 中国海关,1996,(9):44.

动下,美国与部分美洲国家缔结了《美洲国家版权公约》(又称《泛美版权公约》),就著作权的保护水平而言,它明显低于《伯尔尼公约》。随着国际间交往的日益频繁,两者之间的冲突也逐渐增多。❶ 为了调和两者之间的冲突,促进文化艺术的国际交流,在联合国教科文组织建议下,1952年在日内瓦签订了《世界版权公约》,1955年生效。它为著作权保护水平较低的国家提供了更加可行的国际保护的选择。中国于1992年正式加入《世界版权公约》。

该公约保护的作品版权主要包括文学、艺术和学术三个方面。❷ 它的实体条文不像《伯尔尼公约》规定得那么具体,而是比较笼统的。但是,公约不允许成员国作任何保留。

一、公约的基本原则及主要内容

《世界版权公约》的基本原则和主要内容可以归结为如下内容。

(一) 国民待遇原则

与《伯尔尼条约》一样,国民待遇原则也是《世界版权公约》的基本原则,在公约第2条有集中体现,公约规定:"(1)任何缔约国国民出版的作品及在该国首先出版的作品,在其他各缔约国中,均享有其他缔约国给予其本国国民在本国首先出版之作品的同等保护,以及本公约特许的保护;(2)任何缔约国国民未出版的作品,在其他各缔约国中,享有该其他缔约国给予其国民未出版之作品的同等保护,以及本公约特许的保护;(3)为实施本公约,任何缔约国可依本国法律将定居该国的任何人视为本国国民。"❸ 比较而言,公约对国民待遇的规定比《伯尔尼公约》要简单得多。

(二) 非自动保护原则

不同于《伯尔尼公约》的自动保护,"公约要求作品在首次出版时,每一份复制品上都应标有'版权标记'"❹,即标有"C"的符号,"并注明版权所有者之姓名、首次出版年份等,其标注的方式和位置应使人注意到版权的要求。"❺ 这样在要求履行手续的成员国,就必须视其为"已经履

---

❶ 徐学银.《伯尔尼公约》与《世界版权公约》之比较[J].徐州师范学院学报,1995,(3):142.
❷ 纪事[J].世界博览,2012,(7).
❸ 世界版权公约[Z].1971-7-24.第2条.
❹ 徐学银.《伯尔尼公约》与《世界版权公约》之比较[J].徐州师范学院学报,1995,(3):146.
❺ 世界版权公约[Z].1971-7-24.第3条.

行了应有的手续"。❶

(三) 版权独立性原则

主要体现为,"公约成员国中,有些国家的版权法可能要求其国民的作品要履行一定手续才能受保护,这是该国自己的事情,公约并不过问,但有关作者在其他成员国要求版权保护时,其他国家不能因其本国要求履行手续而专门要求他们也履行手续"❷,"作者居住地和首次出版地都在某一成员国的一部作品,在该国以某种方式利用不构成侵权,在另一国以同样方式利用却构成侵权,那么后一国如遇到这种利用版权的活动不能因其在作品来源国不视为侵权而拒绝受理有关的侵权诉讼"❸,"不能因为作品的来源国的保护水平低,而其他成员国就只给有关作者以低水平保护。"❹

(四) 受保护作品范围

公约提出对文学、科学和艺术作品给予充分有效的保护。有效保护包括文字、音乐、戏剧和电影作品,以及绘画、雕刻和雕塑的作者及其他版权所有者的权利。❺

(五) 经济权利

在经济、权利保护方面,公约没有提出要求,"仅规定作者享有复制权、公演权、广播权、翻译权及改编权等经济权利的要求。"❻

(六) 保护期

公约的保护期较短,规定:一般不得少于作者有生之年及其死后25年或作品首次出版或版权登记后25年;而摄影作品和实用艺术作品的保护期更短,要求不得少于10年。❼

(七) 无追溯力规定

公约没有追溯力的要求,规定:"本公约不适用于公约在被要求给予

---

❶ 徐学银.《伯尔尼公约》与《世界版权公约》之比较[J].徐州师范学院学报,1995,(3):146.
❷ 徐学银.《伯尔尼公约》与《世界版权公约》之比较[J].徐州师范学院学报,1995,(3):146.
❸ 同④.
❹ 同④.
❺ 世界版权公约[Z].1971-7-24.第1条.
❻ 杜蕙林.《伯尔尼公约》与《世界版权公约》[J].中国海关,1996,(9):45.
❼ 世界版权公约[Z].1971-7-24.第2条.

保护的缔约国家生效之日已完全丧失保护或从未受过保护的作品或作品的权利。"❶

(八) 禁止保留条款

公约要求缔约国必须遵守所有条款,规定:"对本公约不得有任何保留。"❷

二、与《伯尔尼公约》的异同

《世界版权公约》《伯尔尼公约》是目前世界上并存的两大国际版权保护公约,两者有一些联系,区别也是明显。

(一) 相同点

1. 国民待遇原则相同

国民待遇原则是指:"缔约国国民享有公约各成员国为本国国民提供的版权保护;享有公约专门提供的保护。这些精神在《伯尔尼公约》的第3条第1款、第4条及《世界版权公约》第2条第1款和第2款都有体现。"❸

2. 版权独立性原则

《伯尔尼公约》和《世界版权公约》"都确立了版权独立原则,即缔约国国民在任何缔约国享有的版权保护独立于其来源国,并且在符合公约中最低要求的前提下,该作者的权利受到保护的水平,司法救济等均完全适用提供保护的成员国法律。"❹

3. 关于发展中国家的一些规定

在《伯尔尼公约》1971年巴黎文本的附件和《世界版权公约》1971年巴黎文本中,"都规定了对发展中国家的优惠:翻译强制许可和复制许可制度。对成员国中外国的印刷出版物及供系统教学用的视听制品,如出版一年后版权人未授权他人译成某一发展中国家成员国文字,该国国民可以向本国版权管理机关申请翻译强制许可证。为教学、学习研究的目的,版权管理机关可以颁发强制许可。对发展中成员国而言,如果外国的印刷

---

❶ 世界版权公约[Z].1971-7-24.第7条.
❷ 世界版权公约[Z].1971-7-24.第20条.
❸ 徐学银.《伯尔尼公约》与《世界版权公约》之比较[J].徐州师范学院学报,1995,(3):142.
❹ 徐学银.《伯尔尼公约》与《世界版权公约》之比较[J].徐州师范学院学报,1995,(3):142.

出版物，如出版后3年（数学、自然科学或技术领域的作品）、5年（一般作品）或7年（小说、诗歌、戏剧、音乐或以印刷形式出版的美术作品）仍未在本国发行，使用单位可以向版权管理机关申请复制该作品的强制许可证。"❶

（二）不同点

1. 所保护的权利主体不同

《伯尔尼公约》规定："适用本公约的国家为保护作者对其文学和艺术作品所享权利结成一个同盟"❷，仅保护作者，作者之外的法人、实体不予考虑。而《世界版权公约》规定："缔约各国承允对文学、科学、艺术作品——包括文字、音乐、戏剧和电影作品，以及绘画、雕刻和雕塑——的作者及其他版权所有者的权利，提供充分有效的保护"❸，不仅保护作者的权利，还保护其他版权所有者的权利。其他版权所有者，如委托作品的委托人，电影制片人等，它们可以是自然人，也可以是法人。

2. 追溯力上的差别

《伯尔尼公约》规定："本公约适用于在本公约开始生效时尚未因保护期满而在其起源国成为公共财产的所有作品。"❹，这意味着该成员国参加公约之前即已存在的仍在保护期之内的作品也受到保护，即公约是有追溯力的。❺ 而《世界版权公约》规定："本公约不适用于公约在某一成员国生效之日已永久进入各成员国公有领域的那些作品或他们的版权"❻，即这个公约是没有追溯力的。

3. 自动保护上的差别

《伯尔尼公约》实行的是版权自动保护原则。公约规定："享受和行使这类权利不需履行任何手续，也不管作品起源国是否存在有关保护的规定。"❼《世界版权公约》实行非自动保护原则，《世界版权公约》要求，通常履行法定手续是获得版权保护的条件。它不要求登记，但要求作然在

---

❶ 唐平,张兵. 完善我国《著作权法》对教材著作权的保护[J]. 南昌教育学院学报,2010,(3):88.
❷ 伯尔尼保护文学和艺术作品公约[Z]. 1979-10-2. 第1条.
❸ 世界版权公约[Z]. 1971-7-24. 第1条.
❹ 伯尔尼保护文学和艺术作品公约[Z]. 1979-10-2. 第18条.
❺ 徐学银.《伯尔尼公约》与《世界版权公约》之比较[J]. 徐州师范学院学报,1995,(3):146.
❻ 世界版权公约[Z]. 1971-7-24. 第7条.
❼ 伯尔尼保护文学和艺术作品公约[Z]. 1979-10-2. 第5条.

首次出版时标上"版权标记"、遗漏版权标记的作品将无法获得版权保护。

4. 最低保护限度原则和保护期限的差别

《伯尔尼公约》既保护经济权利，也保护精神权利。而《世界版权公约》规定的最低保护中不包含精神权利，经济权利也仅保护复制权、公演权、广播权、翻译权及改编权等。❶

对于经济权利的保护期限，两者也有不同。《伯尔尼公约》有"作者生前加死后 50 年"的规定，而《世界版权公约》规定在一般情况下不应少于作者有生之年加死后 25 年。

5. 关于翻译权的限制

《伯尔尼公约》对翻译权规定的同时，并未对它做出明确的限制，而《世界版权公约》则给予了明确的限制，如果符合以下两个条件，作品在没有获得翻译权所有人许可甚至在其反对下也可以进行翻译：(1) 如果作品首次出版后的 7 年内，尚未将其译成一种或几种民族文字出版；(2) 作品虽然已经在 7 年内翻译出版，但其版本全部售完并且在该国已经无法买到。《世界版权公约》对翻译权的限制实际上降低了对于作者的权利保护程度。

事实上，各国在版权保护方面的要求已经非常接近。现在，许多国家既是《伯尔尼公约》的成员国，又是《世界版权公约》的成员国，特别是越来越多的国家批准《与贸易有关的知识产权协议》，两个公约在保护程度上的差异的实际意义已经不大了。

第三节 《"TRIPS 协议"》

"TRIPS 协议"（全称《与贸易有关的知识产权协议》），是 WTO 协议的重要组成部分，被称为 WTO 的三大支柱之一。

"TRIPS 协议"由美国在乌拉圭回合谈判中提出，最早得到欧共体成员国、加拿大、新西兰、澳大利亚和日本的支持，初期发展中国家持反对意见，后来很多发展中国家转而支持美国的立场。1993 年底，乌拉圭回合谈判结束，"TRIPS 协议"正式获得通过。并于 1995 年 7 月 1 日正式生效。它是世界上第一个具有强制性的国际知识产权保护协议，首次将知识产权保护纳入了多边贸易体制，并使知识产权的国际保护制度发生了重要

---

❶ 杜蕙林.《伯尔尼公约》与《世界版权公约》[J]. 中国海关,1996(9):45.

变化。❶

一、公约的主要内容

"TRIPS 协议"共有 7 个部分，73 个条款。各部分内容是：第 1 部分，总条款与基本原则；第 2 部分，有关知识产权的效力、范围及标准；第 3 部分，知识产权执法；第 4 部分，知识产权的获得与维持及有关程序；第 5 部分，争端的防止与解决；第 6 部分，过渡协议；第 7 部分，机构安排最后条款。❷

"TRIPS 协议"首先确立了各成员将给予其他成员国的国民以本协定规定的待遇，同时在知识产权保护下相互给予"国民待遇"。对著作权、商标权、地理标识、工业品外观、专利、集成电路布图设计及未公开信息的保护和标准均做出了规定。在知识产权实施方面，协定包括成员国在知识产权的实施上应当承担的一般义务，实施知识产权保护的行政程序和司法程序，对侵犯知识产权的补救办法以及关于边境措施的特别要求。在争端方面，协定首先为防止争端发生规定了较透明的原则，对成员制定的法律、法规、司法决定、行政裁决等均要求予以公开，成员政府间或政府机构间关于知识产权的有效协定也应公布。对争端的解决，适用世贸组织规定的争端解决规则和程序。协定最后还针对成员不同的经济水平在适用协定的期限方面作了不同的规定，例如最不发达国家可以推迟 10 年适用协定等。"❸

二、公约的基本原则

（一）国民待遇原则

与《伯尔尼公约》、《世界版权公约》一样，TRIPS 协议也坚持国民待遇原则，规定："每一缔约国在知识产权保护方面对其他缔约国的国民所提供的待遇不得低于对其本国国民所提供的待遇。关于表演者、录音制品制作者和广播组织，这一义务仅仅适用于协议所规定的权利。"❹ 同时，TRIPS 协议对这一原则的适用范围也做出了例外的规定，并不包括知识产

---

❶ 乔亚，孔庆媛.《与贸易有关的知识产权协定》概述[J]. 人造板通讯，2005，(12):22.
❷ 张寨. 国际文化产品贸易公法研究[D]，苏州大学博士论文，2010:,91
❸ TRIPS 协定简介[J]. 中国经贸画报，1998，(2):83.
❹ 与贸易有关的知识产权协议[Z]1994-4-15. 第 3 条.

权的所有领域和所有的知识产权种类,如以往知识产权条约或国际公约做出了例外规定的则不适用这一原则。

这一原则对发达国家更加有利,因为虽然表面上赋予了发展中国家享有和发达国家同样的地位和待遇,但由于在科技实力和知识产权保护水平上,与发达国家存在巨大差异,因此,实际上发展中国家很难享受到真正的"优惠或特殊的待遇"。

(二) 最惠国待遇原则

最惠国待遇也是 TRIPS 协议的基本原则。协议规定:"一个缔约国向任何其他国家的国民所给予的任何利益、优待、特权或豁免都应立即和无条件地适用于所有其他缔约方的国民。"❶ 这在保护知识产权的公约上尚属首次。任何成员只有履行了 TRIPS 协议的有关义务,才能享受这一待遇。同时,也规定了例外情况,对此,第 4 条、5 条中都有明确规定,如第 5 条规定:不适用于在世界知识产权组织的主持下缔结的关于取得或维持知识产权的多边性协议所规定的程序。最惠国待遇原则在为发达国家提供便利的同时,也为许多发展中国家确立了一个全球范围内的多边贸易机制,一定程度上可以减少贸易保护主义的出现。

(三) 最低保护标准原则

TRIPS 协议对成员国知识产权的最低保护标准作了规定,主要体现在协议的第二部分,涉及权利范围、最低保护水平、例外限制 3 个方面。关于权利,"从以下几个方面分别规定了成员保护各类知识产权的最低要求,包括:版权及相关权利、商标权、地理标志、工业品外观设计、专利权、集成电路的布图设计、未经披露的信息(商业秘密)等。"❷ 最低保护水平方面,TRIPS 协议也做出了规定,主要包括这些知识产权的获得条件及其权利的范围和有效期限、知识产权转让、继承和订立许可合同的各项权利等内容。

(四) 透明度原则

透明度原则是 TRIPS 协议的重要原则,这在知识产权领域尚属首次。TRIPS 协议要求,一方面,各成员国与知识产权有关的法律和法规、普遍使用的司法终决或行政裁决都应公布。另一方面,各成员国还应将本国与

---

❶ 与贸易有关的知识产权协议[Z]1994-4-15.第 4 条.
❷ 于海,袁红梅.药品知识产权保护理论与实务[M].北京:人民军医出版社,2009.

知识产权有关的法律、法规以及同其他政府间组织签订的涉及知识产权的双边、多边或地区间的协定通知"与贸易有关的知识产权理事会",以便理事会加以审查。但这一原则不要求各国公布有关违背公共利益或有关企业合法权益的秘密信息。这一原则有利于推动各国完善知识产权立法以及执法方面的措施,特别是推进知识产权立法落后的国家对接国际标准,促进其法制建设。

TRIPS 协定在世贸组织中具有特殊的意义,如"要求各成员积极采取行动保护知识产权,这与前两个协议只对成员的政策进行约束是不同的。"❶ 作为 WTO 的三大支柱之一,TRIPS 协定的产生使知识产权和国际贸易紧密结合起来。同时,由于 TRIPS 协定的制定,WTO 也成为知识产权保护的主要国际组织。TRIPS 协定加强了知识产权保护的国际化,对知识产权的保护有重要的影响,"对知识产权的保护已从原来的知识产权国内保护发展为国际范围内的知识产权保护。"❷ 但需要注意的是,TRIPS 协定更有利于发达国家,因此在较长的一段时间内,相对于发展中国家,发达国家能够维持技术和经济发展的优势。

第四节 《保护录音制品制作者防止未经许可复制其录音制品公约》

一、公约的签订

面对普遍和不断增加的对录音制品的未经许可的复制以及由此给作者、表演者和录音制品制作者利益带来的损害,为了保护录音制品制作者,以及其表演和作品录制在录音制品上的表演者和作者❸,1971 年,在世界知识产权组织主持下,《保护录音制品制作者防止未经许可复制其录音制品公约》(简称《录音制品公约》)在日内瓦缔结。我国于 1992 年加入。

---

❶ 张咏梅.DVD:轻视专利的苦头不能白吃[J].中国国情国力,2003,(10):21.
❷ 曾佳.知识产权国际调节机制分析[D].中南大学硕士论文,2005:17
❸ 保护录音制品制作者防止未经许可复制其录音制品公约[Z].1971-10-29.

二、公约的主要内容

（一）核心概念的界定

公约对录音制品、录音制品制作者、复制品、公开发行等核心概念进行了界定，规定："'录音制品'指任何仅听觉可感知的对表演的声音或其他声音的固定"；"'录音制品制作者'指首次将表演的声音或其他声音固定下来的自然人或法人"；"'复制品'指一件含有直接或间接从录音制品获取的声音的物品，该物品载有固定在该录音制品上的声音的全部或主要部分"；"'公开发行'指将录音制品的复制品直接或间接提供给公众或任何一部分公众的行为"。❶

（二）缔约国的义务

"各缔约国应当保护是其他缔约国国民的录音制品制作者，防止未经录音制品制作者同意而制作复制品和防止此类复制品的进口，只要任何此种制作或进口的目的是为了公开发行；以及防止公开发行此类复制品。"❷

（三）保护权利的方式

实施权利保护的方式，由各缔约国国内法自行确定，其中应包括通过授予版权或其他专门权利的方式加以保护、通过有关不正当竞争的法律的方式加以保护、通过刑事制裁的方式加以保护三者当中的一种或几种方式。❸

（四）保护的期限

给予保护的期限应当由各缔约国国内法律规定。同时，公约提出了一个最低限度，即：如果国内法规定了保护期限，该期限不得少于20年，从录音制品载有的声音首次被固定之年或录音制品首次出版之年的年底起算。❹

（五）享有保护的条件

"如果一缔约国依照其国内法律要求以履行手续作为保护录音制品制

---

❶ 保护录音制品制作者防止未经许可复制其录音制品公约[Z].1971-10-29.第1条.
❷ 保护录音制品制作者防止未经许可复制其录音制品公约[Z].1971-10-29.第2条.
❸ 保护录音制品制作者防止未经许可复制其录音制品公约[Z].1971-10-29.第3条.
❹ 保护录音制品制作者防止未经许可复制其录音制品公约[Z].1971-10-29.第4条.

作者的条件，只要公开发行的经授权的录音制品的所有复制品或其包装物载有　标记并伴有首次出版年份，而且标记的部位足以使人注意到保护的要求，则应当认为符合手续；如果复制品或其包装物上未（通过载有其姓名、商标或其他适当标识）注明制作者、他的合法继承人或专有许可证持有人，则标记还应当包括制作者和他的合法继承人或专有许可证持有人的姓名。"❶

（六）保护的限制

公约规定，符合所有下列条件，允许颁发强制许可证："复制品仅用于教学和科学研究的目的；许可证仅适用于在颁发许可证的主管当局管辖的领土内进行的复制，不适用于复制品的出口；根据许可证制作复制品，应支付由上述主管当局考虑要制作的复制品的数量和其他因素而确定的合理报酬。"❷

（七）与其他法律文书的关系

"公约不限制或妨碍任何国内法律或国际协定的相关内容"，同时规定，公约不具追溯权，即"不得要求缔约国将公约的条款适用于公约在该国生效之前已经固定的任何录音制品"。❸

（八）禁止保留条款

公约第10条明确规定："不允许对公约做出保留。"❹

公约还规定了世界知识产权组织国际局的职能、公约的生效、加入、退出等内容。

在邻接权国际保护领域中，《保护表演者、唱片制作者和广播组织的国际公约》是一个基本公约，但它对录音制品制作者权的规定过于简单，同时又是一个封闭性公约，因而对录音制品制作者权利的保护力度较弱，缔结一个专门的公约显得尤为迫切。作为专门保护录音制品制作者的权力的公约，《保护录音制品制作者防止未经许可复制其录音制品公约》的重要性便凸显出来了。

---

❶ 保护录音制品制作者防止未经许可复制其录音制品公约[Z].1971-10-29.第5条.
❷ 保护录音制品制作者防止未经许可复制其录音制品公约[Z].1971-10-29.第6条.
❸ 保护录音制品制作者防止未经许可复制其录音制品公约[Z].1971-10-29.第7条.
❹ 保护录音制品制作者防止未经许可复制其录音制品公约[Z].1971-10-29.第10条.

第五节 《经济、社会、文化权利国际公约》

一、公约的签订

1954年,《经济、社会、文化权利国际公约》草案提交联大审议。1955年,联大开始对草案逐项审议。1966年12月,第21届联大最终通过公约,于1976年1月3日生效,我国于2001年正式加入公约。

二、公约的主要内容

公约由序言和五大部分31个条款所组成。

（一）公约的起因

序言部分介绍了公约发起的原因:"按照世界人权宣言,只有在创造了使人可以享有其经济、社会及文化权利,正如享有其公民和政治权利一样的条件的情况下,才能实现自由人类享有免于恐惧和匮乏的自由的理想。"❶

（二）自决权

自决权是公约的基本原则,规定:"一、所有人民都有自决权。他们凭这种权利自由决定他们的政治地位,并自由谋求他们的经济、社会和文化的发展。二、所有人民得为他们自己的目的自由处置他们的天然财富和资源,而不损害根据基于互利原则的国际经济合作和国际法而产生的任何义务。在任何情况下不得剥夺一个人民自己的生存手段。三、本公约缔约各国,包括那些负责管理非自治领土和托管领土的国家,应在符合联合国宪章规定的条件下,促进自决权的实现,并尊重这种权利。"❷

（三）当事国的一般义务

（1）公约规定缔约国要尽最大能力实施非歧视:"缔约各国承担保证,公约所宣布的权利应予普遍行使,而不得有例如种族、肤色、性别、语

---

❶ 经济、社会、文化权利国际公约[Z]1966-12-16.序言.
❷ 经济、社会、文化权利国际公约[Z]1966-12-16.第1条.

言、宗教、政治或其他见解、国籍或社会出身、财产、出生或其他身份等任何区分。"❶

（2）公约规定给予男女以平等的权利："公约缔约各国承担保证男子和妇女在本公约所载一切经济、社会及文化权利方面有平等的权利。"❷

（四）各项实质性权利

第3部分从第6条到第15条，"列举了各项实质性权利，是公约的核心。工作权（第6条），享受公正和良好的工作条件的权利（第7条），组织和参加工会的权利，罢工权（第8条），享有社会保障的权利（第9条），家庭、特别是母亲和少年儿童得到尽可能广泛的保护和协助的权利（第10条），享有相当生活水准的权利（第11条），健康权（第12条），受教育权（第13、14条），参加文化生活的权利（第15条）。"❸

（五）国际执行和监督机制

公约规定，缔约国要向联合国秘书长、人权委员会提交执行和进展情况的报告等。❹

《公约》首次在世界范围内"以具有法律约束力的条约形式确立了经济、社会、文化权利，并援引《世界人权宣言》，强调了经济、社会、文化权利与公民、政治权利的同等重要性和不可分割性。"❺

第六节　《保护和促进文化表现形式多样性公约》

一、公约的签订

经济全球化进程的加快对世界文化多样性带来了巨大的挑战。在世贸组织乌拉圭回合谈判期间，美国和以法国为代表的欧洲国家曾就视听服务进行过激烈辩论。美国强烈要求视听服务自由化，而法国等欧洲国家和加拿大则坚持"文化例外"原则，最终视听服务被列入"最惠国待遇例外清

---

❶ 经济、社会、文化权利国际公约[Z] 1966-12-16.第2条.
❷ 经济、社会、文化权利国际公约[Z] 1966-12-16.第3条.
❸ 徐宇.经济、社会及文化权利国际公约[J].人权,2002,(1):49.
❹ 同上.
❺ 吕国泉,方丹,陈杰平.工会维权问题解答（五）[J].中国公运,2006,(9):49.

单",视听服务受到了特殊保护。❶ 这一较量后来又延续到联合国教科文组织中,突出表现在保护文化产品和服务上。法国一方占据了上风,它们积极推动有约束力的国际公约的制定,确立"文化例外"原则以制衡 WTO 框架下的自由贸易规则,保护本国的文化产品和服务,抵御以好莱坞文化为代表的美国文化对本土文化的冲击。❷《保护和促进文化表现形式多样性公约》的通过就是这种胜利的表现。2005 年 10 月 20 日,《保护和促进文化表现形式多样性公约》通过,2006 年我国正式加入。

二、公约的主要内容

(一) 公约的目标

"(1) 保护和促进文化表现形式的多样性;(2) 以互利的方式为各种文化的繁荣发展和自由互动创造条件;(3) 鼓励不同文化间的对话,以保证世界上的文化交流更广泛和均衡,促进不同文化间的相互尊重与和平文化建设;(4) 加强文化间性,本着在各民族间架设桥梁的精神开展文化互动;(5) 促进地方、国家和国际层面对文化表现形式多样性的尊重,并提高对其价值的认识;(6) 确认文化与发展之间的联系对所有国家,特别是对发展中国家的重要性,并支持为确保承认这种联系的真正价值而在国内和国际采取行动;(7) 承认文化活动、产品与服务具有传递文化特征、价值观和意义的特殊性;(8) 重申各国拥有在其领土上维持、采取和实施他们认为合适的保护和促进文化表现形式多样性的政策和措施的主权;(9) 本着伙伴精神,加强国际合作与团结,特别是要提高发展中国家保护和促进文化表现形式多样性的能力。"❸

(二) 指导原则

(1) 尊重人权和基本自由原则;(2) 主权原则;(3) 所有文化同等尊严和尊重原则;(4) 国际团结与合作原则;(5) 经济和文化发展互补原则;(6) 可持续发展原则;(7) 平等享有原则;(8) 开放和平衡原则。❹

---

❶ 乔亚,孔庆媛.《与贸易有关的知识产权协定》概述[J]. 人造板通讯,2005,(12):22.
❷ 乔亚,孔庆媛.《与贸易有关的知识产权协定》概述[J]. 人造板通讯,2005,(12):22.
❸ 保护和促进文化表现形式多样性公约[Z]. 2005-10-20. 第 1 条.
❹ 保护和促进文化表现形式多样性公约[Z]. 2005-10-20. 第 2 条.

(三) 缔约方的权利和义务

公约第4章（第5-19条）规定了缔约方的权利与义务，主要包括缔约方在本国的权利（第6条）；缔约方的义务（第7-15条，第19条），包括促进文化表现形式的措施（第7条）、保护文化表现形式的措施（第8条）、信息共享和透明度（第9条）、教育和公众认知（第10条）、公民社会的参与（第11条）、促进国际合作（第12条）、将文化纳入可持续发展（第13条）、为发展而合作（第14条）、协作安排（第15条）、信息交流、分析和传播（第19条）；对发展中国家的优惠待遇（第16条）；在文化表现形式受到严重威胁情况下的国际合作（第17条）；文化多样性国际基金（第18条）。

(四) 与其他法律文书的关系

公约规定："与其他条约的关系：相互支持，互为补充和不隶属。"❶

(五) 公约的机构

公约的主要机构包括缔约方大会、政府间委员会。

(六) 最后条款

公约还规定了包括争端解决，会员国批准、接受、核准或加入，联络点，退出等条款。

"《公约》第一次明确提出了文化以及文化产品和服务具有经济和文化双重属性；强调缔约方拥有在本国境内采取保护和促进文化表现形式多样性措施的主权；申明在保护文化多样性方面应加强国际合作，尤其是照顾发展中国家的文化产业发展；公约与其他国际条约相互支持、相互补充和互不隶属。"❷

第七节 《武装冲突情况下保护文化财产公约》

一、公约的签订

二战期间，文化财产是交战方的重要攻击对象。认识武装冲突中对文

---

❶ 保护和促进文化表现形式多样性公约[Z]. 2005-10-20. 第20条.
❷ 范帆，杨颖.〈保护和促进文化表现形式多样性公约〉谈判通过始末[J]. 中国出版，2006，(2)：10.

化财产造成的严重损害,考虑到文化遗产的损害不仅关乎一个国家、一个民族,更关乎世界各民族的利益,1954年5月14日,联合国教科文组织通过了《武装冲突情况下保护文化财产公约》,由于在海牙通过,经常被简称为《海牙公约》,我国于2010年成为《海牙公约》的成员国。1999年3月26日,其《第二议定书也》获通过,目前我国还不是第二议定书的成员国。

二、公约的主要内容

1954年《海牙公约》共7章,40条,主要包括公约所保护的文化财产的范围、缔约国的义务、特别保护制度等内容。

(一) 公约所保护的文化财产的范围

虽然,日本、韩国早有"文化财"的称谓,但国际性正式文件上使用"文化财产",《海牙公约》是第一个。在公约中,虽然没有文化财产的明确定义,但通过列举的方式说明了文化财产的主要范围:(1)对每一民族文化遗产具有重大意义的可移动或不可移动的财产,例如建筑、艺术或历史纪念物;考古遗址;建筑群;艺术作品;具有艺术、历史或考古价值的手稿、书籍及其他物品;以及科学收藏品和书籍或档案的重要藏品等;(2)展出第(1)类规定的文化财产的建筑物,例如博物馆、大型图书馆和档案库以及拟于武装冲突情况下保存(1)项所述可移动文化财产的保藏处;(3)保存有大量第(1)和第(2)项所述文化财产的"纪念物中心"。❶

(二) 文化财产的保护方式

公约规定,文化财产的保护包括文化财产的保障与对文化财产的尊重两项内容。

(三) 缔约国的义务

(1)除因军事绝对必需时,缔约国应尊重本国和其他缔约国领土内的文化财产,不得采取真对文化财产的敌视行动。❷

(2)禁止、防止、于必要时制止盗窃、抢劫或侵占以及任何破坏文化财产的行为。不得征用位于另一缔约国领土内的可移动文化财产。不得对

---

❶ 武装冲突情况下保护文化财产公约[Z].1954-5-14.第1条.
❷ 武装冲突情况下保护文化财产公约[Z].1954-5-14.第4条.

文化财产施以任何报复行为。❶

（3）占领另一缔约国时，尽可能协助被占领国家保护保存其文化财产。❷

（4）和平时期，各缔约国准备好保障位于其领土内的文化财产免受武装冲突可预见的影响❸；各缔约国应在军事条例或训示中列有遵守公约的规定，并在武装成员中培养尊重各民族文化及文化财产的精神，同时建立专门机构或人员。❹

（5）不得对特别保护下的运输采取任何敌视行为。❺

公约还规定了豁免的撤回、紧急情况下的运输中缔约国应遵守的义务。

（四）特别保护制度

公约第二章对特别保护进行了专门规定，第三章中也有特别保护的相关内容。

公约规定，对于在武装冲突突发情况下用于掩藏可移动文化财产的保藏所、纪念物中心或其他极其重要的不可移动文化财产，不用于军事目的且同任何大工业中心或易受攻击的重要军事目标保持适当距离，可载入"受特别保护的文化财产国际登记册"，置于特别保护之下，免受任何敌对行为。❻ 特别保护下的运输，不论是在本国或运往他国，经请求，可在特别保护下进行，但应在公约规定的国际监督之下进行并应展示第十六条所述识别标志。❼

公约还对人员、识别标志、适用范围、实施及最后条款等进行了规定，此处不再展开。

《海牙公约》首次用条约的形式限制被占领土文化财产的输出，适用范围相对广泛，可适用于缔约国和非缔约国，战时和平时期文化遗产保护，适用范围扩大，使得文化遗产的保护范围也随之扩大。公约设立的特别保护制度，对特别保护文化财产的对象、豁免、登记和识别标志进行了规定，强化了武装冲突下文化财产的国际保护力度。❽

---

❶ 武装冲突情况下保护文化财产公约[Z].1954-5-14.第4条.
❷ 武装冲突情况下保护文化财产公约[Z].1954-5-14.第5条.
❸ 武装冲突情况下保护文化财产公约[Z].1954-5-14.第1条.
❹ 武装冲突情况下保护文化财产公约[Z].1954-5-14.第7条.
❺ 武装冲突情况下保护文化财产公约[Z].1954-5-14.第9条.
❻ 武装冲突情况下保护文化财产公约[Z].1954-5-14.第8条.
❼ 武装冲突情况下保护文化财产公约[Z].1954-5-14.第12条.
❽ 王云霞.文化遗产法教程[M].商务印书馆,2012:80

第八节 《关于禁止和防止非法进出口文化财产和非法转让其所有权的方法的公约》

一、公约的签订

为遏制猖獗的博物馆和考古遗址被盗现象以及这些文化财产的非法进出口和所有权非法转让，国际社会认识到需要制定一部国际社会共同遵守的约定。正是在这一情况下，《关于禁止和防止非法进出口文化财产和非法转让其所有权的方法的公约》（以下简称公约）得以制定，并于1970年11月14日在联合国教科文组织第十六届会议上通过，并于1972年4月24日正式生效，我国于1989年11月28日加入。

二、公约的主要内容

公约共26条，主要包括文化财产的概念和范围、文化遗产的范围、国内保护义务、促进文化财产返还的义务等内容。

（一）文化财产的概念和范围

1954年《武装冲突情况下保护文化财产公约》对文化财产进行了列举，但没有明确的定义。而《关于禁止和防止非法进出口文化财产和非法转让其所有权的方法的公约》不仅对文化财产进行了明确的定义，其所涉范围也大为扩大。

公约规定，文化财产指每个国家，根据宗教的或世俗的理由，明确指定为具有重要考古、史前史、历史、文学、艺术或科学价值的下列财产：（1）动物群落、植物群落、矿物和解剖以及具有古生物学意义的物品的稀有收集品和标本；（2）有关历史，包括科学、技术、军事及社会史、有关国家领袖、思想家、科学家、艺术家之生平以及有关国家重大事件的财产；（3）考古发掘（包括正常的和秘密的）或考古发现的成果；（4）业已肢解的艺术或历史古迹或考古遗址之构成部分（5）一百年以前的古物，如铭文、钱币和印章；（6）具有人种学意义的文物；（7）有艺术价值的财产；（8）稀有手稿和古版书籍，有特殊意义的（历史、艺术、科学、文学等）古书、文件和出版物；（9）邮票、印花税票及类似的票证；（10）档

案，包括有声、照相和电影档案；（11）一百年以前的家具物品和古乐器。❶

(二) 文化遗产的范围

公约规定，下列文化财产为各缔约国的文化遗产的组成部分：（1）有关国家的国民的个人或集体天才所创造的文化财产和居住在该国领土境内的外国国民或无国籍人在该国领土内创造的对有关国家具有重要意义的文化财产；（2）在国家领土内发现的文化财产；（3）经此类财产原主国主管当局的同意，由考古学、人种学或自然科学团体所获得的文化财产；（4）经由自由达成协议实行交流的文化财产；（5）经此类财产原主国主管当局的同意，作为赠送品而接收的或合法购置的文化财产。❷

相较文化财产，文化遗产对一个国家而言更有其典范意义和象征意义，公约的规定在保证文化财产这一一般意义的财产基础上，更强化了对经典文化财产的保存和保护，具有重要意义。

(三) 文化财产的国内保护义务

公约对各缔约国的义务进行了明确规定，主要包括文化财产的国内保护措施和文化财产返还方面的义务。此处介绍前者。

（1）各缔约国应在其领土之内建立一个或一个以上的国家机构，配备足够人数的合格工作人员，有效地履行下述职责：①协助制订旨在切实保护文化遗产特别是防止重要文化财产的非法进出口和非法转让的法律和规章草案；②根据全国受保护财产清册，制订并不断更新一份其出口将造成文化遗产的严重枯竭的重要的公共及私有文化财产的清单；③促进发展或成立为保证文化财产的保存和展出所需之科学及技术机构（博物馆、图书馆、档案馆、实验室、工作室……）；④组织对考古发掘的监督，确保在原地保存某些文化财产，并保护某些地区，供今后考古研究之用⑤为有关各方面（博物馆长、收藏家、古董商等）的利益，制订符合于本公约所规定道德原则的规章；并采取措施保证遵守这些规章；⑥采取教育措施，鼓励并提高对各国文化遗产的尊重，并传播关于本公约规定的知识；⑦注意

---

❶ 关于禁止和防止非法进出口文化财产和非法转让其所有权的方法的公约[Z].1970-11-14.第1条.

❷ 关于禁止和防止非法进出口文化财产和非法转让其所有权的方法的公约[Z].1970-11-14.第4条.

对任何种类的文化财产的失踪进行适当宣传。❶

(2) 实施文化财产的许可制度,未获许可的证件,禁止文化财产从本国领土出口,并进行宣传❷;通过教育、情报和防范手段,限制非法从本公约缔约国运出的文化财产的移动❸。

(四) 促进文化财产返还的义务

为促进文化财产的返还,公约进行了专门的规定,主要包括:

(1) 采取必要措施防止本国博物馆及类似机构获取来源于另一缔约国的文化财产,尽可能随时把自原主缔约国非法运出文化财产的建议通知该该国。❹

(2) 根据原主缔约国的要求,采取适当措施收回并归还进口的此类文化财产,但要求国须向不知情的买主或对该财产具有合法权利者给予公平的赔偿。要求收回和归还失物必须通过外交部门进行,提出要求一方应提供使确定其收回或归还失物的要求的必要文件及其他证据,费用自理。各方不得对遵照本条规定而归还的文化财产征收关税或其他费用。归还和运送文化财产过程中所需的一切费用均由提出要求一方负担。❺

(3) 缔约国在其文化遗产由于考古或人种学的材料遭受掠夺而处境危殆时得向蒙受影响的其他缔约国发出呼吁。其他缔约国应参与协调一致的国际努力,并实施必要的具体措施,包括对有关的特定物资的进出口及国际贸易实行管制。尚未达成协议之前,有关各国应在可能范围内采取临时性措施,以便制止对提出要求的国家的文化遗产造成不可弥补的损失。❻

(4) 缔约国还应在符合其本国法律的情况下承担以下义务:①通过一切适当手段防止可能引起文化财产的非法进出口的这一类财产的所有权转让;②保证本国的主管机关进行合作,使非法出口的文化财产尽早归还其

---

❶ 关于禁止和防止非法进出口文化财产和非法转让其所有权的方法的公约[Z].1970-11-14.第5条.

❷ 关于禁止和防止非法进出口文化财产和非法转让其所有权的方法的公约[Z].1970-11-14.第6条.

❸ 关于禁止和防止非法进出口文化财产和非法转让其所有权的方法的公约[Z].1970-11-14.第10条.

❹ 关于禁止和防止非法进出口文化财产和非法转让其所有权的方法的公约[Z].1970-11-14.第7条.

❺ 关于禁止和防止非法进出口文化财产和非法转让其所有权的方法的公约[Z].1970-11-14.第7条.

❻ 关于禁止和防止非法进出口文化财产和非法转让其所有权的方法的公约[Z].1970-11-14.第9条.

合法所有者；③受理合法所有者或其代表提出的关于找回失落的或失窃的文化财产的诉讼；④承认缔约国有不可取消的权利规定并宣布某些文化财产是不能让与的，因而据此也不能出口，若此类财产已经出口务须促使这类财产归还给有关国家。❶

1954年《武装冲突情况下保护文化财产公约》中，首次在国际正式文件中对文化财产进行了明确说明，通过列举的方式界定了文化财产的范围。在此基础上，《关于禁止和防止非法进出口文化财产和非法转让其所有权的方法的公约》不仅对文化财产进行了明确的定义，其所涉范围也大为扩大。其中"国际合作"原则也为文化财产，特别是文化遗产保护提供了更为有利的解决办法。

第九节 《保护世界文化和自然遗产公约》

一、公约的签订

1972年11月16日，在巴黎召开的联合国教科文组织第17届会议上，《保护世界文化和自然遗产公约》（以下简称《世界遗产公约》）获准通过。1975年12月17日，公约正式生效。我国于1985年加入公约。1991年，我国当选为"世界遗产委员会"委员国。该公约的出台与1952埃及阿斯旺高坝的修建有一定的关联。高坝的修建将对阿布辛贝勒神庙和菲莱神庙带来毁灭性破坏。为此，埃及和苏丹政府向联合国教科文组织求助。最终，在花费了8000万美元，经过50多个国家8年的持续努力，终于实现了神庙的移址重建。神庙的重建使国际社会更充分认识到文化遗产国际合作的重要性。联合国教科文组织也借此契机，开始筹备文化遗产国际保护的公约。经过了长时间的努力，公约终于在1972年通过。

二、公约的主要内容

公约共38条，主要包括列入文化遗产和自然遗产的界定、缔约国的义务、保护世界文化和自然遗产政府间委员会（以下简称世界遗产委员会）、保护世界文化遗产和自然遗产基金（以下简称世界遗产基金）等内容。

---

❶ 关于禁止和防止非法进出口文化财产和非法转让其所有权的方法的公约[Z]. 1970-11-14.第13条.

(一) 文化遗产和自然遗产的界定

公约认定的文化遗产包括：文物、建筑群和遗址三类。这是中文版本的称谓，对此有学者结合英文版和日文版，认为翻译成"纪念性创作物、建筑群、遗址"更为合适。❶ 同时，三类文化遗产的具体描述也应进行调整，此处不再展开。

自然遗产包括具有突出的普遍价值的自然面貌、动物和植物生长区、天然名胜或自然区域等三类。然而，有学者认为判断自然遗产突出的普遍价值的三项标准，在规定上具有极大的模糊性，无法发挥应有的作用。❷ 无论如何，公约的定义为世界范围内的自然遗产保护提供了一个重要的标准。

(二) 缔约国的义务

(1) 保证承担本国的文化遗产和自然遗产的确定、保护、保存、展出和传与后代的责任。并竭尽全力，最大限度地利用本国资源，适当时利用所能获得的国际援助和合作。❸

(2) 通过将遗产保护工作纳入全面规划纲要的总政策。❹

(3) 建立负责文化遗产和自然遗产的保护、保存和展出的机构，配备适当的工作人员和手段。❺

(4) 发展科学和技术研究，并制订出能够抵抗威胁本国文化或自然遗产的危险的实际方法。❻

(5) 采取为确定、保护、保存、展出和恢复这类遗产所需的适当的法律、科学、技术、行政和财政措施。❼

(6) 促进建立或发展有关保护、保存和展出文化遗产和自然遗产的国家或地区培训中心，并鼓励这方面的科学研究。❽

(7) 充分尊重文化遗产和自然遗产的所在国的主权，不使其财产权受

---

❶ 刘恒武,袁颖.关于《保护世界文化和自然遗产公约》中"文化遗产"概念的若干问题[J].旅游学刊,2006,(5):41.

❷ 马明飞.《保护世界文化和自然遗产公约》适用的困境与出路——以自然遗产保护为视角[J].法学评论,2011,(3):71.

❸ 保护世界文化和自然遗产公约[Z].1972-11-16.第4条.

❹ 保护世界文化和自然遗产公约[Z].1972-11-16.第5条.

❺ 保护世界文化和自然遗产公约[Z].1972-11-16.第5条.

❻ 保护世界文化和自然遗产公约[Z].1972-11-16.第5条.

❼ 保护世界文化和自然遗产公约[Z].1972-11-16.第5条.

❽ 保护世界文化和自然遗产公约[Z].1972-11-16.第5条.

到损害的同时,承认这类遗产是世界遗产的一部分。❶

(8) 应有关国家的要求帮助该国确定、保护、保存和展出文化遗产和自然遗产。❷

(9) 同意不故意采取任何可能直接或间接损害位于本公约其他缔约国领土内的文化遗产和自然遗产的措施。❸

(三) 世界遗产委员会

公约中有关委员会的规定包括 (1) 人员组成、资质、任期;(2) 委员会的权利及职能。公约赋予委员会的权利,包括邀请公共或私立组织或个人参加会议、设立咨询机构。世界遗产委员会的职能主要是处理《世界遗产名录》相关事务,此外,还承担协调国际援助的职责。❹

(四) 世界遗产名录

公约规定了《世界遗产名录》的制定、入选、更新和出版等内容。公约特别说明,未入选目录的项目"决非意味着在列入这些目录的目的之外的其他方面不具有突出的普遍价值。"

(五) 世界遗产基金

公约对基金的来源、援助、用途限制、缔约国的纳款义务作出规定。其前身可追溯至1965年,华盛顿会议提出的"世界遗产信托基金"。

公约还规定了教育计划、报告等内容,此处不再展开。

《世界遗产公约》为国际范围内保护文化遗产和自然遗产提供了坚实基础和有力保障,在缔约国的共同努力下,世界上很多重要遗产都得到了切实的保护。中国自1985年加入公约以来,积极参与相关活动,目前已有53个项目被纳入世界遗产名录,居世界首位。同时,公约也为国内众多遗产的保护提供了可资借鉴的思路。

---

❶ 保护世界文化和自然遗产公约[Z].1972-11-16.第6条.
❷ 保护世界文化和自然遗产公约[Z].1972-11-16.第6条.
❸ 保护世界文化和自然遗产公约[Z].1972-11-16.第6条.
❹ 王云霞.文化遗产法教程[M].商务印书馆,2012:80

第十节 《关于被盗或者非法出口文物的公约》

一、公约的签订

1970年《关于禁止和防止非法进出口文化财产和非法转让其所有权的方法的公约》中对文化财产的归还进行了规定，但其重心在公法层面。认识到文物方面的非法交易以及由此引起的经常发生的无可挽回的损害，不仅对于这些物品本身及对于民族、部落、土著居民或者其他社会团体的文化遗产，并且对于人类遗产造成了无可挽回的损害；同时，对考古遗址的掠夺造成无法弥补的考古学、历史学及科学资料的损失。为了强化非法出口或被盗文化财产的归还，特别是文物的归还，解决上述文物交易后产生的私法问题，1995年国际统一私法协会制定了《国家统一司法协会关于被盗或非法出口文物的公约》，并于同年6月24日在罗马通过。我国于1997年加入。

二、公约的主要内容

公约共5章21条，主要有文物的定义和范围、被盗文物的保护制度、非法出口文物的保护制度以及善意持有人制度等内容。

（一）文物的定义和范围

公约第二条规定，文物是因宗教或者世俗的原因，具有考古、史前史、历史、文学、艺术或者科学方面重要性的下列物品：（1）动物群落、植物群落、矿物和解剖以及具有古生物学意义的物品的稀有收集品和标本；（2）有关历史，包括科学、技术、军事及社会史、有关国家领袖、思想家、科学家、艺术家之生平以及有关国家重大事件的财产；（3）考古发掘（包括正常的和秘密的）或考古发现的成果；（4）业已肢解的艺术或历史古迹或考古遗址之构成部分；（5）一百年以前的古物；（6）具有人种学意义的文物；（7）有艺术价值的财产；（8）稀有手稿和古版书籍，有特殊意义的古书、文件和出版物；（9）邮标、印花税票及类似的票证；（10）档案，包括有声、照相和电影档案；（11）一百年以前的家具物品和古

乐器。❶

值得注意的是，公约规定的文物范围与 1970 年《关于禁止和防止非法进出口文化财产和非法转让其所有权的方法的公约》规定的文化财产的范围是一致的。

(二) 被盗文物的保护制度

公约强化了对被盗文物的保护，规定：被盗文物的拥有者应当归还该被盗物；非法发掘或者合法发掘但非法持有的文物，只要发掘发生地国家法律认定为盗窃，则应当视为被盗；一般被盗文物的声索有时效限制，但某一特定纪念地或者考古遗址组成部分的文物，或者属于公共收藏的文物的请求不受时限限制。❷

(三) 非法出口文物的保护制度

公约规定，(1) 缔约国可以请求另一缔约国法院或者其他主管机关命令归还从请求国领土上非法出口的文物。(2) 为展览、研究或者修复等目的，根据请求国为保护其文化遗产之目的制定的文物出口法律而颁布的许可证，从请求国暂时出口却没有依照许可证条件予以归还的文物，应认定为已经非法出口。(3) 如果请求国证实从其境内移出的文物严重地损害了①有关该物品或者其内容的物质保存；②有关组合物品的完整性；③有关诸如科学性或者历史性资料的保存；④有关一部落或者土著人社区对传统或者宗教物品的使用等各项或者其中一项利益，或者证实该文物对于请求国具有特殊的文化方面的重要性，被请求国的法院或者其他主管机关应命令归还非法出口的这一物品。❸

相较 1970 年《关于禁止和防止非法进出口文化财产和非法转让其所有权的方法的公约》，公约规定的措施更为充实，可实施性也更强。遗憾的是，由于公约的缔约国较少，影响了其在国际范围内的效力。

(四) 善意持有人制度

公约第四条对善意持有进行了规定，所谓"善意持有人"是指被盗文物的拥有者只要不知道、也理应不知道该物品是被盗的，并且能证明自己在获得该物品时是慎重的。公约确立了非法文物持有人必须将文物归还原

---

❶ 关于被盗或者非法出口文物的公约[Z].1995-6-24.第 2 条及附件.
❷ 关于被盗或者非法出口文物的公约[Z].1995-6-24.第 3 条.
❸ 关于被盗或者非法出口文物的公约[Z].1995-6-24.第 5 条.

主的原则,但同时规定,善意持有人在归还时可以获得公正合理的补偿。

总之,公约弥补了 1970 年《关于禁止和防止非法进出口文化财产和非法转让其所有权的方法的公约》在司法领域中的不足,更有利于遏制文物法法出口,同时有利于被盗文物和非法出口文物的归还。只是由于缔约国较少,其影响力尚待提升。

第十一节　《保护非物质文化遗产公约》

一、公约的签订

2003 年 10 月 17 日,《保护非物质文化遗产公约》在联合国教科文组织第 32 届大会上通过,被认为是国家非物质文化遗产保护事业的重要里程碑。我国于 2004 年加入《公约》,是第 6 个加入《公约》的国家。2006 年 4 月 20 日,公约正式生效。非物质文化遗产与物质文化遗产一样,都是人类共同的财富。1972 年《保护世界文化和自然遗产公约》已将具有特殊价值的遗迹、遗址、文化景观及自然遗产列入世界遗产名录,该公约保护的仅是物质文化遗产,未将非物质文化遗产考虑在内,新公约的出台显得十分迫切。

事实上,自 20 世纪 80 年代以来,经济全球化带来的社会变革和人类生存环境的改变,使联合国教科文组织意识到非物质文化遗产更容易遭到损害,面临着巨大困境。其后《关于保护传统和民间文化的建议》(1989 年)、《教科文组织世界文化多样性宣言》(2001 年)和《伊斯坦布尔宣言》(2002 年)均强调了非物质文化遗产的重要性。90 年代,联合国教科文组织推出了两项新的计划,一项是 1993 年启动的"人类活瑰宝"体系,另一项是宣布"人类口头和非物质遗产代表作"项目。项目的实施使人们清醒地看到新的规范性工具在保护非物质遗产中的重要性。新的公约正是新的规范性工具的有效形式。1999 年,公约开始起草,2003 年 10 月,在教科文组织第 32 届大会中高票获得通过,《公约》为非物质文化遗产的保护事业奠定了坚实基础,提供了有力的保障。截至 2017 年 12 月,已有 175 个成员国。

二、公约的主要内容

公约共 8 章 40 条,主要包括公约的宗旨、非物质文化遗产的定义、各级保护措施机制、公约有关组织机构及其职能、国际合作与援助机制、非物质文化遗产基金制度等内容。

(一) 公约的宗旨

公约的宗旨为：(1) 保护非物质文化遗产；(2) 尊重有关社区、群体和个人的非物质文化遗产；(3) 在地方、国家和国际一级提高对非物质文化遗产及其相互欣赏的重要性的意识；(4) 开展国际合作及提供国际援助。四项宗旨也成为公约的主要工作内容。❶

(二) 非物质文化遗产的定义

公约中对"非物质文化遗产"的定义为：指被各社区、群体，有时是个人，视为其文化遗产组成部分的各种社会实践、观念表述、表现形式、知识、技能以及相关的工具、实物、手工艺品和文化场所。这种非物质文化遗产世代相传，在各社区和群体适应周围环境以及与自然和历史的互动中，被不断地再创造，为这些社区和群体提供认同感和持续感，从而增强对文化多样性和人类创造力的尊重。❷

对于非物质文化遗产的定义也是公约的一项贡献。自 20 世纪 80 年代以来，联合国教科文组织提出了一系列与非物质文化遗产相关的概念，从"传统和民间文化"到 1993 年的"人类活瑰宝"，再到后来的"人类口头遗产""人类口头和非物质遗产"，它们与非物质文化遗产都有相关性，但无论是保护的范围和宽度，还是保护的深度和力度，它们都不及"非物质文化遗产"。

虽然，不同的学者指出了非物质文化遗产的不足，如定义较宽泛，不够明确等，但无论如何，明确的定义为国际范围内的非物质文化遗产保护实践工作提供了明确的依据。

(三) 各级保护措施机制

公约共设国家和国际两个层级进行非物质文化遗产的保护。国家一级的保护措施主要包括拟订非物质文化遗产清单，制定政策并将非物质文化遗产的保护纳入规划工作，指定或建立相关机构，鼓励开展有效保护非物质文化遗产的研究工作，采取适当的法律、技术、行政和财政措施，进行教育、宣传和能力培养，确保创造、延续和传承这种遗产的社区、群体，

---

❶ 保护非物质文化遗产公约[Z]. 2003-10-17. 第 1 条.
❷ 保护非物质文化遗产公约[Z]. 2003-10-17. 第 2 条.

有时是个人的最大限度的参与。❶ 国际一级,公约主要通过建立"人类非物质文化遗产代表作名录"和"急需保护的非物质文化遗产名录"来开展非物质文化遗产保护工作。截至2018年底,我国入选人类非物质文化遗产代表作名录的项目、急需保护的非物质文化遗产名录的项目、优秀实践名册的项目分别有32项、7项、1项,合计40项。

(四) 有关组织机构及其职能

公约的各项职能主要通过缔约国大会、政府间保护非物质文化遗产委员会来实现。缔约国大会为公约的最高权力机关,每两年举行一次常会。如常会做出决定或政府间保护非物质文化遗产委员会或至少三分之一的缔约国提出要求,可举行特别会议。❷

政府间保护非物质文化遗产委员会由参加大会选出的18个缔约国的代表组成,在缔约国的数目达到50个之后,委员会委员国的数目增至24个。委员会委员国由缔约国大会选出,任期四年,每两年对半数委员国进行换届,且委员国不得连选连任两届。委员会的职能包括:(1)宣传公约的目标,鼓励并监督其实施情况;(2)就好的做法和保护非物质文化遗产的措施提出建议;(3)拟订利用基金资金的计划并提交大会批准;(4)努力寻求增加其资金的方式方法,并为此采取必要的措施;(5)拟订实施公约的业务指南并提交大会批准;(6)审议缔约国的报告并将报告综述提交大会;(7)审议缔约国提出进入名录的候选名单和国际援助事项。❸

(五) 国际合作与援助机制

公约强调国际合作的重要性,主要方式包括交流信息和经验,采取共同的行动,以及建立援助缔约国保护非物质文化遗产工作的机制等。❹ 公约提出的国际援助形式包括研究、提供专家和专业人员、培训各类所需人员、制订准则性措施或其他措施、基础设施的建立和营运、提供设备和技能以及包括在必要时提供低息贷款和捐助在内的其他财政和技术援助形式。❺

---

❶ 保护非物质文化遗产公约[Z].2003-10-17.第11—15条.
❷ 保护非物质文化遗产公约[Z].2003-10-17.第4条.
❸ 保护非物质文化遗产公约[Z].2003-10-17.第4—6条.
❹ 保护非物质文化遗产公约[Z].2003-10-17.第19条.
❺ 保护非物质文化遗产公约[Z].2003-10-17.第21条.

(六) 非物质文化遗产基金制度

公约建立"保护非物质文化遗产基金",规定了基金的主要来源包括缔约国的纳款、教科文组织大会的资金;以及其他各方可能提供的捐款、赠款或遗赠。公约要求公约缔约国至少每两年向基金缴纳一次款,金额由大会根据适用于所有国家的统一纳款额百分比进行确定。

总之,公约的签订与实施在国际范围内产生了深远的影响,公约确立的名录制度及扶持基金为各国提供了有效的帮助。我国非物质文化遗产的立法和具体法律实践也在公约的影响下取得了重要成绩,一批法律法规涌现,非物质文化遗产在全社会的影响力也有显著提升。

第七章　艺术品市场法规

近几年，我国艺术品市场异常活跃，一方面艺术品拍卖单品价格屡创性高，总成交额也有大幅提升，另一方面，全国各地涌现了大量的画廊，在青州等地更是云集了大批经营名家名作的画廊。但繁华背后还有一些不尽如人意之处，这些都需要相关法律法规进行规范和调整，同时法律法规也要根据形势的变化进行及时的调整。

第一节　艺术品市场法规概述

目前，艺术品市场的立法稍显滞后，只有文化部制定的《艺术品经营管理办法》（2016年颁布）、《文物拍卖标的审核办法》（2016年颁布）、《文物拍卖管理办法》（2016年颁布）、《文物艺术品拍卖规程》（2009年颁布）、《美术品进出口管理暂行规定》（2009年颁布），《艺术品捐赠法》、《艺术品鉴定法》非常重要的法律法规还未出台，它们的缺位对中国艺术品市场的建设和发展产生了一定的消极影响。

一个规范的艺术品市场需要画廊、艺术经纪机构和拍卖行的协同发展。它们可以被分为一级市场和二级市场。其中，画廊和艺术经纪机构是一级市场。它们起着艺术品基础数据整理、鉴定和推荐的作用。相较于艺术家自售作品，它们的存在不仅可以帮助艺术家集中精力创作，也能保证税收的正常征收。因此，把经营和销售交给市场，让艺术家专心创作，能够使艺术品市场更加成熟。一级市场中，艺术经纪机构的作用非常明显，被看作是艺术品市场规范化的标志。国家工商行政管理局1995年曾颁布《经纪人管理办法》（2004年修订），对艺术经纪人的管理有一定的指导意义，但目前已经废止。目前，我国一级艺术品市场的画廊和艺术经纪机构发展较弱，相反二级市场的拍卖行出现了独大的现象，一级市场和二级市场呈明显倒挂的现象。这与相关法规的缺位有一定的关系。

关于艺术品拍卖的二级市场，我国出台了一些法规，但力度仍显不够。如我国于1996年颁布了《中华人民共和国拍卖法》（2004年、2015

年两次修订),对拍卖进行了专门的规范,但缺乏对艺术品拍卖的针对性。同时,《中华人民共和国拍卖法》规定商务部是拍卖行为的行政主管部门,"文化主管部门只能对艺术品市场的其他环节进行管理,而对于艺术品拍卖的管理很难介入"❶,导致艺术品市场的监管不力。2010 年,商务部颁布了《文物艺术品拍卖规程》,2016 年,文化部颁布了《文物拍卖标的审核办法》《文物拍卖管理办法》,弥补了《中华人民共和国拍卖法》的一些不足,但其效力要低于《中华人民共和国拍卖法》。

2016 年,"为加强对艺术品经营活动的管理,规范经营行为,繁荣艺术品市场,保护创作者、经营者、消费者的合法权益"❷,《艺术品经营管理办法》由文化部颁布,对"(1)收购、销售、租赁;(2)经纪;(3)进出口经营;(4)鉴定、评估、商业性展览等服务;(5)以艺术品为标的物的投资经营活动及服务"进行了规定。❸,利用网络从事所进行的艺术品经营活动也在《艺术品经营管理办法》的规范范围之内。但包括《艺术品经营管理办法》在内的艺术品市场法律法规对于艺术品市场的规范尚显不足,艺术品市场的繁荣需要更多更完善的法律法规。

第二节 艺术品经营环节法规

2016 年,文化部颁布了《艺术品经营管理办法》,它在规范艺术品市场方面发挥着重要的作用。

按《艺术品经营管理办法》规定,艺术品包括"绘画作品、书法篆刻作品、雕塑雕刻作品、艺术摄影作品、装置艺术作品、工艺美术作品等及其上述作品的有限复制品。"❹

一、艺术品经营活动的主管机关

文化部是艺术品经营活动的主管机关,在全国范围内的艺术品经营管理活动中居于核心地位。《艺术品经营管理办法》规定,"文化部负责制定艺术品经营管理政策,监督管理全国艺术品经营活动,建立艺术品市场信用监管体系。省、自治区、直辖市人民政府文化行政部门负责艺术品进出

---

❶ 中国艺术品市场法规之路[J],艺术市场,2010,(8):14.
❷ 文化部.艺术品经营管理办法[Z].2016-1-18.第 1 条.
❸ 文化部.艺术品经营管理办法[Z].2016-1-18.第 2 条.
❹ 文化部.艺术品经营管理办法[Z].2016-1-18.第 2 条.

口经营活动审批，建立专家委员会，为文化行政部门开展的内容审查、市场监管相关工作提供专业意见。县级以上人民政府文化行政部门负责本行政区域内艺术品经营活动的日常监督管理工作，县级以上人民政府文化行政部门或者依法授权的文化市场综合执法机构对从事艺术品经营活动违反国家有关规定的行为实施处罚。"❶

二、设立艺术品经营单位

在我国，从事艺术品经营管理活动需要一定资质，《艺术品经营管理办法》规定，"设立从事艺术品经营活动的经营单位，应当到其住所地县级以上人民政府工商行政管理部门申领营业执照。领取营业执照之日起15日内，到其住所地县级以上人民政府文化行政部门备案。其他经营单位增设艺术品经营业务的，其住所地县级以上人民政府文化行政部门办理备案手续。"❷

对于设立从事艺术品经营活动的经营单位应符合的条件，《艺术品经营管理办法》未明确规定。

三、艺术品经营活动的管理

《艺术品经营管理办法》第7-15条对于禁止经营的内容、艺术品、经营行为以及应该遵守的规定进行了详细说明。

（一）艺术品经营管理制度

1. 禁载内容

对于艺术品经营单位的禁载内容，《艺术品经营管理办法》共规定了11条，与规范文化产业经营的"禁载十条"基本一致，但增加了"蓄意篡改历史、严重歪曲历史的"的规定。❸ 此项规定，可以看作是对近年来国内外出现的无视过去、违背历史现象抬头的一个积极应对。

2. 艺术品经营单位禁止经营的艺术品

艺术品经营单位设立后，可以进行合法艺术品的经营活动，但一些艺术品在国家严厉禁止经营的范畴内，《艺术品经营管理办法》规定下述艺

---

❶ 文化部.艺术品经营管理办法[Z].2016-1-18.第3条.
❷ 文化部.艺术品经营管理办法[Z].2016-1-18.第5条.
❸ 文化部.艺术品经营管理办法[Z].2016-1-18.第5条.

术品不得经营:"(1)走私、盗窃等来源不合法的艺术品;(2)伪造、变造或者冒充他人名义的艺术品;(3)除有合法手续、准许经营的以外,法律、法规禁止交易的动物、植物、矿物、金属、化石等为材质的艺术品;(4)国家规定禁止交易的其他艺术品。"❶

3. 艺术品经营单位禁止从事的经营行为

艺术品经营单位设立后,要合法经营,不得损害消费者的利益,这是艺术品市场健康发展的必要条件,为此,《艺术品经营管理办法》规定,艺术品经营单位不得从事以下经营行为:"(1)向消费者隐瞒艺术品来源,或者在艺术品说明中隐瞒重要事项,误导消费者的;(2)伪造、变造艺术品来源证明、艺术品鉴定评估文件以及其他交易凭证的;(3)以非法集资为目的或者以非法传销为手段进行经营的;(4)未经批准,将艺术品权益拆分为均等份额公开发行,以集中竞价、做市商等集中交易方式进行交易的;(5)法律、法规和国家规定禁止的其他经营行为。"❷

4. 艺术品经营单位应当遵守的规定

我国的艺术品经营活动有悠久的历史,在长期的发展过程中,形成了一定的规范,这是该行业能长期延续的重要原因。为保障经营者和消费者的利益,使行业良性发展,需要有一定的规范,为此,《艺术品经营管理办法》制定了一些规范,要求艺术品经营单位严格遵守:"(1)对所经营的艺术品应当标明作者、年代、尺寸、材料、保存状况和销售价格等信息;(2)保留交易有关的原始凭证、销售合同、台账、账簿等销售记录,法律、法规要求有明确期限的,按照法律、法规规定执行;法律、法规没有明确规定的,保存期不得少于5年。"❸

5. 艺术品经营单位对买受人的义务

艺术品经营单位和买受人是艺术品经营活动的两大主体。行业的健康发展,需要同时保障两方的利益,在其中,买受人处于弱势地位,因此对其利益进行充分保障显得尤为重要。为此,《艺术品经营管理办法》规定:"艺术品经营单位应买受人要求,应当对买受人购买的艺术品进行尽职调查,提供以下证明材料之一:(1)艺术品创作者本人认可或者出具的原创证明文件;(2)第三方鉴定评估机构出具的证明文件;(3)其他能够证明或者追溯艺术品来源的证明文件。"❹

---

❶ 文化部.艺术品经营管理办法[Z].2016-1-18.第7条.
❷ 文化部.艺术品经营管理办法[Z].2016-1-18.第8条.
❸ 文化部.艺术品经营管理办法[Z].2016-1-18.第9条.
❹ 文化部.艺术品经营管理办法[Z].2016-1-18.第10条.

6. 艺术品经营单位从事艺术品鉴定、评估等服务应遵守的规定

除销售艺术品外，艺术品经营单位还可进行艺术品鉴定、评估等相关业务，与普通的鉴定、评估相比，艺术品经营单位容易给买受人带来"既是运动员又是裁判员"的印象，为此，《艺术品经营管理办法》对艺术品经营单位的鉴定、评估服务有专门规定，一是规范其经营活动，一方面也是消解买受人的疑问，规定如下："（1）与委托人签订书面协议，约定鉴定、评估的事项，鉴定、评估的结论适用范围以及被委托人应当承担的责任；（2）明示艺术品鉴定、评估程序或者需要告知、提示委托人的事项；（3）书面出具鉴定、评估结论，鉴定、评估结论应当包括对委托艺术品的全面客观说明，鉴定、评估的程序，做出鉴定、评估结论的证据，鉴定、评估结论的责任说明，并对鉴定、评估结论的真实性负责；（4）保留书面鉴定、评估结论副本及鉴定、评估人签字等档案不得少于5年。"❶

（二）从事艺术品进出口经营活动的管理制度

我国对艺术品进出口经营活动实施审批制度，所有艺术品经营单位从事艺术品进出口业务必须进行申报，审批通过后方可从事相关业务的经营活动。涉外商业性艺术品展览活动也需要较高的条件，经专门审批后，方可进行。

1. 艺术品进出口经营活动的申报审批制度

申报审批是艺术品进出口经营活动的基础要件，《艺术品经营管理办法》明确规定，"任何单位或者个人不得销售或者利用其他商业形式传播未经文化行政部门批准进口的艺术品。"❷ 其具体条件如下，"从境外进口或者向境外出口艺术品的，应当在艺术品进出口前，向艺术品进出口口岸所在地省、自治区、直辖市人民政府文化行政部门提出申请并报送以下材料：（1）营业执照、对外贸易经营者备案登记表；（2）进出口艺术品的来源、目的地；（3）艺术品图录；（4）审批部门要求的其他材料。"❸

当然，《艺术品经营管理办法》文化行政部门的审批活动也有专门要求，规定"应当自受理申请之日起5日内做出批准或者不批准的决定。批准的，发给批准文件，申请单位持批准文件到海关办理手续；不批准的，书面通知申请人并说明理由。"❹

---

❶ 文化部.艺术品经营管理办法[Z].2016-1-18.第11条.
❷ 文化部.艺术品经营管理办法[Z].2016-1-18.第18条.
❸ 文化部.艺术品经营管理办法[Z].2016-1-18.第14条.
❹ 文化部.艺术品经营管理办法[Z].2016-1-18.第14条.

同一批已经文化行政部门内容审核的艺术品复出口或者复进口，进出口单位可持原批准文件到进口或者出口口岸海关办理相关手续，文化行政部门不再重复审批。❶

2. 涉外商业性艺术品展览活动的规定

涉外艺术品在我国的销售、展览等需要遵守一些规范，特别是随着中外文化艺术交流的日益频繁，商业展览活动越来越多，对其规范显得十分必要，为此，《艺术品经营管理办法》专门规定，"以销售、商业宣传为目的在境内公共展览场所举办有境外艺术品创作者或者境外艺术品参加的展示活动，应当由举办单位于展览日45日前，向展览举办地省、自治区、直辖市人民政府文化行政部门提出申请，并报送以下材料：（1）主办或者承办单位的营业执照、对外贸易经营者备案登记表；（2）参展的境外艺术品创作者或者境外参展单位的名录；（3）艺术品图录；（4）审批部门要求的其他材料。"❷

当然，《艺术品经营管理办法》对文化行政部门的审批也有专门规定，要求"应当自受理申请之日起15日内做出批准或者不批准的决定。批准的，发给批准文件，申请单位持批准文件到海关办理手续；不批准的，书面通知申请人并说明理由。"❸ 如果文化行政部门对申报的艺术品内容有疑义，"可提交专家委员会进行复核。复核时间不超过15日，复核时间不计入审批时限。"❹

四、法律责任

法律责任涉及多种情况，《艺术品经营管理办法》第19-23条进行了规定：

（一）擅自开展艺术品经营活动的法律责任

未申领营业执照及备案的，"由县级以上人民政府文化行政部门或者依法授权的文化市场综合执法机构责令改正，并可根据情节轻重处1万元以下罚款。"❺

---

❶ 文化部.艺术品经营管理办法[Z].2016-1-18.第17条.
❷ 文化部.艺术品经营管理办法[Z].2016-1-18.第15条.
❸ 文化部.艺术品经营管理办法[Z].2016-1-18.第15条.
❹ 文化部.艺术品经营管理办法[Z].2016-1-18.第16条.
❺ 文化部.艺术品经营管理办法[Z].2016-1-18.第19条.

(二) 经营违禁内容艺术品或违禁艺术品的法律责任

经营违禁内容艺术品或违禁艺术品的,"由县级以上人民政府文化行政部门或者依法授权的文化市场综合执法机构没收非法艺术品及违法所得,违法经营额不足1万元的,并处1万元以上2万元以下罚款;违法经营额1万元以上的,并处违法经营额2倍以上3倍以下罚款。"❶

(三) 违禁经营的法律责任

违禁经营的,"由县级以上人民政府文化行政部门或者依法授权的文化市场综合执法机构责令改正,没收违法所得,违法经营额不足1万元的,并处10000元以上2万元以下罚款;违法经营额1万元以上的,并处违法经营额2倍以上3倍以下罚款。"❷

(四) 未遵守经营管理规定的法律责任

未遵守经营管理规定的,"由县级以上人民政府文化行政部门或者依法授权的文化市场综合执法机构责令改正,并可根据情节轻重处3万元以下罚款。"❸

(五) 擅自开展艺术品进出口经营活动及销售、传播未经批准艺术品的法律责任

擅自开展艺术品进出口经营活动,及销售、传播未经批准艺术品的,"由县级以上人民政府文化行政部门或者依法授权的文化市场综合执法机构责令改正,违法经营额不足1万元的,并处1万元以上2万元以下罚款;违法经营额1万元以上的,并处违法经营额2倍以上3倍以下罚款。"❹

第三节 艺术品拍卖环节法规

近年来艺术品拍卖市场火爆,在其带动下,我国的艺术品市场已经连续多年蝉联世界第一。所谓艺术品拍卖,又称艺术品竞买,"是指以公开

---

❶ 文化部.艺术品经营管理办法[Z].2016-1-18.第20条.
❷ 文化部.艺术品经营管理办法[Z].2016-1-18.第21条.
❸ 文化部.艺术品经营管理办法[Z].2016-1-18.第22条.
❹ 文化部.艺术品经营管理办法[Z].2016-1-18.第23条.

竞价的形式,将艺术品的财产权利转让给最高应价者的买卖方式。"❶

在全国范围内,负责对拍卖业进行管理的机构是商务部。《中华人民共和国拍卖法》(以下简称《拍卖法》)规定,"国务院负责管理拍卖业的部门对全国拍卖业实施监督管理。省、自治区、直辖市的人民政府和设区的市的人民政府负责管理拍卖业的部门对本行政区域内的拍卖业实施监督管理。"❷,其中的"国务院负责管理拍卖业的部门"就是商务部。

《拍卖法》对普通商品的拍卖具有很强的指导意义。但是,艺术品拍卖,特别是文物拍卖与普通物品拍卖存在区别。因此,单纯依靠《拍卖法》,无法有效地管理艺术品拍卖活动。为此,商务部于 2010 年,颁布了《文物艺术品拍卖规程》。2016 年,国家文物局先后颁布了《文物拍卖标的审核办法》《文物拍卖管理办法》,对文物拍卖有了更为严格的规定。

结合《拍卖法》《拍卖管理办法》《文物艺术品拍卖规程》和《文物拍卖管理办法》,本节将介绍艺术品拍卖企业的设立、拍卖活动中要遵守的法律规范。

一、艺术品拍卖企业的设立、变更和终止

(一)艺术品拍卖企业的设立

1. 艺术品拍卖企业的设立

在我国,企业从事拍卖活动需要具备一定的条件,并经过许可方可进行,对所需条件,《拍卖法》有明确规定:"企业取得从事拍卖业务的许可必须经所在地的省、自治区、直辖市人民政府负责管理拍卖业的部门审核批准。拍卖企业可以在设区的市设立。企业申请取得从事拍卖业务的许可,应当具备下列条件:(1)有一百万元人民币以上的注册资本;(2)有自己的名称、组织机构、住所和章程;(3)有与从事拍卖业务相适应的拍卖师和其他工作人员;(4)有符合本法和其他有关法律规定的拍卖业务规则;(5)有公安机关颁发的特种行业许可证;(6)符合国务院有关拍卖业发展的规定;(7)法律、行政法规规定的其他条件。"❸ 对外商而言,投资拍卖企业还应符合以下条件:"(1)符合外商投资企业注册资本和投资总额的有关规定;(2)外商投资拍卖企业的经营期限一般不超过 30 年,在中

---

❶ 中华人民共和国拍卖法[Z].2015-4-24.第 3 条.
❷ 中华人民共和国拍卖法[Z].2015-4-24.第 5 条.
❸ 中华人民共和国拍卖法[Z].2015-4-24.第 10 条.

西部设立外商投资拍卖企业的经营期限一般不超过 40 年。"❶ 对于经营文物拍卖，《拍卖法》亦有专门规定，要求"拍卖企业经营文物拍卖的，应当有一千万元人民币以上的注册资本，有具有文物拍卖专业知识的人员。"❷

申请设立拍卖企业，需要的材料《拍卖管理办法》中有明确规定："（1）申请书；（2）公司章程、拍卖业务规则；（3）工商行政管理机关核发的《企业名称预先核准通知书》；（4）拟任法定代表人简历和有效身份证明；（5）拟聘任的拍卖师执业资格证书及从业人员的相关资质证明；（6）固定办公场所产权证明或租用合同。"❸

对外商设立拍卖企业，条件更高，还应提交以下材料："（1）合同、章程（外资拍卖企业只报送章程）及其附件等；（2）投资各方的银行资信证明、登记注册证明（复印件）；（3）投资各方经会计师事务所审计的最近一年的审计报告；（4）中国投资者拟投入到中外合资、合作拍卖企业的国有资产的评估报告；（5）拟设立外商投资拍卖企业董事会成员名单及投资各方董事委派书。"❹ 这些条件看似很高，但也是外商企业在国内设立的基本条件，并不比一般外商企业高多少。

2. 艺术品拍卖企业申请设立分公司

艺术品拍卖企业申请设立分公司，应当符合下列条件："（1）符合拍卖业发展规划；（2）有固定的办公场所；（3）经营拍卖业务三年以上，最近两年连续盈利，其上年拍卖成交额超过五千万元人民币；或者上年拍卖成交额超过二亿元人民币。"❺

艺术品拍卖企业设立分公司，申请者需要提交的材料有："（1）申请报告；（2）企业法人营业执照副本（复印件）；（3）最近两年经会计师事务所审计的年度财务会计报表；（4）分公司负责人简历及有效身份证明；（5）拟聘任的拍卖师执业资格证书；（6）固定办公场所的产权证明或租用合同。"❻

对于设立外商投资拍卖企业及分公司的程序，《拍卖管理办法》进行了专门的规定：

"申请人应向所在地的省、自治区、直辖市商务部门报送"申请材料，

---

❶ 商务部.拍卖管理办法[Z].2004-12-2.第 19 条.
❷ 中华人民共和国拍卖法[Z].2015-4-24.第 11 条.
❸ 商务部.拍卖管理办法[Z].2004-12-2.第 8 条.
❹ 商务部.拍卖管理办法[Z].2004-12-2.第 21 条.
❺ 商务部.拍卖管理办法[Z].2004-12-2.第 11 条.
❻ 商务部.拍卖管理办法[Z].2004-12-2.第 12 条.

"商务部门应自收到全部申请材料之日起在规定时间内做出是否批准的决定,对于批准的,颁发外商投资企业批准证书,申请人凭外商投资企业批准证书向工商行政管理机关申请企业注册登记后,凭外商投资企业批准证书和营业执照向商务部门申请颁发拍卖经营批准证书,对于不批准的,应说明原因。对外商投资企业及分公司申请取得从事拍卖业务的许可可以采取听证方式。"❶

(二) 艺术品拍卖企业的变更和终止

艺术品拍卖企业的变更和终止也需要遵循一定的程序,《拍卖管理办法》规定,"艺术品拍卖企业向工商行政管理机关申请变更注册登记项目前,应当先报省级商务主管部门核准,并由其换发拍卖经营批准证书。"❷

艺术品拍卖企业的终止方式有两种,一是尚无主管部门收回拍卖经营批准正式,二是注销艺术品拍卖企业。对于前者,《拍卖管理办法》规定,"拍卖企业及分公司申请取得从事拍卖业务的许可后连续6个月无正当理由未举办拍卖会或没有营业纳税证明的,由商务主管部门收回拍卖经营批准证书。"❸ 对于后者,《拍卖管理办法》规定,"拍卖企业根据章程规定事由、股东会决议或其他事由解散的;或者因违反法律、行政法规及本办法规定被责令关闭的;或者因不能清偿到期债务,被依法宣告破产的,由有关部门依法注销。"❹

二、拍卖标的和拍卖当事人各方的权利和义务

(一) 拍卖标的

拍卖标的是指委托人委托拍卖人以拍卖方式出售的其所有或依法可以处分的物品或者财产权利。拍卖标的的范围很广,既包括有形的物品,也包括无形的财产权利,如土地使用权等。"但法律、行政法规禁止买卖的物品或财产权利,不得作为拍卖标的"❺,"依照法律或国务院规定需审批才能转让的物品或财产权利,在拍卖前应依法办理审批手续。委托拍卖的文物,在拍卖前,应当经拍卖人住所地的文物行政管理部门依法鉴定、许

---

❶ 商务部.拍卖管理办法[Z].2004-12-2.第20条.
❷ 商务部.拍卖管理办法[Z].2004-12-2.第13条.
❸ 商务部.拍卖管理办法[Z].2004-12-2.第14条.
❹ 商务部.拍卖管理办法[Z].2004-12-2.第15条.
❺ 中华人民共和国拍卖法[Z].2015-4-24.第7条.

可。"❶ 对于文物标的,《文物拍卖标的审核办法》有更为细致的规定:

《文物拍卖标的审核办法》第 13 条规定:下列文物不得作为文物拍卖标的:"(1) 依照法律应当上交国家的出土(水)文物,以出土(水)文物名义进行宣传的标的;(2) 被盗窃、盗掘、走私的文物或者明确属于历史上被非法掠夺的中国文物;(3) 公安、海关、工商等执法部门和人民法院、人民检察院依法没收、追缴的文物,以及银行、冶炼厂、造纸厂及废旧物资回收单位拣选的文物;(4) 国有文物收藏单位及其他国家机关、部队和国有企业、事业单位等收藏、保管的文物,以及非国有博物馆馆藏文物;(5) 国有文物商店收存的珍贵文物;(6) 国有不可移动文物及其构件;(7) 涉嫌损害国家利益或者有可能产生不良社会影响的标的;(8) 其他法律法规规定不得流通的文物。"❷

(二) 拍卖当事人各方权利和义务

在拍卖活动中,拍卖当事人包括拍卖人、委托人、竞买人和买受人等。拍卖会的成功举办也离不开拍卖师的出色主持,此处也介绍一下拍卖师的权利和义务。

1. 拍卖人

依照《拍卖法》和《公司法》设立的从事拍卖活动的企业法人即为拍卖人。❸ 拍卖人的权利和义务有:

(1) "拍卖人有权要求委托人说明拍卖际的来源和瑕疵。拍卖人应当向竞买人说明拍卖标的的瑕疵。"❹

(2) "拍卖人对委托人交付拍卖的物品负有保管义务"❺,"拍卖人接受委托后,未经委托人同意,不得委托其他拍卖人拍卖。"❻

(3) "委托人、买受人要求对其身份保密的,拍卖人应当为其保密。"❼

(4) "拍卖人及其工作人员不得以竞买人的身份参与自己组织的拍卖活动,并不得委托他人代为竞买"❽,"拍卖人不得在自己组织的拍卖活动

---

❶ 中华人民共和国拍卖法[Z].2015-4-24.第 8 条。
❷ 国家文物局.文物拍卖标的审核办法[Z].2016-3-9.第 13 条。
❸ 中华人民共和国拍卖法[Z].2015-4-24.第 10 条.
❹ 中华人民共和国拍卖法[Z].2015-4-24.第 18 条.
❺ 中华人民共和国拍卖法[Z].2015-4-24.第 19 条.
❻ 中华人民共和国拍卖法[Z].2015-4-24.第 20 条.
❼ 中华人民共和国拍卖法[Z].2015-4-24.第 21 条.
❽ 中华人民共和国拍卖法[Z].2015-4-24.第 22 条.

中拍卖自己的物品或者财产权利。"❶

（5）"拍卖成交后，拍卖人应当按照约定向委托人交付拍卖标的的价款，并按照约定将拍卖标的移交给买受人。"❷

2. 拍卖师

拍卖师是拍卖活动的主持者。"国家对拍卖专业技术人员实行执业资格制度，获得拍卖师执业资格证书的人员，经注册后，方可主持拍卖活动"，"拍卖师是指经全国统一考试合格，取得人事部、商务部联合用印的，由中国拍卖行业协会颁发的《中华人民共和国拍卖师执业资格证书》，并经注册登记的人员。"❸《拍卖管理办法》对拍卖师的执业资格也有明确规定，"拍卖师只能在一个拍卖企业注册执业且不得以其拍卖师个人身份在其他拍卖企业兼职；拍卖师不得将《中华人民共和国拍卖师执业资格证书》借予他人或其他单位使用。"❹当然，拍卖师也可更换执业单位，《拍卖管理办法》规定，"拍卖师可以变更执业注册单位。拍卖师变更执业注册单位的，应当向中国拍卖行业协会办理注册变更手续。中国拍卖行业协会应将拍卖师注册登记及变更情况每月定期报商务部备案。"❺

拍卖师应当具备下列条件："（1）具有高等院校专科以上学历和拍卖专业知识；（2）在拍卖企业工作两年以上；（3）品行良好"，"被开除公职或者吊销拍卖师资格证书未满五年的，或者因故意犯罪受过刑事处罚的，不得担任拍卖师。"❻

3. 委托人

委托人是拍卖活动的重要主体，是将拍品提供给拍卖公司的公司或个人，《拍卖法》中规定，委托人"是指委托拍卖人拍卖物品或者财产权利的公民、法人或者其他组织。"❼对于其委托权利的形式，《拍卖法》规定，"委托人可以自行办理委托拍卖手续，也可以由其代理人代为办理委托拍卖手续。"❽《拍卖法》第27-31条对委托人的权利和义务有如下要求：

（1）"委托人应当向拍卖人说明拍卖标的的来源和瑕疵。"❾

---

❶ 中华人民共和国拍卖法[Z].2015-4-24.第23条.
❷ 中华人民共和国拍卖法[Z].2015-4-24.第24条.
❸ 商务部.拍卖管理办法[Z].2004-12-2.第23条.
❹ 商务部.拍卖管理办法[Z].2004-12-2.第24条.
❺ 商务部.拍卖管理办法[Z].2004-12-2.第25条.
❻ 中华人民共和国拍卖法[Z].2015-4-24.第15条.
❼ 中华人民共和国拍卖法[Z].2015-4-24.第25条.
❽ 中华人民共和国拍卖法[Z].2015-4-24.第26条.
❾ 中华人民共和国拍卖法[Z].2015-4-24.第27条.

（2）"委托人有权确定拍卖标的的保留价并要求拍卖人保密。拍卖国有资产，依照法律或者按照国务院规定需要评估的，应当经依法设立的评估机构评估，并根据评估结果确定拍卖标的的保留价。"❶

（3）"委托人在拍卖开始前可以撤回拍卖标的。委托人撤回拍卖标的的，应当向拍卖人支付约定的费用；未作约定的，应当向拍卖人支付为拍卖支出的合理费用。"❷

（4）"委托人不得参与竞买，也不得委托他人代为竞买。"❸

（5）"按照约定由委托人移交拍卖标的的，拍卖成交后，委托人应当将拍卖标的移交给买受人。"❹

4. 竞买人

与委托人一样，竞买人也是拍卖活动的重要主体，《拍卖法》对其规定，"竞买人是指参加竞购拍卖标的的公民、法人或者其他组织。"❺ 普通公民可以成为一般拍品的竞买人。但一些特殊拍品需要具备一定的条件，对应具备的条件，《拍卖法》规定，"法律、行政法规对拍卖标的的买卖条件有规定的，竞买人应当具备规定的条件。"❻ 对竞买人的权利和义务，《拍卖法》第34-37条有明确规定：

（1）"竞买人可以自行参加竞买，也可以委托其代理人参加竞买。"❼

（2）"竞买人有权了解拍卖标的的瑕疵，有权查验拍卖标的和查阅有关拍卖资料。"❽

（3）"竞买人一经应价，不得撤回，当其他竞买人有更高应价时，其应价即丧失约束力。"❾

（4）"竞买人之间、竞买人与拍卖人之间不得恶意串通，损害他人利益。"❿

5. 买受人

买受人是指以最高应价购得拍卖标的的竞买人。买受人的权利和义

---

❶ 中华人民共和国拍卖法[Z].2015-4-24.第28条.
❷ 中华人民共和国拍卖法[Z].2015-4-24.第29条.
❸ 中华人民共和国拍卖法[Z].2015-4-24.第30条.
❹ 中华人民共和国拍卖法[Z].2015-4-24.第31条.
❺ 中华人民共和国拍卖法[Z].2015-4-24.第32条.
❻ 中华人民共和国拍卖法[Z].2015-4-24.第33条.
❼ 中华人民共和国拍卖法[Z].2015-4-24.第34条.
❽ 中华人民共和国拍卖法[Z].2015-4-24.第35条.
❾ 中华人民共和国拍卖法[Z].2015-4-24.第36条.
❿ 中华人民共和国拍卖法[Z].2015-4-24.第37条.

务有❶：

（1）"买受人应当按照约定支付拍卖标的的价款，未按照约定支付价款的，应当承担违约责任，或者由拍卖人征得委托人的同意，将拍卖标的再行拍卖。拍卖标的再行拍卖的，原买受人应当支付第一次拍卖中本人及委托人应当支付的佣金。再行拍卖的价款低于原拍卖价款的，原买受人应当补足差额。"❷

（2）"买受人未能按照约定取得拍卖标的的，有权要求拍卖人或者委托人承担违约责任。买受人未按照约定受领拍卖标的的，应当支付由此产生的保管费用。"❸

三、拍卖活动管理制度

（一）拍卖法涉及的主要法律规则

1. 价高者得规则

《中华人民共和国拍卖法》第3条规定："拍卖是指以公开竞价的形式，将特定物品或者财产权利转让给最高应价者的买卖方式。"这也是拍卖与招标的不同之处。

2. 保留价规则或底价规则

所谓保留价，"又称底价，是指在拍卖过程中委托人统一卖出的拍卖物的最低价格，保留价规则是指保留价发挥作用的制度。"❹ 底价需不需要拍卖人公开，如果一场拍卖活动中没有底价拍卖人必须声明；如果有底价，则拍卖人不必声明。

3. 瑕疵请求规则

根据《拍卖法》规定，委托人和拍卖人应如实告知拍品的瑕疵。委托人有义务告诉拍卖人其物品有瑕疵；反之，拍卖人有义务要求委托人告知其拍卖物品是否有瑕疵。对于事先声明已经告知的瑕疵，成交后，委托人和竞买人不承担瑕疵担保责任，对于显而易见的瑕疵，即使没有告知，也可以免责。

当买受人请求对方承担瑕疵担保义务的时候，委托人或拍卖人有下列

---

❶ 中华人民共和国拍卖法[Z].2015-4-24.第39-40条.
❷ 中华人民共和国拍卖法[Z].2015-4-24.第39条.
❸ 中华人民共和国拍卖法[Z].2015-4-24.第40条.
❹ 邱长富.论我国《拍卖法》的修改与完善[D].吉林财经大学硕士论文,2010:6.

理由拒绝承担责任：

(1) 瑕疵是由买受人的疏忽、过失造成的。

(2) "声明不保证"应受到严格限制，不能滥用的，声明不保证不能免责；对拍卖品已作确定性陈述的，声明不保证不能免责。

4. 禁止参与竞买规则

禁止参与竞买规则包括以下两个方面内容：

(1) 禁止拍卖人参与竞买。"拍卖人不得参与自己主持的拍卖会的竞买。拍卖人是委托人的代理人，代理的是卖方行为，如果参与竞买的话，就出现了买卖关系中的双重人格，拍卖人是拍卖的组织者，知晓拍品的一切情况，其中包括拍品的拍卖底价，相比较其他竞买人处于有利地位。"❶

(2) 禁止委托人参与竞买。"禁止委托人参与自己委托拍卖标的的竞买，这一点与西方不同，有些国家并不禁止其参与竞买。在拍卖法律关系中，委托人是事实上的卖方，委托人同时参与竞买，同样形成了双重人格，这是一个矛盾。委托人参与竞买，其本身目的是抬高拍品价格，此行为是一种虚假的民事行为，带有欺诈性质，依照《民法通则》，是非法的。"

四、拍卖的实施

（一）拍卖程序

1. 拍卖委托

对于拍卖委托，《中华人民共和国拍卖法》第41—44条有如下规定。

(1) "委托人委托拍卖物品或者财产权利，应当提供身份证明和拍卖人要求提供的拍卖标的的所有权证明或者依法可以处分拍卖标的的证明及其他资料。"❷

(2) "拍卖人应当对委托人提供的有关文件、资料进行核实。拍卖人接受委托的，应当与委托人签订书面委托拍卖合同。"❸

(3) "拍卖人认为需要对拍卖标的进行鉴定的，可以进行鉴定。鉴定结论与委托拍卖合同载明的拍卖标的状况不相符的，拍卖人有权要求变更

---

❶ 陈杰、闵锐武.文化产业政策与法规[M].北京：中国海洋大学出版社，2006：275.
❷ 中华人民共和国拍卖法[Z].2015-4-24.第41条.
❸ 中华人民共和国拍卖法[Z].2015-4-24.第42条.

或者解除合同。"❶

(4) 委托拍卖合同应当载明必要的内容，《拍卖法》有以下规定，"（1）委托人、拍卖人的姓名或者名称、住所；（2）拍卖标的的名称、规格、数量、质量；（3）委托人提出的保留价；（4）拍卖的时间、地点；（5）拍卖标的交付或者转移的时间、方式；（6）佣金及其支付的方式、期限；（7）价款的支付方式、期限；（8）违约责任；（9）双方约定的其他事项。"❷

2. 拍卖公告与展示

拍卖公告是拍卖活动的必要环节，对此，《拍卖法》明确规定："拍卖人应当于拍卖日七日前发布拍卖公告。"❸ 拍卖公告需要载明必要的内容，《拍卖法》规定，应载明下列事项："（1）拍卖的时间、地点；（2）拍卖标的；（3）拍卖标的的展示时间、地点；（4）参与竞买应当办理的手续；（5）需要公告的其他事项。"❹ 拍卖公告的发布方式，《拍卖法》亦有规定，"拍卖公告应当通过报纸或者其他新闻媒介发布。"❺

拍品展示是竞买人接触、了解拍品的重要环节，有利于维护竞买人的利益。对此，《拍卖法》规定，"拍卖人应当在拍卖前展示拍卖标的，并提供查看拍卖标的的条件及有关资料。拍卖标的的展示时间不得少于两日。"❻

3. 拍卖的实施

拍卖活动由一系列环节构成，主要包括：

（1）宣布拍卖规则和注意事项。❼

（2）有无保留价的说明。"拍卖标的无保留价的，拍卖师应当在拍卖前予以说明。拍卖标的有保留价的，竞买人的最高应价未达到保留价时，该应价不发生效力，拍卖师应当停止拍卖标的的拍卖。"❽

（3）"拍卖成交。竞买人的最高应价经拍卖师落槌或者以其他公开表示买定的方式确认后，拍卖成交。"❾

---

❶ 中华人民共和国拍卖法[Z].2015-4-24.第43条.
❷ 中华人民共和国拍卖法[Z].2015-4-24.第44条.
❸ 中华人民共和国拍卖法[Z].2015-4-24.第45条.
❹ 中华人民共和国拍卖法[Z].2015-4-24.第46条.
❺ 中华人民共和国拍卖法[Z].2015-4-24.第47条.
❻ 中华人民共和国拍卖法[Z].2015-4-24.第48条.
❼ 中华人民共和国拍卖法[Z].2015-4-24.第49条.
❽ 中华人民共和国拍卖法[Z].2015-4-24.第50条.
❾ 中华人民共和国拍卖法[Z].2015-4-24.第51条.

(4)"拍卖成交后，买受人和拍卖人应当签署成交确认书。"❶

(5)"拍卖人进行拍卖时，应当制作拍卖笔录。拍卖笔录应当由拍卖师、记录人签名；拍卖成交的，还应当由买受人签名。"❷

(6)"拍卖人应当妥善保管有关业务经营活动的完整账簿、拍卖笔录和其他有关资料。账簿、拍卖笔录和其他有关资料的保管期限，自委托拍卖合同终止之日起计算，不得少于5年。"❸

(7)"拍卖标的需要依法办理证照变更、产权过户手续的，委托人、买受人应当持拍卖人出具的成交证明和有关材料，向有关行政管理机关办理手续。"❹

(二) 国家优先购买权

国家优先购买权是国际上通行的一种保护文物的方式。《文物保护法》第58条规定："文物行政部门在审核拟拍卖的文物时，可以指定国有文物收藏单位优先购买其中的珍贵文物。购买价格由文物收藏单位的代表与文物的委托人协商确定。"❺《文物拍卖管理办法》第16条进一步规定为："国家对拍卖企业拍卖的珍贵文物拥有优先购买权。国家文物局可以指定国有文物收藏单位行使优先购买权。优先购买权以协商定价或定向拍卖的方式行使。以协商定价方式实行国家优先购买的文物拍卖标的，购买价格由国有文物收藏单位的代表与文物的委托人协商确定，不得进入公开拍卖流程。"❻

国家优先购买权，实施过程大致如下："在拍卖前，国家通过拍卖公司发出公示，表明国家将对本场拍卖中的某些拍品行使优先购买权"，这实际是与竞拍者形成一种约定，参加拍卖即视为认可此约定。必须强调的是，国家并不参与竞拍，但认可拍卖所形成的价格。当拍卖结束后，在一定时内（通常为7天）内，国家做出决定是否购买。"❼

(三) 佣金

关于佣金的多少，《拍卖法》规定，"委托人、买受人可以与拍卖人约

---

❶ 中华人民共和国拍卖法[Z].2015-4-24.第52条.
❷ 中华人民共和国拍卖法[Z].2015-4-24.第53条.
❸ 中华人民共和国拍卖法[Z].2015-4-24.第54条.
❹ 中华人民共和国拍卖法[Z].2015-4-24.第55条.
❺ 中华人民共和国文物保护法[Z].2017-11-4.第58条.
❻ 国家文物局.文物拍卖管理办法[Z].2016-10-20.第16条.
❼ 张立行."文物国家优先购买"是否合理？[J].中国美术馆,2009,(7):94.

定佣金的比例。委托人、买受人与拍卖人对佣金比例未作约定,拍卖成交的,拍卖人可以向委托人、买受人各收取不超过拍卖成交价 5% 的佣金。收取佣金的比例按照同拍卖成交价成反比的原则确定。拍卖未成交的,拍卖人可以向委托人收取约定的费用;未作约定的,可以向委托人收取为拍卖支出的合理费用。"❶

五、法律责任

(一) 拍卖无所有权或者依法不得处分的物品或者财产权利的法律责任

委托人违反规定,"委托拍卖其没有所有权或者依法不得处分的物品或者财产权利的,应当依法承担责任。拍卖人明知委托人对拍卖购物品或者财产权利没有所有权或者依法不得处分的,应当承担连带责任。"❷

(二) 国家机关擅自处理应拍卖物品的法律责任

国家机关违反规定,"将应当委托财产所在地的省、自治区、直辖市的人民政府或者设区的市的人民政府指定的拍卖人拍卖的物品擅自处理的,对负有直接责任的主管人员和其他直接责任人员依法给予行政处分,给国家造成损失的,还应当承担赔偿责任。"❸

(三) 擅自设立拍卖企业的法律责任

违反规定,"未经许可从事拍卖业务的,由工商行政管理部门予以取缔,没收违法所得,并可以处违法所得 1 倍以上 5 倍以下的罚款。"❹

(四) 未尽瑕疵告知义务的法律责任

拍卖人、委托人违反规定,"未说明拍卖标的的瑕疵,给买受人造成损害的,买受人有权向拍卖人要求赔偿;属于委托人责任的,拍卖人有权向委托人追偿。拍卖人、委托人在拍卖前声明不能保证拍卖标的的真伪或者品质的,不承担瑕疵担保责任。因拍卖标的存在瑕疵未声明的,请求赔偿的诉讼时效期间为 1 年,自当事人知道或者应当知道权利受到损害之日

---

❶ 中华人民共和国拍卖法[Z].2015-4-24.第 56 条.
❷ 中华人民共和国拍卖法[Z].2015-4-24.第 58 条.
❸ 中华人民共和国拍卖法[Z].2015-4-24.第 59 条.
❹ 中华人民共和国拍卖法[Z].2015-4-24.第 60 条.

起计算。因拍卖标的存在缺陷造成人身、财产损害请求赔偿的诉讼时效期间，适用《产品质量法》和其他法律的有关规定。"❶

（五）拍卖人参与竞买的法律责任

拍卖人及其工作人员违反规定，"参与竞买或者委托他人代为竞买的，由工商行政管理部门对拍卖人给予警告，可以处拍卖佣金1倍以上5倍以下的罚款；情节严重的，吊销营业执照。"❷

（六）拍卖人自拍的法律责任

拍卖人违反规定，"在自己组织的拍卖活动中拍卖自己的物品或者财产权利的，由工商行政管理部门没收拍卖所得。"❸

（七）委托人参与竞买的法律责任

委托人违反规定，"参与竞买或者委托他人代为竞买的，工商行政管理部门可以对委托人处拍卖成交价30%以下的罚款。"❹

（八）恶意串通的法律责任

"竞买人之间、竞买人与拍卖人之间恶意串通，给他人造成损害的，拍卖无效，应当依法承担赔偿责任。由工商行政管理部门对参与恶意串通的竞买人处最高应价10%以上30%以下的罚款；对参加恶意串通的拍卖人处最高应价10%以上50%以下的罚款。"❺

（九）违反佣金收取规定的法律责任

违反关于佣金比例的规定收取佣金的，"拍卖人应当将超收部分返还委托人、买受人。物价管理部门可以对拍卖人处拍卖佣金1倍以上5倍以下的罚款。"❻

---

❶ 中华人民共和国拍卖法[Z].2015-4-24.第61条.
❷ 中华人民共和国拍卖法[Z].2015-4-24.第62条.
❸ 中华人民共和国拍卖法[Z].2015-4-24.第63条.
❹ 中华人民共和国拍卖法[Z].2015-4-24.第64条.
❺ 中华人民共和国拍卖法[Z].2015-4-24.第65条.
❻ 中华人民共和国拍卖法[Z].2015-4-24.第66条.

第八章 演艺产业法规

演艺产业是我国艺术产业中的重要部门。规范其运营的法规也经历了一个逐步完善的过程。目前，规范我国演艺产业的部门法规主要有《营业性演出管理条例》（1997年颁布，2005年、2008年、2013年、2016年修订）和《营业性演出管理条例实施细则》（2009年颁布）和《演出经纪人员管理办法》（2012年颁布）。

改革开放以来，中外之间的演艺活动交往频繁。为了对其进行规范，文化部于1997年颁布了《文化部涉外文化艺术表演及展览管理规定》（2004年修订），为涉外文化艺术表演提供了法律依据。此外，为了规范在华外国人在中国的演出活动，文化部于1999年颁布《在华外国人参加演出活动管理办法》，后来《营业性演出管理条例》中对相关活动有了新的规定，因此前者目前已被废止。

第一节 演艺市场法规概述

1997年国务院颁布了《营业性演出管理条例》（以下简称《条例》），以规范营业性的演出活动。但是，随着演出市场不断出现新情况，我国演艺市场的法规也随之不断调整。

新形势下，1997版的《条例》不能适应演艺产业的实际情况。于是，国务院于2005年重新修订《条例》，并在2008年、2013年、2016年又进行了修订。在历次修改中，2005版的《条例》修改幅度最大，在多方面都有积极意义。2005的修订有以下6个方面的重要调整，（1）降低市场门槛，降低经营成本；（2）禁止赠票、公款追星，让票价回归市场理性；（3）鼓励演出下农村、走厂矿；（4）明令禁止假唱；（5）规范义演；（6）消除安全隐患。2008年的修订只有1处。修订之后，港澳地区投资者可以在内地设立独资经营的演出经纪机构了。2013年的修订内容有3处。其中，第9条删除了"演出经纪"的相关内容，对演出经纪机构的名称变更的限制有所降低；第12条第3款的修订只要是文字上的修订，实质内容未有变化；第 16 条第 1 款，对于举办外国的文艺表演团体、个人参加的营业性演出，在非歌舞娱乐场所进行的，其审批部门由国务院文化主管部门，改为演出所在地省、自治区、直辖市人民政府文化主管部门，审批部门层级有所下降。2016 年版修订了 6 处，主要涉及营业性演出活动的从业条件，中外合资、合作经营的演出经纪机构、演出场所经营单位的设立，营业性演出经营活动的信用监管制度等。❶

第二节 演艺产业经营规范

本节将结合 2016 年版《条例》和 2009 年《条例实施细则》，梳理参与演出活动各经营主体的资格审查到演出活动整个流程的规范管理，以及相关的法律责任。

一、营业性演出概述

（一）营业性演出的概念

《营业性演出管理条例实施细则》对营业性演出进行了规定，"营业性演出是指以营利为目的为公众举办的现场文艺表演活动，包括以下方式：（1）售票或接受赞助的；（2）支付演出单位或者个人报酬的；（3）以演出为媒介进行广告宣传或者产品促销的；（4）以其他营利方式组织演出的。"❷

（二）营业性演出的监管管理机关

在中央层面，"国务院文化主管部门主管全国营业性演出的监督管理工作。国务院公安部门、工商行政管理部门在各自职责范围内，主管营业性演出的监督管理工作。"❸ 在地方层面，"县级以上地方人民政府文化主管部门负责本行政区域内营业性演出的监督管理工作。县级以上地方人民政府公安部门、工商行政管理部门在各自职责范围内，负责本行政区域内营业性演出的监督管理工作。"❹

---

❶ 国务院.营业性演出管理条例[Z].2008-7-20.
❷ 文化部.营业性演出管理条例实施细则[Z].2005-8-30.第 2 条.
❸ 国务院.营业性演出管理条例[Z].2008-7-20.第 5 条.
❹ 国务院.营业性演出管理条例[Z].2008-7-20.第 5 条.

二、营业性演出经营主体及其设立

演艺产业链主要包括文艺表演团体、演出经纪机构和演出场所经营单位三类市场主体。《条例》及《条例实施细则》对 3 类主体的资格及设立进行了规定,但 2016 版《条例》中删除了文艺表演团体、演出经纪机构设立的条件。

(一) 文艺表演团体的主体资格及设立

1. 申请、审批

申请设立文艺表演团体,应当向文化主管部门提交下列文件:

"(1) 申请书;(2) 名称预先核准通知书、住所和从事的艺术类型;(3) 法定代表人或者主要负责人的身份证明;(4) 演员的艺术表演能力证明;(5) 与业务相适应的演出器材设备书面声明。"❶

2. 变更

"文艺表演团体变更名称、住所、法定代表人或者主要负责人、营业性演出经营项目,应当向原发证机关申请换发营业性演出许可证,并依法到工商行政管理部门办理变更登记。"❷

(二) 演出经纪机构的主体资格及设立

申请设立演出经纪机构,应具备一定的条件,并需向文化主管部门提交必要的文件,《条例实施细则》对此有所规定:"(1) 申请书;(2) 名称预先核准通知书、住所;(3) 法定代表人或者主要负责人的身份证明;(4) 演出经纪人员的资格证明;(5) 资金证明。"❸

依据《营业性演出管理条例实施细则》第 10、12、14 条的规定,申请设立中外合资经营、中外合作经营的演出经纪机构,除了提交上述文件外,还应当提交下列文件:

"(1) 可行性研究报告、合同、章程;(2) 合资、合作经营各方的资信证明及注册登记文件;(3) 中国合资、合作经营者的投资或者提供的合作条件,属于国有资产的,应当依照有关法律、行政法规的规定进行资产评估,提供有关文件;(4) 合资、合作经营各方协商确定的董事长、副董

---

❶ 文化部.营业性演出管理条例实施细则[Z].2005-8-30.第 7 条.
❷ 国务院.营业性演出管理条例[Z].2008-7-20.第 8 条.
❸ 文化部.营业性演出管理条例实施细则[Z].2005-8-30.第 8 条.

事长、董事或者联合管理委员会主任、副主任、委员的人选名单及身份证明；(5) 其他依法需要提交的文件。"❶

对于主要负责人及在核心机构中的中方人数多少，《条例实施细则》也有专门规定，"中外合资、合作经营演出经纪机构的董事长或者联合委员会的主任应当由中方代表担任，并且中方代表应当在董事会或者联合委员会中居多数。"❷

对于香港特别行政区、澳门特别行政区的演出经纪机构在内地设立分支机构的情况，《条例实施细则》亦有专门规定，"经批准可以在内地设立分支机构，分支机构不具有企业法人资格。"❸ "香港特别行政区、澳门特别行政区的投资者申请在内地设立独资经营的演出经纪机构。"❹

(三) 演出场所经营单位的主体资格及设立

设立营业性演出场所经营单位的申请与变更。

1. 申请

"设立演出场所经营单位，应当依法到工商行政管理部门办理注册登记，领取营业执照，并依照有关消防、卫生管理等法律、行政法规的规定办理审批手续。演出场所经营单位应当自领取营业执照之日起20日内向所在地县级人民政府文化主管部门备案。"❺

申请设立中外合资经营、中外合作经营的演出场所经营单位，应当提交下列文件：

"(1) 申请书；(2) 名称预先核准通知书、住所；(3) 可行性研究报告、合同、章程；(4) 合资、合作经营各方的资信证明及注册登记文件；(5) 中国合资、合作经营者的投资或者提供的合作条件，属于国有资产的，应当依照有关法律、行政法规的规定进行资产评估，提供有关文件；(6) 合资、合作经营各方协商确定的董事长、副董事长、董事或者联合管理委员会主任、副主任、委员的人选名单及身份证明；(7) 土地使用权证明或者租赁证明；(8) 其他依法需要提交的文件。"❻

"中外合资、合作经营演出场所经营单位的董事长或者联合委员会的主任应当由中方代表担任，并且中方代表应当在董事会或者联合委员会中

---

❶ 文化部.营业性演出管理条例实施细则[Z].2005-8-30.第10条.
❷ 文化部.营业性演出管理条例实施细则[Z].2005-8-30.第10条.
❸ 文化部.营业性演出管理条例实施细则[Z].2005-8-30.第12条.
❹ 文化部.营业性演出管理条例实施细则[Z].2005-8-30.第14条.
❺ 国务院.营业性演出管理条例[Z].2008-7-20.第7条.
❻ 文化部.营业性演出管理条例实施细则[Z].2005-8-30.第11条.

居多数。"❶

香港特别行政区、澳门特别行政区的投资者申请在内地设立合资、合作经营的演出经纪机构;可申请设立独资经营的演出场所经营单位,也可申请设立合资、合作经营的演出场所经营单位。台湾地区的投资者申请在大陆设立合资、合作经营的演出场所经营单位。❷

2. 变更

"演出场所经营单位变更名称、住所、法定代表人或者主要负责人,应当依法到工商行政管理部门办理变更登记,并向原备案机关重新备案。"❸

(四) 个体经纪人和个体演员的资格设立

1. 个体演员和个体经纪人的备案程序

"以从事营业性演出为职业的个体演员和以从事营业性演出的居间、代理活动为职业的个体演出经纪人,应当依法到工商行政管理部门办理注册登记,领取营业执照。个体演员、个体演出经纪人应当自领取营业执照之日起20日内向所在地县级人民政府文化主管部门备案。"❹

"个体演员可以持个人身份证明和实施细则第七条第二款规定的艺术表演能力证明,个体演出经纪人可以持个人身份证明和演出经纪人员资格证明,向户籍所在地或者常驻地县级文化主管部门申请备案,文化主管部门应当出具备案证明。备案证明式样由文化部设计,省级文化主管部门印制。"❺

2. 个体演出经纪人申请《演出经纪人员资格证》

依照文化部颁布的《演出经纪人管理办法》(2012年颁布),欲从事演出经纪的自然人须持有《演出经纪人员资格证》。

(五) 涉外及涉港、澳、台营业性演出经营主体及设立

1. 涉外营业性演出经营主体及设立

涉外营业性演出经营主体的设立需要具备较高的条件,《条例》规定,

---

❶ 文化部.营业性演出管理条例实施细则[Z].2005-8-30.第11条.
❷ 文化部.营业性演出管理条例实施细则[Z].2005-8-30.第16条.
❸ 国务院.营业性演出管理条例[Z].2008-7-20.第8条.
❹ 国务院.营业性演出管理条例[Z].2008-7-20.第9条.
❺ 文化部.营业性演出管理条例实施细则[Z].2005-8-30.第9条.

"外国投资者可以与中国投资者依法设立中外合资经营、中外合作经营的演出经纪机构、演出场所经营单位;不得设立中外合资经营、中外合作经营、外资经营的文艺表演团体,不得设立外资经营的演出经纪机构、演出场所经营单位。设立中外合资经营的演出经纪机构、演出场所经营单位,中国合营者的投资比例应当不低于51%;设立中外合作经营的演出经纪机构、演出场所经营单位,中国合作者应当拥有经营主导权。中外合资经营、中外合作经营的演出经纪机构申请从事营业性演出经营活动,中外合资经营、中外合作经营的演出场所经营单位申请从事演出场所经营活动,应当通过省、自治区、直辖市人民政府文化主管部门向国务院文化主管部门提出申请"❶

2. 涉港、澳、台营业性演出经营主体及设立

"香港特别行政区、澳门特别行政区的投资者可以在内地投资设立合资、合作、独资经营的演出经纪机构、演出场所经营单位;香港特别行政区、澳门特别行政区的演出经纪机构可以在内地设立分支机构。台湾地区的投资者可以在内地投资设立合资、合作经营的演出经纪机构、演出场所经营单位,但内地合营者的投资比例应当不低于51%,内地合作者应当拥有经营主导权;不得设立合资、合作、独资经营的文艺表演团体和独资经营的演出经纪机构、演出场所经营单位。依照上述规定设立的演出场所经营单位申请从事演出场所经营活动,应当向省、自治区、直辖市人民政府文化主管部门提出申请。省、自治区、直辖市人民政府文化主管部门应当自收到申请之日起20日内做出决定。批准的,颁发营业性演出许可证;不批准的,应当书面通知申请人并说明理由。依照上述规定设立演出经纪机构、演出场所经营单位的,还应当遵守我国其他法律、法规的规定。"❷

三、营业性演出规范

(一) 一般营业性演出的规范

1. 举办一般营业性演出的权限和义务

《条例》及《条例实施细则》对营业性演出经营主体的权限和义务进行了规定。

(1) 文艺表演团体和演员个人的权限和义务。"文艺表演团体、个体

---

❶ 国务院.营业性演出管理条例[Z].2008-7-20.第10条.
❷ 国务院.营业性演出管理条例[Z].2008-7-20.第11条.

演员可以自行举办营业性演出，也可以参加营业性组台演出，但营业性组台演出应当由演出经纪机构举办。"❶ "申请举办含有内地演员和香港特别行政区、澳门特别行政区、台湾地区演员共同参加的营业性演出，须报演出所在地省级文化主管部门批准。"❷

（2）演出经纪机构的权限和义务。"演出经纪机构可以从事营业性演出的居间、代理、经纪活动。个体演出经纪人只能从事营业性演出的居间、代理活动。"❸ "经批准到艺术院校从事教学、研究工作的外国或者我国港、澳、台地区艺术人员从事营业性演出的，应当委托演出经纪机构承办。"❹

（3）演出场所经营单位的权限和义务。"演出场所经营单位可以在本单位经营的场所内举办营业性组合演出。"❺ "歌舞娱乐场所、旅游景区、主题公园、游乐园、宾馆、饭店、酒吧、餐饮场所等非演出场所经营单位需要在本场所内举办营业性演出的，应当委托演出经纪机构承办。"❻

2. 举办一般性演出的审批手续

"举办营业性演出，应当向演出所在地县级人民政府文化主管部门提出申请。县级人民政府文化主管部门应当自受理申请之日起3日内做出决定。对符合《条例》规定的，发给批准文件；对不符合《条例》规定的，不予批准，书面通知申请人并说明理由。"❼

申请举办营业性演出，提交的申请材料应当包括下列内容：

"（1）演出名称、演出举办单位和参加演出的文艺表演团体、演员；（2）演出时间、地点、场次；（3）节目及其视听资料。"❽ "申请举办营业性组台演出，还应当提交文艺表演团体、演员同意参加演出的书面函件。营业性演出需要变更申请材料所列事项的，应当分别按以上规定重新报批。"❾

---

❶ 国务院.营业性演出管理条例[Z].2008-7-20.第12条.
❷ 文化部.营业性演出管理条例实施细则[Z].2005-8-30.第25条.
❸ 国务院.营业性演出管理条例[Z].2008-7-20.第12条.
❹ 文化部.营业性演出管理条例实施细则[Z].2005-8-30.第23条.
❺ 国务院.营业性演出管理条例[Z].2008-7-20.第12条.
❻ 文化部.营业性演出管理条例实施细则[Z].2005-8-30.第24条.
❼ 国务院.营业性演出管理条例[Z].2008-7-20.第13条。
❽ 文化部.营业性演出管理条例实施细则[Z].2005-8-30.第17条.
❾ 文化部.营业性演出管理条例实施细则[Z].2005-8-30.第17条.

(二) 涉外营业性演出的规范

1. 举办涉外营业性演出的要求

除了要达到一般营业性演出的条件并进行审批程序外,对涉外演出,《条例》及《条例实施细则》还设立了一些特别的要求,《条例》第14-15条明确规定:

"除演出经纪机构外,其他任何单位或者个人不得举办外国的或者我国香港特别行政区、澳门特别行政区、台湾地区的文艺表演团体、个人参加的营业性演出。但是,文艺表演团体自行举办营业性演出,可以邀请外国的或者我国香港特别行政区、澳门特别行政区、台湾地区的文艺表演团体、个人参加。"❶

举办外国的或者我国香港特别行政区、澳门特别行政区、台湾地区的文艺表演团体、个人参加的营业性演出,应当符合下列条件如下:"(1)有与其举办的营业性演出相适应的资金;(2)有2年以上举办营业性演出的经历;(3)举办营业性演出前2年内无违反《条例》规定的记录。"❷

2. 举办涉外营业性演出的特殊审批程序要求

"举办外国的文艺表演团体、个人参加的营业性演出,演出举办单位应当向演出所在地省、自治区、直辖市人民政府文化主管部门提出申请。举办香港特别行政区、澳门特别行政区的文艺表演团体、个人参加的营业性演出,演出举办单位应当向演出所在地省、自治区、直辖市人民政府文化主管部门提出申请;举办台湾地区的文艺表演团体、个人参加的营业性演出,演出举办单位应当向国务院文化主管部门会同国务院有关部门规定的审批机关提出申请。"❸

(三) 举办营业性演出的安全保障

演出的安全保障既关系到演职人员的生命安全,也与观众的生命安全密切相关。演出场所经营单位、主办方以及演出方都应把好安全关。《条例》第17-23条对于举办营业性演出的安全保障也有具体规定。

1. 在演出场所经营单位举办营业性演出的安全保障

"演出场所经营单位提供演出场地,应当核验演出举办单位取得的批

---

❶ 国务院.营业性演出管理条例[Z].2008-7-20.第14条.
❷ 国务院.营业性演出管理条例[Z].2008-7-20.第14条.
❸ 国务院.营业性演出管理条例[Z].2008-7-20.第15条.

准文件；不得为未经批准的营业性演出提供演出场地。"❶

"演出场所经营单位应当确保演出场所的建筑、设施符合国家安全标准和消防安全规范，定期检查消防安全设施状况，并及时维护、更新。演出场所经营单位应当制定安全保卫工作方案和灭火、应急疏散预案。演出举办单位在演出场所进行营业性演出，应当核验演出场所经营单位的消防安全设施检查记录，安全保卫工作方案和灭火、应急疏散预案，并与演出场所经营单位就演出活动中突发安全事件的防范、处理等事项签订安全责任协议。"❷

2. 在公共场所举办营业性演出的安全保障

"在公共场所举办营业性演出，演出举办单位应当依照有关安全、消防的法律、行政法规和国家有关规定办理审批手续，并制定安全保卫工作方案和灭火、应急疏散预案。演出场所应当配备应急广播、照明设施，在安全出入口设置明显标识，保证安全出入口畅通；需要临时搭建舞台、看台的，演出举办单位应当按照国家有关安全标准搭建舞台、看台，确保安全。"❸

《条例》对组织者有如下要求，"演出场所容纳的观众数量应当报公安部门核准；观众区域与缓冲区域应当由公安部门划定，缓冲区域应当有明显标识。演出举办单位应当按照公安部门核准的观众数量、划定的观众区域印制和出售门票。验票时，发现进入演出场所的观众达到核准数量仍有观众等待入场的，应当立即终止验票并同时向演出所在地县级人民政府公安部门报告；发现观众持有观众区域以外的门票或者假票的，应当拒绝其入场并同时向演出所在地县级人民政府公安部门报告。"❹

"任何人不得携带传染病病原体和爆炸性、易燃性、放射性、腐蚀性等危险物质或者非法携带枪支、弹药、管制器具进入营业性演出现场。演出场所经营单位应当根据公安部门的要求，配备安全检查设施，并对进入营业性演出现场的观众进行必要的安全检查；观众不接受安全检查或者有前款禁止行为的，演出场所经营单位有权拒绝其进入。演出举办单位应当组织人员落实营业性演出时的安全、消防措施，维护营业性演出现场秩序。"❺

---

❶ 国务院.营业性演出管理条例[Z].2008-7-20.第17条.
❷ 国务院.营业性演出管理条例[Z].2008-7-20.第18条.
❸ 国务院.营业性演出管理条例[Z].2008-7-20.第19条.
❹ 国务院.营业性演出管理条例[Z].2008-7-20.第21条.
❺ 国务院.营业性演出管理条例[Z].2008-7-20.第22条.

"演出举办单位应当组织人员落实营业性演出时的安全、消防措施,维护营业性演出现场秩序。演出举办单位和演出场所经营单位发现营业性演出现场秩序混乱,应当立即采取措施并同时向演出所在地县级人民政府公安部门报告。"❶

(四) 对营业性演出宣传活动及演出内容方面的相关要求

1. 对营业性演出宣传活动方面的内容要求

"演出举办单位不得以政府或者政府部门的名义举办营业性演出。营业性演出不得冠以'中国''中华''全国''国际'等字样。营业性演出广告内容必须真实、合法,不得误导、欺骗公众。"❷

2. 对营业性演出中的内容要求

营业性演出不得有下列情形,要遵守"禁载十条"的规定。❸

(五) 对营业性演出活动管理方面的相关要求

1. 演出过程的管理

"参加营业性演出的文艺表演团体、主要演员或者主要节目内容等发生变更的,演出举办单位应当及时告知观众并说明理由。观众有权退票。演出过程中,除因不可抗力不能演出的外,演出举办单位不得中止或者停止演出,演员不得退出演出。"❹

2. 对假唱的规定

"假唱是指演员在演出过程中,使用事先录制好的歌曲、乐曲代替现场演唱的行为"❺,是危害演艺行业的毒瘤。为制止假唱,《条例》进行了专门规定:"演员不得以假唱欺骗观众。演出举办单位不得组织演员假唱。任何单位或者个人不得为假唱提供条件。演出举办单位应当派专人对演出进行监督,防止假唱行为的发生。"❻ 但该条款在执行过程中出现了不尽如人意的地方,如某位明星参加 2014 春晚,演唱的歌曲《倍儿爽》明显有假唱行为,其后接受采访时也承认了,但未有任何处罚。虽然春晚不是商业性演出,但假唱未受处罚还是显现出《条例》的力度不足。

---

❶ 国务院.营业性演出管理条例[Z].2008-7-20.第 23 条.
❷ 国务院.营业性演出管理条例[Z].2008-7-20.第 24 条.
❸ 国务院.营业性演出管理条例[Z].2008-7-20.第 25 条.
❹ 国务院.营业性演出管理条例[Z].2008-7-20.第 27 条.
❺ 文化部.营业性演出管理条例实施细则[Z].2005-8-30.第 31 条.
❻ 国务院.营业性演出管理条例[Z].2008-7-20.第 28 条.

3. 纳税管理

"营业性演出经营主体应当对其营业性演出的经营收入依法纳税。演出举办单位在支付演员、职员的演出报酬时应当依法履行税款代扣代缴义务。"❶

4. 义演管理要求

"募捐义演的演出收入，包括门票、捐赠款物、赞助收入等与演出活动相关的全部收入。必要的成本开支是指演职员食、宿、交通费用，演出所需舞台灯光音响、服装道具、舞美及场地等租用费、宣传费用等。"❷

"募捐义演的演出收入，除必要的成本开支外，必须全部交付受捐单位；演出举办单位、参加演出的文艺表演团体和演员、职员，不得获取经济利益。"❸ "募捐义演结束后10日内，主办单位应当将演出收支结算报审批机关备案。"❹

5. 演出证件管理

演出证是从事商业性演出的必备条件，《条例》规定，"任何单位或者个人不得伪造、变造、出租、出借或者买卖营业性演出许可证、批准文件或者营业执照，不得伪造、变造营业性演出门票或者倒卖伪造、变造的营业性演出门票。"❺

四、政府支持及相关的监督管理

（一）政府补助和支持

为鼓励特定类型和为弱势群体的演出，《条例》专门制定了补助和支持政策，规定，"国家鼓励文艺表演团体、演员创作和演出思想性和艺术性统一、体现民族优秀文化传统、受人民群众欢迎的优秀节目，鼓励到农村、工矿企业演出和为少年儿童提供免费或者优惠的演出。"❻ 对于到农村、工矿企业演出和为少年儿童提供免费或者优惠的演出的，《条例》第41条明确了鼓励措施："对在农村、工矿企业进行演出以及为少年儿童提供免费或者优惠演出表现突出的文艺表演团体、演员，应当给予表彰，并

---

❶ 国务院.营业性演出管理条例[Z].2008-7-20.第29条.
❷ 文化部.营业性演出管理条例实施细则[Z].2005-8-30.第27条.
❸ 国务院.营业性演出管理条例[Z].2008-7-20.第30条。
❹ 文化部.营业性演出管理条例实施细则[Z].2005-8-30.第27条.
❺ 国务院.营业性演出管理条例[Z].2008-7-20.第31条.
❻ 国务院.营业性演出管理条例[Z].2008-7-20.第4条.

采取多种形式予以宣传；对适合在农村、工矿企业演出的节目，可以在依法取得著作权人许可后，提供给文艺表演团体、演员在农村、工矿企业演出时使用；文化主管部门实施文艺评奖，应当适当考虑参评对象在农村、工矿企业的演出场次；县级以上地方人民政府应当对在农村、工矿企业演出的文艺表演团体、演员给予支持。"❶

（二）主管部门的监督管理

1. 禁止性要求

"除文化主管部门依照国家有关规定对体现民族特色和国家水准的演出给予补助外，各级人民政府和政府部门不得资助、赞助或者变相资助、赞助营业性演出，不得用公款购买营业性演出门票用于个人消费。"❷

"文化主管部门、公安部门和其他有关部门及其工作人员不得向演出举办单位、演出场所经营单位索取演出门票。"❸

2. 文化主管部门的监督管理

文化主管部门是营业性演出活动的监管机构，《条例》第33-37条对其监督管理职能进行了具体规定：

"文化主管部门应当加强对营业性演出的监督管理。演出所在地县级人民政府文化主管部门对外国的或者香港特别行政区、澳门特别行政区、台湾地区的文艺表演团体、个人参加的营业性演出和临时搭建舞台、看台的营业性演出，应当进行实地检查；对其他营业性演出，应当进行实地抽样检查。"❹

"县级以上地方人民政府文化主管部门应当充分发挥文化执法机构的作用，并可以聘请社会义务监督员对营业性演出进行监督。任何单位或者个人都可以采取电话、手机短信等方式举报违反《条例》规定的行为。县级以上地方人民政府文化主管部门应当向社会公布举报电话，并保证随时有人接听。县级以上地方人民政府文化主管部门接到社会义务监督员的报告或者公众的举报，应当做出记录，立即赶赴现场进行调查、处理，并自处理完毕之日起7日内公布结果。县级以上地方人民政府文化主管部门对做出突出贡献的社会义务监督员应当给予表彰；公众举报经调查核实的，

---

❶ 国务院.营业性演出管理条例[Z].2008-7-20.第41条.
❷ 国务院.营业性演出管理条例[Z].2008-7-20.第32条.
❸ 国务院.营业性演出管理条例[Z].2008-7-20.第40条.
❹ 国务院.营业性演出管理条例[Z].2008-7-20.第33条.

应当对举报人给予奖励。"❶

"文化主管部门应当建立营业性演出经营主体的经营活动信用监管制度,建立健全信用约束机制,并及时公布行政处罚信息。"❷

3. 公安部门的监督管理

"公安部门对其依照有关法律、行政法规和国家有关规定批准的营业性演出,应当在演出举办前对营业性演出现场的安全状况进行实地检查;发现安全隐患的,在消除安全隐患后方可允许进行营业性演出。公安部门可以对进入营业性演出现场的观众进行必要的安全检查;发现观众有条例第23条第1款禁止行为的,在消除安全隐患后方可允许其进入。公安部门可以组织警力协助演出举办单位维持营业性演出现场秩序。"❸

"公安部门接到观众达到核准数量仍有观众等待入场或者演出秩序混乱的报告后,应当立即组织采取措施消除安全隐患。"❹

4. 演出证管理

演出证制度是营业性演出活动的一个重要制度,对此《条例实施细则》第41-45进行了规定。

(1)"文艺表演团体和演出经纪机构的营业性演出许可证包括1份正本和2份副本,有效期为2年。营业性演出许可证由文化部设计,省级文化主管部门印制,发证机关填写、盖章。"❺

(2)"文艺表演团体和演出经纪机构应当自领取营业性演出许可证之日起90日内,到工商行政管理部门办理注册、登记后,持营业执照副本报发证机关备案。"❻

(3)"文艺表演团体和演出经纪机构的营业性演出许可证,除文化主管部门可以依法暂扣或者吊销外,其他任何单位和个人不得收缴、扣押。"❼

"吊销、注销文艺表演团体营业性演出许可证的,应当报省级文化主管部门备案。吊销、注销演出经纪机构营业性演出许可证的,应当报文化部备案。"❽

---

❶ 国务院.营业性演出管理条例[Z].2008-7-20.第34条.
❷ 国务院.营业性演出管理条例[Z].2008-7-20.第35条.
❸ 国务院.营业性演出管理条例[Z].2008-7-20.第36条.
❹ 国务院.营业性演出管理条例[Z].2008-7-20.第37条.
❺ 文化部.营业性演出管理条例实施细则[Z].2005-8-30.第41条.
❻ 文化部.营业性演出管理条例实施细则[Z].2005-8-30.第42条.
❼ 文化部.营业性演出管理条例实施细则[Z].2005-8-30.第43条.
❽ 文化部.营业性演出管理条例实施细则[Z].2005-8-30.第44条.

"文化主管部门对文艺表演团体和演出经纪机构实施行政处罚的,应当将处罚决定记录在营业性演出许可证副本上并加盖处罚机关公章,同时将处罚决定通知发证机关。"❶

五、法律责任

(一) 设立营业性演出经营主体的法律责任

"有下列行为之一的,由县级人民政府文化主管部门予以取缔,没收演出器材和违法所得,并处违法所得8倍以上10倍以下的罚款;没有违法所得或者违法所得不足1万元的,并处5万元以上10万元以下的罚款;构成犯罪的,依法追究刑事责任:(1)违反《条例》规定,擅自从事营业性演出经营活动的;(2)违反《条例》规定,超范围从事营业性演出经营活动的;(3)违反《条例》规定,变更营业性演出经营项目未向原发证机关申请换发营业性演出许可证的;(4)违反《条例》规定,擅自设立演出场所经营单位或者擅自从事营业性演出经营活动的,由工商行政管理部门依法予以取缔、处罚;构成犯罪的,依法追究刑事责任。"❷

(二) 举办营业性演出违规操作的法律责任

对于举办营业性演出的,《条例》第44、45条进行了规定。

违反《条例》规定,"未经批准举办营业性演出的,变更演出举办单位、参加演出的文艺表演团体、演员或者节目未重新报批的,由县级人民政府文化主管部门责令停止演出,没收违法所得,并处违法所得8倍以上10倍以下的罚款;没有违法所得或者违法所得不足1万元的,并处5万元以上10万元以下的罚款;情节严重的,由原发证机关吊销营业性演出许可证。"❸

违反《条例》规定,"变更演出的名称、时间、地点、场次未重新报批的,由县级人民政府文化主管部门责令改正,给予警告,可以并处3万元以下的罚款。"❹

"演出场所经营单位为未经批准的营业性演出提供场地的,由县级人民政府文化主管部门责令改正,没收违法所得,并处违法所得3倍以上5

---

❶ 文化部.营业性演出管理条例实施细则[Z].2005-8-30.第45条.
❷ 国务院.营业性演出管理条例[Z].2008-7-20.第43条.
❸ 国务院.营业性演出管理条例[Z].2008-7-20.第44条.
❹ 国务院.营业性演出管理条例[Z].2008-7-20.第44条.

倍以下的罚款；没有违法所得或者违法所得不足1万元的，并处3万元以上5万元以下的罚款。"❶

违反《条例》规定，"伪造、变造、出租、出借、买卖营业性演出许可证、批准文件，或者以非法手段取得营业性演出许可证、批准文件的，由县级人民政府文化主管部门没收违法所得，并处违法所得8倍以上10倍以下的罚款；没有违法所得或者违法所得不足1万元的，并处5万元以上10万元以下的罚款；对原取得的营业性演出许可证、批准文件，予以吊销、撤销；构成犯罪的，依法追究刑事责任。"❷

（三）营业性演出内容、演出方式、宣传方式违规的法律责任

营业性演出有《条例》禁止情形的，"由县级人民政府文化主管部门责令停止演出，没收违法所得，并处违法所得8倍以上10倍以下的罚款；没有违法所得或者违法所得不足1万元的，并处5万元以上10万元以下的罚款；情节严重的，由原发证机关吊销营业性演出许可证；违反治安管理规定的，由公安部门依法予以处罚；构成犯罪的，依法追究刑事责任。"❸

演出场所经营单位、演出举办单位发现营业性演出含有《条例》禁止情形未采取措施予以制止的，"由县级人民政府文化主管部门、公安部门依据法定职权给予警告，并处5万元以上10万元以下的罚款；未立即采取措施予以制止并同时向演出所在地县级人民政府文化主管部门、公安部门报告的，由县级人民政府文化主管部门、公安部门依据法定职权给予警告，并处5000元以上1万元以下的罚款。"❹

"有下列行为之一的，对演出举办单位、文艺表演团体、演员，由国务院文化主管部门或者省、自治区、直辖市人民政府文化主管部门向社会公布；演出举办单位、文艺表演团体在2年内再次被公布的，由原发证机关吊销营业性演出许可证；个体演员在2年内再次被公布的，由工商行政管理部门吊销营业执照：（1）非因不可抗力中止、停止或者退出演出的；（2）文艺表演团体、主要演员或者主要节目内容等发生变更未及时告知观众的；（3）以假唱欺骗观众的；（4）为演员假唱提供条件的。"

"以政府或者政府部门的名义举办营业性演出，或者营业性演出冠以"中国""中华""全国""国际"等字样的，由县级人民政府文化主管部门责令改正，没收违法所得，并处违法所得3倍以上5倍以下的罚款；没

---

❶ 国务院.营业性演出管理条例[Z].2008-7-20.第44条.
❷ 国务院.营业性演出管理条例[Z].2008-7-20.第45条.
❸ 国务院.营业性演出管理条例[Z].2008-7-20.第46条.
❹ 国务院.营业性演出管理条例[Z].2008-7-20.第46条.

有违法所得或者违法所得不足1万元的,并处3万元以上5万元以下的罚款;拒不改正或者造成严重后果的,由原发证机关吊销营业性演出许可证。营业性演出广告的内容误导、欺骗公众或者含有其他违法内容的,由工商行政管理部门责令停止发布,并依法予以处罚。"❶

违反《条例实施细则》规定,未经批准,擅自出售演出门票的,由县级文化主管部门责令停止违法活动,并处3万元以下罚款。❷

(四)违反募捐义演相关规定的法律责任

"演出举办单位或者其法定代表人、主要负责人及其他直接责任人员在募捐义演中获取经济利益的,由县级以上人民政府文化主管部门依据各自职权责令其退回并交付受捐单位;构成犯罪的,依法追究刑事责任;尚不构成犯罪的,由县级以上人民政府文化主管部门依据各自职权处违法所得3倍以上5倍以下的罚款,并由国务院文化主管部门或者省、自治区、直辖市人民政府文化主管部门向社会公布违法行为人的名称或者姓名,直至由原发证机关吊销演出举办单位的营业性演出许可证。文艺表演团体或者演员、职员在募捐义演中获取经济利益的,由县级以上人民政府文化主管部门依据各自职权责令其退回并交付受捐单位。"❸

(五)违反安全规定的法律责任

有下列行为之一的,"由公安部门或者公安消防机构依据法定职权依法予以处罚;构成犯罪的,依法追究刑事责任:(1)违反《条例》安全、消防管理规定的;(2)伪造、变造营业性演出门票或者倒卖伪造、变造的营业性演出门票的。"❹

"演出举办单位印制、出售超过核准观众数量的或者观众区域以外的营业性演出门票的,由县级以上人民政府公安部门依据各自职权责令改正,没收违法所得,并处违法所得3倍以上5倍以下的罚款;没有违法所得或者违法所得不足1万元的,并处3万元以上5万元以下的罚款;造成严重后果的,由原发证机关吊销营业性演出许可证;构成犯罪的、依法追究刑事责任。"❺

---

❶ 国务院.营业性演出管理条例[Z].2008-7-20.第48条.
❷ 文化部.营业性演出管理条例实施细则[Z].2005-8-30.第55条.
❸ 国务院.营业性演出管理条例[Z].2008-7-20.第49条.
❹ 国务院.营业性演出管理条例[Z].2008-7-20.第51条.
❺ 国务院.营业性演出管理条例[Z].2008-7-20.第51条.

(六) 被吊销演出证的法律责任

演出场所经营单位、个体演出经纪人、个体演员违反本条例规定,"情节严重的,由县级以上人民政府文化主管部门依据各自职权责令其停止营业性演出经营活动,并通知工商行政管理部门,由工商行政管理部门依法吊销营业执照。其中,演出场所经营单位有其他经营业务的,由工商行政管理部门责令其办理变更登记,逾期不办理的,吊销营业执照。"❶

因违反本条例规定"被文化主管部门吊销营业性演出许可证,或者被工商行政管理部门吊销营业执照或者责令变更登记的,自受到行政处罚之日起,当事人为单位的,其法定代表人、主要负责人5年内不得担任文艺表演团体、演出经纪机构或者演出场所经营单位的法定代表人、主要负责人;当事人为个人的,个体演员1年内不得从事营业性演出,个体演出经纪人5年内不得从事营业性演出的居间、代理活动。因营业性演出含有条例所禁止情形被文化主管部门吊销营业性演出许可证,或者被工商行政管理部门吊销营业执照或者责令变更登记的,不得再次从事营业性演出或者营业性演出的居间、代理、行纪活动。因违反条例规定2年内2次受到行政处罚又有应受本条例处罚的违法行为的,应当从重处罚。"❷

(七) 监管部门的法律责任

监管部门的法律责任主要涉及各级人民政府或者政府部门以及相关工作人员,对此,《条例》进行了规定:

"各级人民政府或者政府部门非法资助、赞助,或者非法变相资助、赞助营业性演出,或者用公款购买营业性演出门票用于个人消费的,依照有关财政违法行为处罚处分的行政法规的规定责令改正。对单位给予警告或者通报批评。对直接负责的主管人员和其他直接责任人员给予记大过处分;情节较重的,给予降级或者撤职处分;情节严重的,给予开除处分。"❸

"文化主管部门、公安部门、工商行政管理部门的工作人员滥用职权、玩忽职守、徇私舞弊或者未依照本条例规定履行职责的,依法给予行政处分;构成犯罪的,依法追究刑事责任。"❹

---

❶ 国务院.营业性演出管理条例[Z].2008-7-20.第52条.
❷ 国务院.营业性演出管理条例[Z].2008-7-20.第53条.
❸ 国务院.营业性演出管理条例[Z].2008-7-20.第54条.
❹ 国务院.营业性演出管理条例[Z].2008-7-20.第55条.

第九章 广播影视产业法规

对于电影产业而言，2016年新颁布的《电影产业促进法》对激发电影创作主体的积极性，规范电影产业的经营和管理，有重要作用。除《电影产业促进法》外，一些法规对电影产业的规范管理同样有重要作用。其中，《电影管理条例》是一部全面规范"故事片、纪录片、科教片、美术片、专题片等电影片的制片、进口、出口、发行和放映等活动"[1]的行政法规，在电影产业管理方面发挥了积极作用。在广播电视方面，《广播电视管理条例》等对规范广播电视的运营方面具有不可替代的作用。

第一节 电影产业法规

随着电影市场的变化，特别是中国加入WTO之后，为了适应新形势，国务院对1996年进行大幅调整，重新制定了《电影管理条例》。《电影管理条例》是中国入世后向世贸组织做出的一份承诺，也是中国电影业发展国内电影市场、开拓国际电影市场的重要依据。电影产业中的行政法规比较重要的还有《进口影片管理办法》（1981年颁布）。

部门规章主要包括：《电影企业经营资格准入暂行规定》（2004年颁布，2005年新增补充规定，2015年对两者进行了修改）、《广播影视节（展）及节目交流活动管理规定》（2004年颁布，2016年修订）、《电影剧本（梗概）备案、电影片管理规定》（2006年颁布）、《外商投资电影院暂行规定》（2003年颁布，2005年和2006年新增两部补充规定）、《中外合作摄制电影片管理规定》（2004年颁布，2016年修订）、《数字电影发行放映管理办法（试行）》（2005年颁布，2008新增补充规定）、《国家电影事业发展专项资金征收使用管理办法》（2015年颁布）等。

---

[1] 国务院. 电影管理条例[Z]. 2001-12-25. 第2条.

一、主管机关和许可制度

(一) 主管机关

"国务院广播电影电视行政部门主管全国电影工作。县级以上地方人民政府管理电影的行政部门(以下简称电影行政部门),依照《条例》的规定负责本行政区域内的电影管理工作。"❶

(二) 许可制度

在我国,电影产业实行许可制度。《条例》明确规定:"为了加强对电影活动的管理,国家对电影摄制、进口、发行、放映和电影片公映施行许可制度。未经许可,任何单位和个人不得从事电影片的摄制、进口、发行、放映活动,不得进口、出口、发行、放映未取得许可证的电影片。依照《条例》发放的许可证和批准文件,不得出租、出借、出售或以其他任何形式转让。"❷ 准入、制作和发行是电影许可制度实行的三个主要环节。根据《电影产业促进法》的规定,准入方面的许可实际上已经取消。

二、电影准入方面的法规

我国对电影发行、放映、进出口经营资格施行许可制度。相关单位的设立必须符合法定的经营资格。此方面的法规主要有《电影企业经营资格准入暂行规定》(2004年颁布,2005年新增补充规定)以及《外商投资电影院暂行规定》(2003年颁布,2005年和2006年新增两部补充规定)。对于电影制作,《电影产业促进法》实施之前,也实行许可制度。以下简要介绍相关单位准入的条件。

(一) 电影制作单位

电影制作单位有电影制片公司和电影技术公司两类。

1. 电影制片公司的设立

当前,在我国设立电影制片单位需要具备一定的条件,《条例》规定如下:"(1)有电影制片单位的名称、章程;(2)有符合国务院广播电影

---

❶ 国务院.电影管理条例[Z].2001-12-25.第4条.
❷ 国务院.电影管理条例[Z].2001-12-25.第5条.

电视行政部门认定的主办单位及其主管机关;(3)有确定的业务范围;(4)有适应业务范围需要的组织机构和专业人员;(5)有适应业务范围需要的资金、场所和设备;(6)法律、行政法规规定的其他条件。"❶ 此外,"审批设立电影制片单位,还应当符合国务院广播电影电视行政部门制定的电影制片单位总量、布局和结构的规划。"❷

需要注意的是,《条例》一定程度上放松了对电影制片的限制,其第17条规定:"国家鼓励企业、事业单位和其他社会组织以及个人以资助、投资的形式参与摄制电影片。"其第16条的规定在实际操作中发挥的作用更为明显,"电影制片单位以外的单位经批准后摄制电影片,应当事先到国务院广播电影电视行政部门领取一次性《摄制电影片许可证(单片)》,并参照电影单位享有权利、承担义务",降低了电影摄制的准入资格,取得《摄制电影片许可证(单片)》的单位后,可以独立出品电影片。在此之前,电影业外的单位如果想投资拍摄电影,必须与某个电影制片厂合作,挂上该厂的厂标,电影才允许拍摄和发行。❸ 因此该条款实际上为民营资本和外资进入制片领域实现了松绑。

2004年10月,《电影企业经营资格准入暂行规定》出台,其对电影企业准入资格进行了更为细致的规范。其中明确规定"国家允许境内公司、企业和其他经济组织(不包括外商投资企业)设立电影制片公司。"❹ 2016年颁布的《电影产业促进法》对电影制片的限制进一步降低,取消了电影制片单位审批、《摄制电影片许可证(单片)》审批。

现行法律法规对于参与电影制作的很多限制都已不复存在,国有企业、民营企业、混合所有制企业,只要符合资金等条件,都可以依法进入电影制作业,享有与国有电影制片单位同等的权利和义务。

2. 电影技术公司的设立

对电影技术公司的设立,《电影企业经营资格准入暂行规定》有明确规定,"允许境内公司、企业和其他经济组织(不包括外商投资企业)设立电影技术公司,改造电影制片、放映基础设施和技术设备"❺,"允许境内公司、企业和其他经济组织(以下简称中方)与境外公司、企业和其他经济组织(以下简称外方)合资、合作设立电影技术公司,改造电影制

---

❶ 国务院.电影管理条例[Z].2001-12-25.第8条.
❷ 国务院.电影管理条例[Z].2001-12-25.第8条.
❸ 黄虚峰.文化产业政策与法律法规[M].北京:北京大学出版社,2013(248).
❹ 广电总局、商务部.电影企业经营资格准入暂行规定[Z].2004-10-10.第5条.
❺ 广电总局、商务部.电影企业经营资格准入暂行规定[Z].2004-10-10.第8条.

片、放映基础设施和技术设备"❶，其目的是改造电影制片、放映基础设施和技术设备。

（1）境内公司、企业和其他组织（不含外商投资企业）设立电影技术公司，需要具备以下条件："①注册资本不少于500万元人民币；②提交申请书、工商行政管理部门颁发的营业执照（联合设立电影技术公司的还要提供合同、章程、各方营业执照复印件）、公司名称预核准通知书；③符合①、②项的，申报单位持广电总局出具的批准文件到所在地工商行政管理部门办理相关手续，并报广电总局备案。"❷

（2）中外合资、合作设立电影技术公司的条件："由中方向广电总局提出申请，注册资本不少于500万元人民币；外资在注册资本中的比例不得超过49%，经国家批准的省市可以控股"❸，特别需要注意的是，此类电影技术公司须经广电总局、商务部两次审批。❹

（二）电影发行单位

境内公司、企业和其他经济组织（不包括外商投资企业）设立专营国产影片发行公司的，申报条件如下："（1）注册资本不少于50万元人民币；（2）受电影出品单位委托代理发行过两部电影片或受电视剧出品单位委托发行过两部电视剧；（3）提交申请书、工商行政管理部门颁发的营业执照复印件、公司名称预核准通知书、已代理发行影视片的委托证明等材料。"❺

对于其审批，《电影企业经营资格准入暂行规定》规定，"符合上述条件并向广电总局申请设立专营国产影片发行公司的，由广电总局在20个工作日内颁发全国专营国产影片的《电影发行经营许可证》；向当地省级电影行政管理部门申请设立专营国产影片发行公司的，由当地省级电影行政管理部门在20个工作日内须发本省（区、市）专营国产影片的《电影发行经营许可证》。申报单位持电影行政管理部门出具的批准文件到所在地工商行政管理部门办理相关手续。不批准的，书面回复理由。"❻

---

❶ 广电总局、商务部.电影企业经营资格准入暂行规定[Z].2004-10-10.第8条.
❷ 广电总局、商务部.电影企业经营资格准入暂行规定[Z].2004-10-10.第8条.
❸ 广电总局、商务部.电影企业经营资格准入暂行规定[Z].2004-10-10.第9条.
❹ 广电总局、商务部.电影企业经营资格准入暂行规定[Z].2004-10-10.第9条.
❺ 广电总局、商务部.电影企业经营资格准入暂行规定[Z].2004-10-10.第10条.
❻ 广电总局、商务部.电影企业经营资格准入暂行规定[Z].2004-10-10.第10条.

(三) 电影放映单位

为改变国内电影发行放映体制所带来的弊端，近年来，我国大力推进"院线制"改革，目前国内出现了万达院线、上海联合院线、中影星美等大批院线公司。这与一批配套的政策、法规方面的促进密切相关，如《电影企业经营资格准入暂行规定》中明确提出："鼓励以跨省院线为基础，按条条管理的原则重新整合。"❶

1. 设立程序

《电影管理条例》明确规定，"国家允许企业、事业单位和其他社会组织以及个人投资建设、改造电影院。"❷ 但其设立需要遵循一定的程序，"设立电影放映单位，应当向所在地县或者设区的市人民政府电影行政部门提出申请。所在地县或者设区的市人民政府电影行政部门应当自收到申请书之日起60日内做出批准或者不批准的决定，并通知申请人。批准的，发给《电影放映经营许可证》，申请人持《电影放映经营许可证》到所在地工商行政管理部门登记，依法领取营业执照。"❸

2. 院线改革的具体方式

《电影企业经营资格准入暂行规定》对院线改革的具体方式进行了说明：

（1）整合现有电影院线公司的方式。"允许电影院线公司以紧密型或松散型进行整合。鼓励以跨省院线为基础，按条条管理的原则重新整合。不允许按行政区域整体兼并院线。院线整合报广电总局审批。"❹

（2）境内公司、企业和其他经济组织（不包括外商投资企业）投资现有院线公司或单独组建院线公司的方式，具体要求如下："以参股形式投资现有院线公司的，参股单位须在3年内投资不少于3000万元人民币，用于本院线中电影院的新建、改造；以控股形式投资现有院线公司的，控股单位须在3年内投资不少于4000万元人民币，用于本院线中电影院的新建、改造；单独组建省内成全国电影院线公司的，组建单位须在3年内投资不少于5000万元人民币用于本院线中电影院的新建、改造。"❺

（3）鼓励组建少年儿童电影发行放映院线。"①凡在省（区、市）内

---

❶ 广电总局、商务部.电影企业经营资格准入暂行规定[Z].2004-10-10.第12条.
❷ 国务院;国务院.电影管理条例[Z].2001-12-25.第38条.
❸ 国务院;国务院.电影管理条例[Z].2001-12-25.第38条.
❹ 广电总局、商务部.电影企业经营资格准入暂行规定[Z].2004-10-10.第12条.
❺ 广电总局、商务部.电影企业经营资格准入暂行规定[Z].2004-10-10.第12条.

与20家以上中小学校、少年宫、儿童活动中心、影剧院、礼堂等签订电影供片协议的,可向当地省级电影行政管理部门申请,设立一条省（区、市）内少年儿童电影发行放映院线；②凡在不同省（区、市）与30家以上中小学校、少年宫、儿童活动中心、影剧院、礼堂等签订电影供片协议的,可向广电总局提出申请,设立一条跨省（区、市）的少年儿童电影发行放映院线。"❶

（四）电影进出口业务经营单位

"电影进口经营业务由广电总局批准的电影进口经营企业专营。"❷ 广电总局指定的国内唯一拥有电影进口权的单位是中国电影公司。

"进口影片全国发行业务由广电总局批准的具有进口影片全国发行权的发行公司发行。"❸ 广电总局批准的具有进口影片发行权的发行公司为中国电影发行公司、华夏电影发行公司。

同时,国家"鼓励影片摄制单位多渠道出口取得《电影片公映许可证》的国产影片。"❹

三、电影制作环节的法规

备案制度和审查制度是我国电影管理中的基本制度,《电影剧本（梗概）备案、电影片管理规定》对两者有明确规定,"电影制作环节的法规管理主要有电影剧本（梗概）备案制度和电影片审查制度。未经备案的电影剧本（梗概）不得拍摄,未经审查通过的电影片不得发行、放映、进口、出口。"❺

（一）电影剧本（梗概）备案制度

电影剧本（梗概）备案分备案和立项审查两种情况,《电影剧本（梗概）备案、电影片管理规定》对其进行了规定：

1. 备案情况

"电影制片单位和在地市级以上工商部门注册登记的各类影视文化单

---

❶ 广电总局、商务部.电影企业经营资格准入暂行规定[Z].2004-10-10.第13条.
❷ 广电总局、商务部.电影企业经营资格准入暂行规定[Z].2004-10-10.第16条.
❸ 广电总局、商务部.电影企业经营资格准入暂行规定[Z].2004-10-10.第16条.
❹ 黄虚峰.文化产业政策与法律法规[M].北京大学出版社2013:251.
❺ 广电总局.电影剧本（梗概）备案、电影片管理规定[Z].2006-4-3.第2条。

位（以下简称影视文化单位）摄制电影片，应在拍摄前将电影剧本（梗概）送广电总局或相应的实行属地审查的省级广电部门备案。联合摄制电影片的，应当由其中的一个单位提前办理备案手续。"❶

办理电影剧本（梗概）备案手续，应当提供下列材料：

"（1）拟拍摄影片的备案报告；（2）不少于1000字的电影剧情梗概1份，凡影片主要人物和情节涉及外交、民族、宗教、军事、公安、司法、历史名人和文化名人等方面内容的特殊题材影片，需提供电影文学剧本一式三份，并要征求省级或中央、国家机关相关主管部门的意见；（3）电影剧本（梗概）版权的协议（授权）书；（4）影视文化单位申请领取《摄制电影片许可证（单片）》，需向广电总局提供本单位营业执照副本及填报《摄制电影片许可证（单片）》申请书。"❷

2. 立项审查情况

对于特殊题材和类型的电影，实行立项审查制度。下列情况需要报送剧本立项审查：

（1）"拍摄重大革命和重大历史题材影片，需报送剧本立项审查，按照广电总局关于重大革命和重大历史题材电影剧本立项及完成片的管理规定办理。"❸

（2）"拍摄重大文献纪录影片，需报送剧本立项审查，按照广电总局关于重大文献纪录影片的管理规定办理。"❹

（3）"中外合作摄制影片，需报送剧本立项审查，按照广电总局关于中外合作摄制电影片的管理规定办理。"❺

（二）电影片审查制度

《电影管理条例》第24条规定："国家实行电影审查制度。"所谓电影审查制度，是指电影行政部门对电影实施强制性的审查，并决定电影电影片能否公开发行、放映、进口、出口的制度。

1. 审查机构

"国家广播电影电视总局负责电影剧本（梗概）备案和电影片审查的管理工作。广电总局电影审查委员会和电影复审委员会负责电影片的审

---

❶ 广电总局.电影剧本（梗概）备案、电影片管理规定[Z].2006-4-3.第5条。
❷ 广电总局.电影剧本（梗概）备案、电影片管理规定[Z].2006-4-3.第6条。
❸ 广电总局.电影剧本（梗概）备案、电影片管理规定[Z].2006-4-3.第9条。
❹ 广电总局.电影剧本（梗概）备案、电影片管理规定[Z].2006-4-3.第10条.
❺ 广电总局.电影剧本（梗概）备案、电影片管理规定[Z].2006-4-3.第11条.

查。省级广播影视行政部门，经申请可以受广电总局委托，成立电影审查机构，负责本行政区域内持有《摄制电影许可证》的制片单位摄制的部分电影片的审查工作。"❶

2. 审查标准

审查标准分为禁止标准和删剪、修改标准。

（1）禁止标准。禁止标准，就是上文多次提及的"禁载十条"。它是我国媒介内容的法律底线。电影、的主题和主要内容不能包含其中的任何一条，否则整部电影都要被禁止。

（2）删剪、修改标准。删剪、修改标准针对两种情况：一种是有的电影有个别情节、画面、台词等含有禁载内容，则可以予以删剪、修改处理。另一种是电影整体上虽然没有问题，但其中夹杂个别情节、语言或画面的内容会发生负面效果，应当删剪、修改。具体有：

"①曲解中华文明和中国历史，严重违背历史史实；曲解他国历史，不尊重他国文明和风俗习惯；贬损革命领袖、英雄人物、重要历史人物形象；篡改中外名著及名著中重要人物形象的。②恶意贬损人民军队、武装警察、公安和司法形象的。③夹杂淫秽色情和庸俗低级内容，展现淫乱、强奸、卖淫、嫖娼、性行为、性变态等情节及男女性器官等其他隐秘部位；夹杂肮脏低俗的台词、歌曲、背景音乐及声音效果等。④夹杂凶杀、暴力、恐怖内容，颠倒真假、善恶、美丑的价值取向，混淆正义与非正义的基本性质；刻意表现违法犯罪嚣张气焰，具体展示犯罪行为细节，暴露特殊侦查手段；有强烈刺激性的凶杀、血腥、暴力、吸毒、赌博等情节；有虐待俘虏、刑讯逼供罪犯或犯罪嫌疑人等情节；有过度惊吓恐怖的画面、台词、背景音乐及声音效果。⑤宣扬消极、颓废的人生观、世界观和价值观，刻意渲染、夸大民族愚昧落后或社会阴暗面的。⑥鼓吹宗教极端主义，挑起各宗教、教派之间，信教与不信教群众之间的矛盾和冲突，伤害群众感情的。⑦宣扬破坏生态环境，虐待动物，捕杀、食用国家保护类动物的。⑧过分表现酗酒、吸烟及其他陋习的。⑨违背相关法律、法规精神的。"❷

四、电影发行和放映环节的法规

电影发行和放映环节是电影片与观众直接见面的环节，主要有许可证

---

❶ 广电总局.电影剧本（梗概）备案、电影片管理规定[Z].2006-4-3.第4条.

❷ 广电总局.电影剧本（梗概）备案、电影片管理规定[Z].2006-4-3.第14条.

制度、国产电影放映时间规定、放映场所要求等，《电影管理条例》对其有专门规定：

对于发行放映经营资格，国家实行许可证制度。"电影片依法取得国务院广播电影电视行政部门发给的《电影片公映许可证》后，方可发行、放映。已经取得《电影片公映许可证》的电影片，国务院广播电影电视行政部门在特殊情况下可以做出停止发行、放映或者经修改后方可发行、放映的决定；对决定经修改后方可发行、放映的电影片，著作权人拒绝修改的，由国务院广播电影电视行政部门决定停止发行、放映。国务院广播电影电视行政部门做出的停止发行、放映的决定，电影发行单位、电影放映单位应当执行。"❶ "任何单位和个人不得利用电影资料片从事或者变相从事经营性的发行、放映活动。"❷ "放映单位年放映国产电影片的时间不得低于年放映电影片时间总和的2/3。"❸ "电影放映单位应当维护电影院的公共秩序和环境卫生，保证观众的安全与健康。"❹

五、电影进口出口环节的法规

在电影进口出口环节，相关的法律规定主要包括：

（一）许可证制度

国家对电影进口出口实行许可制度。"未经许可，任何单位和个人不得从事电影片的进口、出口活动，不得进口、出口未取得许可证的电影片。"❺

（二）进口电影审查制度

进口电影的审查，分供公映的电影片、供科学研究或教学参考的专题片、中国电影资料馆进口的电影资料片3种情况，《电影管理条例》对它们也进行了规定：

1. 进口供公映的电影片

"进口供公映的电影片，进口前应当报送电影审查机构审查。报送电

---

❶ 国务院.电影管理条例[Z].2001-12-25.第42条.
❷ 国务院.电影管理条例[Z].2001-12-25.第43条.
❸ 国务院.电影管理条例[Z].2001-12-25.第44条.
❹ 国务院.电影管理条例[Z].2001-12-25.第45条.
❺ 国务院.电影管理条例[Z].2001-12-25.第5条.

影审查机构审查的电影片,由指定的电影进口经营单位持国务院广播电影电视行政部门的临时进口批准文件到海关办理电影片临时进口手续;临时进口的电影片经电影审查机构审查合格并发给《电影片公映许可证》和进口批准文件后,由电影进口经营单位持进口批准文件到海关办理进口手续。"❶

2. 进口供科学研究、教学参考的专题片

"进口供科学研究、教学参考的专题片,进口单位应当报经国务院有关行政主管部门审查批准,持批准文件到海关办理进口手续,并于进口之日起30日内向广电总局备案。但是,不得以科学研究、教学的名义进口故事片。"❷

3. 中国电影资料馆进口电影资料片

"中国电影资料馆进口电影资料片,可以直接到海关办理进口手续。中国电影资料馆应当将其进口的电影资料片按季度向广电总局备案。"❸

(三) 有关进口电影的著作权许可

"电影进口经营单位应当在取得电影作品著作权人使用许可后,在许可的范围内使用电影作品;未取得使用许可的,任何单位和个人不得使用进口电影作品。"❹

(四) 电影出口制度

"电影制片单位出口本单位制作的电影片的,应当持《电影片公映许可证》到海关办理电影片出口手续。中外合作摄制电影片出口的,中方合作者应当持《电影片公映许可证》到海局的批准文件到海关办理出口手续。中方协助摄制电影片或者电影片素材出境的,中方协助者应当持广电总局的批准文件到海关办理出境手续。"❺

(五) 涉外电影节(展)的举办和参加制度

"举办中外电影展、国际电影节,提供电影片参加境外电影展、电影节等,应当报国务院广播电影电视行政部门批准。参加境外电影展、电影

---

❶ 国务院.电影管理条例[Z].2001-12-25.第31条.
❷ 国务院.电影管理条例[Z].2001-12-25.第32条.
❸ 国务院.电影管理条例[Z].2001-12-25.第32条.
❹ 国务院.电影管理条例[Z].2001-12-25.第33条.
❺ 国务院.电影管理条例[Z].2001-12-25.第34条.

节的电影片经批准后,参展者应当持国务院广播电影电视行政部门的批准文件到海关办理电影片临时出口手续。参加在中国境内举办的中外电影展、国际电影节的境外电影片经批准后,举办者应当持国务院广播电影电视行政部门的批准文件到海关办理临时进口手续。"❶

六、电影事业的保障

保障是我国电影法规的重要内容,其目的是促进电影创作的繁荣,促使更多优秀电影的产生,《电影管理条例》有专门的规定:

"国家建立和完善适应社会主义市场经济体制的电影管理体制,发展电影事业。"❷ "国家保障电影创作自由,重视和培养电影专业人才,重视和加强电影理论研究,繁荣电影创作,提高电影质量。"❸

相关保障措施如下:

(一) 电影事业发展专项资金

为了增强电影制片、发行、放映企业的活力,国务院批准建立国家电影事业发展专项资金,并建立了电影事业发展专项资金征收使用管理制度。

1. 电影事业发展专项资金缴纳单位应当履行缴纳义务

"办理工商注册登记的经营性电影放映单位,应当按其电影票房收入的5%缴纳电影专项资金。经营性电影放映单位包括对外营业出售电影票的影院、影城、影剧院、礼堂、开放俱乐部,以及环幕、穹幕、水幕、动感、立体、超大银幕等特殊形式电影院。"❹

2. 电影事业发展专项资金的使用范围

"(1)资助影院建设和设备更新改造。(2)资助少数民族语电影译制。(3)资助重点制片基地建设发展。(4)奖励优秀国产影片制作、发行和放映。(5)资助文化特色、艺术创新影片发行和放映。(6)全国电影票务综合信息管理系统建设和维护。(7)经财政部或省级财政部门批准用于电影

---

❶ 国务院.电影管理条例[Z].2001-12-25.第35条.
❷ 国务院.电影管理条例[Z].2001-12-25.第46条.
❸ 国务院.电影管理条例[Z].2001-12-25.第47条.
❹ 财政部、广电总局.国家电影事业发展专项资金征收使用管理办法[Z].2015-8-31.第7条

事业发展的其他支出。"❶

(二) 鼓励、扶持的电影

(1) "国家鼓励、扶持科学教育片、纪录片、美术片及儿童电影片的制片、发行和放映。"❷

(2) "国家对少数民族地区、边远贫困地区和农村地区发行、放映电影实行优惠政策。国家对从事农村16毫米电影片发行、放映业务的单位和个人予以扶持。具体办法由国务院广播电影电视行政部门、国务院文化行政部门会同国务院财政部门规定。"❸

七、法律责任

法律责任是对违反电影管理法规的相关单位和个人的惩罚措施,明确的惩罚措施有利于降低违法行为的发生,《电影管理条例》对其进行了专门的规定:

(一) 违规设立电影活动主体的法律责任

1. 电影行政管理部门及其工作人员违规设立电影活动主体的法律责任

"国务院广播电影电视行政部门和县级以上地方人民政府电影行政部门或者其他有关部门及其工作人员,利用职务上的便利收受他人财物或者其他好处,批准不符合法定设立条件的电影片的制片、发行和放映单位,或者不履行监督职责,或者发现违法行为不予查处,造成严重后果的,对负有责任的主管人员和其他直接责任人员依照《刑法》关于受贿罪、滥用职权罪、玩忽职守罪或者其他罪的规定,依法追究刑事责任;尚不够刑事处罚的,给予降级或者撤职的行政处分。"❹

2. 擅自设立电影活动主体的法律责任

违反《条例》规定,"擅自设立电影片的制片、发行、放映单位,或者擅自从事电影制片、进口、发行、放映活动的,由工商行政管理部门予以取缔;依照《刑法》关于非法经营罪的规定,依法追究刑事责任;尚不

---

❶ 财政部、广电总局.国家电影事业发展专项资金征收使用管理办法[Z].2015-8-31.第16条.
❷ 国务院.电影管理条例[Z].2001-12-25.第50条.
❸ 国务院.电影管理条例[Z].2001-12-25.第51条.
❹ 国务院.电影管理条例[Z].2001-12-25.第54条.

够刑事处罚的，没收违法经营的电影片和违法所得以及进行违法经营活动的专用工具、设备；违法所得 5 万元以上的，并处违法所得 5 倍以上 10 倍以下的罚款；没有违法所得或者违法所得不足 5 万元的，并处 20 万元以上 50 万元以下的罚款。"❶

单位违反《条例》，"被处以吊销许可证行政处罚的，其法定代表人或者主要负责人自吊销许可证之日起 5 年内不得担任电影片的制片、进口、出口、发行和放映单位的法定代表人或者主要负责人。"❷

（二）摄制、洗印加工、进口、发行、放映含有禁载内容电影片的法律责任

违反《条例》规定，"摄制含有禁止内容的电影片，或者洗印加工、进口、发行、放映明知或者应知含有禁止内容的电影片的，依照《刑法》有关规定，依法追究刑事责任；尚不够刑事处罚的，由电影行政部门责令停业整顿，没收违法经营的电影片和违法所得；违法所得 5 万元以上的，并处违法所得 5 倍以上 l0 倍以下的罚款；没有违法所的，并由原发证机关吊销许可证。"❸

（三）走私电影片的法律责任

"走私电影片，依照《刑法》关于走私罪的规定，依法追究刑事责任；尚不够刑事处罚的，由海关依法给予行政处罚。"❹

（四）出口、发行、放映未取得《电影片公映件可证》的电影片的法律责任

"出口、发行、放映未取得《电影片公映许可证》的电影片的，由电影行政部门责令停止违法行为，没收违法经营的电影片和违法所得；违法所得 5 万元以上的，并处违法所得 10 倍以上 15 倍以下的罚款；没有违法所得或者违法所得不足 5 万元的，并处 20 万元以上 50 万元以下的罚款；情节严重的，并责令停业整顿或者由原发证机关吊销许可证。"❺

---

❶ 国务院.电影管理条例[Z].2001-12-25. 第 55 条.
❷ 国务院.电影管理条例[Z].2001-12-25. 第 64 条.
❸ 国务院.电影管理条例[Z].2001-12-25. 第 56 条.
❹ 国务院.电影管理条例[Z].2001-12-25. 第 57 条.
❺ 国务院.电影管理条例[Z].2001-12-25. 第 58 条.

(五) 其他法律责任

"有下列行为之一的，由电影行政部门责令停止违法行为，没收违法经营的电影片和违法所得；违法所得5万元以上的，并处违法所得5倍以上10倍以下的罚款；没有违法所得或者违法所得不足5万元的，并处10万元以上30万元以下的罚款；情节严重的，并责令停业整顿或者由原发证机关吊销许可证：

（1）未经批准，擅自与境外组织或者个人合作摄制电影，或者擅自到境外从事电影摄制活动的；（2）擅自到境外进行电影底片、样片的冲洗或者后期制作，或者未按照批准文件载明的要求执行的；（3）洗印加工未取得《摄制电影许可证》、《摄制电影片许可证（单片）》的单位摄制的电影底片、样片，或者洗印加工未取得《电影片公映许可证》的电影片拷贝的；（4）未经批准，接受委托洗印加工境外电影底片、样片或者电影片拷贝，或者未将洗印加工的境外电影底片、样片或者电影片拷贝全部运输出境的；（5）利用电影资料片从事或者变相从事经营性的发行、放映活动的；（6）未按照规定的时间比例放映电影片，或者不执行广电总局停止发行、放映决定的。"❶

(六) 境外组织、个人在中华人民共和国境内独立从事电影片摄制活动的法律责任

"境外组织、个人在中华人民共和国境内独立从事电影片摄制活动的，由国务院广播电影电视行政部门责令停止违法活动，没收违法摄制的电影片和进行违法活动的专用工具、设备，并处30万元以上50万元以下的罚款。"❷

(七) 擅自举办中外电影展、国际电影节，或者擅自提供电影片参加境外电影展、电影节的法律责任

"未经批准，擅自举办中外电影展、国际电影节，或者擅自提供电影片参加境外电影展、电影节的，由国务院广播电影电视行政部门责令停止违法活动，没收违法参展的电影片和违法所得；违法所得2万元以上的，并处违法所得5倍以上10倍以下的罚款；没有违法所得或者违法所得不足

---

❶ 国务院.电影管理条例[Z].2001-12-25.第59条.
❷ 国务院.电影管理条例[Z].2001-12-25.第60条.

2万元的,并处2万元以上10万元以下的罚款。"❶

(八) 擅自改建、拆除电影院或者放映设施的法律责任

"未经批准,擅自改建、拆除电影院或者放映设施的,由县级以上地方人民政府电影行政部门责令限期恢复电影院或者放映设施的原状,给予警告,对负有责任的主管人员和其他直接责任人员依法给予纪律处分。"❷

(九) 未按照国家有关规定履行电影事业发展专项资金缴纳义务的法律责任

"未按照国家有关规定履行电影事业发展专项资金缴纳义务的,由省级以上人民政府电影行政部门责令限期补交,并自欠缴之日起按日加收所欠缴金额0.5‰的滞纳金。"❸

第二节 广播电视产业法规

制播分离,即将广播影视内容的制作和销售业务(新闻宣传除外)从事业领域剥离转制为企业,开启了广播电视的产业化进程。由此,广播电视节目制作、销售、发行部分就构成了广播电影电视产业的主体。此处讨论的广播电视产业法规只涉及这些领域。

目前,我国规范广播电视产业的法规主要有:《广播电视管理条例》(1997年颁布,2013年、2017年修订)、《广播电视节目制作经营管理规定》(2004年颁布,2015年修订)、《中外合作制作电视剧管理规定》(2004年颁布,2007、2008新增补充规定)、《电视剧内容管理规定》(2010年颁布,2016年修订)等行政规章、部门规章。

一、广播电视节目制作管理法规

根据《广播电视管理条例》,国家广播电影电视总局于2004年颁布了《广播电视节目制作经营管理规定》。广播电视节目制作产业中,"设立广播电视节目制作经营机构或从事专题、专栏、综艺、动画片、广播剧、电

---

❶ 国务院.电影管理条例[Z].2001-12-25. 第61条.
❷ 国务院.电影管理条例[Z].2001-12-25. 第62条.
❸ 国务院.电影管理条例[Z].2001-12-25. 第65条.

视剧等广播电视节目的制作和节目版权的交易、代理交易等活动的行为"❶都要接受《广播电视节目制作经营管理规定》的管理。

需要说明的是,经第十二届全国人民代表大会第一次会议批准,2013年,国家新闻出版总署与国家广播电影电视总局实现合并,组建"国家新闻出版广播电影电视总局"。2018年3月,按新的《国务院机构改革方案》,"在广电总局广播电视管理职责的基础上组建国家广播电视总局,作为国务院的直属机构"❷,《广播电视节目制作经营管理规定》中规定的广播电视的管理主体实际上已由国家广播电影电视总局、地方广播电视行政部门变更为国家广播电视总局(以下简称广电总局)、地方广电行政部门。因此,在论述过程中,相应的表述也进行必要的调整。

(一) 主管机关和许可制度

1. 主管机关

全国范围内广电产业的主管机关是广电总局,地方广电行政部门负责区域内的广电产业发展,《广播电视节目制作经营管理规定》规定,"广电总局负责制定全国广播电视节目制作产业的发展规划、布局和结构,管理、指导、监督全国广播电视节目制作经营活动。县级以上广电行政部门负责本行政区域内广播电视节目制作经营活动的管理工作。"❸

2. 许可制度

我国对广电节目制作经营机构或从事相关经营活动实行许可制度。"设立广播电视节目制作经营机构或从事广播电视节目制作经营活动应当取得《广播电视节目制作经营许可证》。"❹

(二) 广播电视节目制作经营单位设立许可

从2002年起、广电总局降低了设立电视剧、广播电视节目等影视制作机构的市场准入门槛,吸引和"鼓励境内社会组织、企事业机构(不含在境内设立的外商独资企业或中外合资、合作企业)设立广播电视节目制作经营机构或从事广播电视节目制作经营活动"❺,《广播电视节目制作经营

---

❶ 国家广播电影电视总局.广播电视节目制作经营管理规定[Z].2015-8-28. 第2条.

❷ 第十三届全国人民代表大会第一次会议关于国务院机构改革方案的决定[DB/OL].2018-3-18,http://www.sohu.com/a/225783964_266317.

❸ 国家广播电影电视总局.广播电视节目制作经营管理规定[Z].2015-8-28. 第3条.

❹ 国家广播电影电视总局.广播电视节目制作经营管理规定[Z].2015-8-28. 第4条.

❺ 国家广播电影电视总局.广播电视节目制作经营管理规定[Z].2015-8-28. 第5条.

管理规定》对相关内容也进行了调整。目前《广播电视节目制作经营管理规定》对申请设立广播电视节目制作经营单位有如下规定：

1. 申请《广播电视节目制作经营许可证》的条件

应符合以下条件：

"（1）具有独立法人资格，有符合国家法律、法纪规定的机构名称、组织机构和章程；（2）有适应业务范围需要的广播电视及相关专业人员和工作场所；（3）在申请之日前3年，其法定代表人无违法违规记录或机构无被吊销过《广播电视节目制作经营许可证》的记录；（4）法律、行政法规规定的其他条件。"，并且"应当符合国家有关广播电视节目制作产业发展规划、布局和结构"❶

2. 申请《广播电视节目制作经营许可证》递交的材料

申请《广播电视节目制作经营许可证》时，申请机构应当向审批机关递交以下材料：

"（1）申请报告；（2）广播电视节目制作经营机构章程；（3）《广播电视节目制作经营许可证》申领表；（4）主要人员材料：法定代表人身份证明（复印件）及简历；主要管理人员（不少于三名）的广播电视及相关专业简历、业绩或曾参加相关专业培训证明等材料。（5）办公场地证明；（6）企事业单位执照或工商行政部门的企业名称核准件。"❷

3. 广播电视节目制作经营单位设立的审批、注册登记和备案

设立广播电视节目制作经营单位需要经过审批、登记和备案等相关程序，《广播电视节目制作经营管理规定》对此有明确规定，申请报批单位分为"在京的中央单位及其直属机构报广电总局审批；其他机构向所在地广电行政部门提出申请，经逐级审核后，报省级广电行政部门审批。审批机关应在收到齐备的申请材料之日起的20个工作日内做出批准或不批准的决定。对符合规定的，应为申请机构核发《广播电视节目制作经营许可证》；对不批准的，应向申请机构书面说明不予批准的理由。省级广电行政部门应在做出批准或不批被决定之日起的1周内，将审批情况报广电总局备案。《广播电视节目制作经营许可证》由广电总局统一印制，有效期为2年。"❸ 取得《广播电视节目制作经营许可证》的企业，"凭许可证到工商行政管理部门办理注册登记或业务增项手续。"❹

---

❶ 国家广播电影电视总局.广播电视节目制作经营管理规定[Z].2015-8-28.第6条.
❷ 国家广播电影电视总局.广播电视节目制作经营管理规定[Z].2015-8-28.第6条.
❸ 国家广播电影电视总局.广播电视节目制作经营管理规定[Z].2015-8-28.第6条.
❹ 国家广播电影电视总局.广播电视节目制作经营管理规定[Z].2015-8-28.第9条.

对于取得《广播电视节目制作经营许可证》的机构设立分公司的情况,《广播电视节目制作经营管理规定》也有规定,"已经取得《广播电视节目制作经营许可证》的机构需在其他省、自治区、直辖市设立具有独立法人资格的广播电视节目制作经营分支机构的,须按规定,向分支机构所在地的省级广电行政部门另行申领《广播电视节目制作经营许可证》,并向原审批机关备案;设立非独立法人资格分支机构的,无须另行申领《广播电视节目制作经营许可证》。"❶

(三) 电视剧制作许可

制作电视剧,需取得电视剧制作许可,《广播电视节目制作经营管理规定》对获得条件进行了规定:

"电视剧由持有《广播电视节目制作经营许可证》的机构、地市级(含)以上电视台(含广播电视台、广播影视集团)和持有《摄制电影许可证》的电影制片机构制作,但须事先另行取得电视剧制作许可。"❷

电视剧制作许可证分为甲乙两种,"《电视剧制作许可证(乙种)》和《电视剧制作许可证(甲种)》两种,由广电总局统一印制"❸,两种许可证的有效期不同,"《电视剧制作许可证(乙种)》仅限于该证所标明的剧目使用,有效期限不超过180天。特殊情况下经发证机关批准后,可适当延期。《电视剧制作许可证(甲种)》有效期限为两年,有效期届满前,对持证机构制作的所有电视剧均有效。"❹

2003年8月,广电总局前身之一的广电总局首次向北京英氏影视艺术有限责任公司、北京金英马影视文化有限责任公司等8家民营公司颁发了《电视剧制作许可证(甲种)》。此举意味有实力的民营制作公司可以长期拥有电视剧独立制作权,公平地参与市场交易。❺

(四)《电视剧制作许可征(乙种)》的申请

申领《电视剧制作许可证(乙种)》相对简单,《广播电视节目制作经营管理规定》第14-17条对相关条件进行了规定:

"《电视剧制作许可证(乙种)》由省级以上广电行政部门核发。其中,在京的中央单位及其直属机构直接向广电总局提出申请,其他机构向

---

❶ 国家广播电影电视总局.广播电视节目制作经营管理规定[Z].2015-8-28.第10条.
❷ 国家广播电影电视总局.广播电视节目制作经营管理规定[Z].2015-8-28.第12条.
❸ 国家广播电影电视总局.广播电视节目制作经营管理规定[Z].2015-8-28.第13条.
❹ 国家广播电影电视总局.广播电视节目制作经营管理规定[Z].2015-8-28.第13条.
❺ 黄虚峰.文化产业政策与法律法规[M].北京:北京大学出版社,2013:265.

所在地广电行政部门提出申请，经逐级审核后，报省级广电行政部门审批。"❶

申领《电视剧制作许可证（乙种）》，申请机构须提交以下申请材料："（1）申请报告；（2）《电视剧制作许可证（乙种）申领登记表》；（3）广电总局题材规划立项批准文件复印件；（4）编剧授权书；（5）申请机构与制片人、导演、摄像、主要演员等主创人员和合作机构（投资机构）等签订的合同或合作意向书复印件。其中，如聘请境外主创人员参与制作的，还需提供广电总局的批准文件复印件；（六）《广播电视节目制作经营许可证》（复印件）或电视台相应资质证明；（七）持证机构出具的制作资金落实证明。"❷

《电视剧制作许可证（乙种）》还需要经过广电总局备案，"省级广电行政部门应在核发《电视剧制作许可证（乙种）》后的一周内将核发情况报广电总局备案。"❸

（五）《电视剧制作许可证（甲种）》的申请

制作机构获得《电视剧制作许可证（甲种）》，则意味着获得制作多部电视剧的许可。申请的基本条件为，"电视剧制作机构在连续两年内制作完成六部以上单本剧或3部以上连续剧（3集以上/部）的，可按程序向广电总局申请《电视剧制作许可证（甲种）》资格。"❹

申领《电视剧制作许可证（甲种）》，申请机构须提交以下申请材料："（1）申请报告；（2）《电视剧制作许可证（甲种）》申请表；（3）最近两年申领的《电视剧制作许可证（乙种）》（复印件）；（4）最近两年持《电视剧制作许可证（乙种）》制作完成的电视剧目录及相应的《电视剧发行许可证》（复印件）。"❺

《电视剧制作许可证（甲种）》的有效期较长，其届满后，"持证机构申请延期的，如符合规定且无违规纪录的，准予延期；不符合上述条件的，不予延期。"❻

---

❶ 国家广播电影电视总局.广播电视节目制作经营管理规定[Z].2015-8-28. 第14条.
❷ 国家广播电影电视总局.广播电视节目制作经营管理规定[Z].2015-8-28. 第15条.
❸ 国家广播电影电视总局.广播电视节目制作经营管理规定[Z].2015-8-28. 第16条.
❹ 国家广播电影电视总局.广播电视节目制作经营管理规定[Z].2015-8-28. 第17条.
❺ 国家广播电影电视总局.广播电视节目制作经营管理规定[Z].2015-8-28. 第18条.
❻ 国家广播电影电视总局.广播电视节目制作经营管理规定[Z].2015-8-28. 第19条.

(六) 电视节目制作、发行和播出等活动的管理

电视节目制作、发行和播出等活动的管理主要涉及节目制作类型和内容、节目的发行和播出以及许可证管理,《广播电视节目制作经营管理规定》对其进行了规定:

1. 节目制作类型和内容

(1) 节目制作类型。我国对时政类节目实行严格管理,《广播电视节目制作经营管理规定》特别规定,"广播电视时政新闻及同类专题、专栏等节目只能由广播电视播出机构制作,其他已取得《广播电视节目制作经营许可证》的机构不得制作时政新闻及同类专题、专栏等广播电视节目。"❶ 重要的广播电视节目也要遵守严格规定,"制作重大革命和历史题材电视剧、理论文献电视专题片等广播电视节目,须按照广电总局的有关规定执行。"❷

(2) 电视节目内容也不得含有"禁载十条"的任一内容。

2. 针对节目的发行和播出

发行、播放广播电视节目需要经过许可,"发行、播放电视剧、动画片等广播电视节目,应取得相应的发行许可。"❸ 未获发行许可的电视节目,广播电视结构不得播放,"广播电视播出机构不得播放未取得《广播电视节目制作经营许可证》的机构制作的和未取得发行许可的电视剧、动画片。"❹

3. 许可证管理

我国对制作类广播电视许可证同样实行严格管理,规定,"禁止以任何方式涂改、租借、转让、出售和伪造《广播电视节目制作经营许可证》和《电视剧制作许可证》。"❺ 两种许可证上载明的"制作机构名称、剧名、集数等发生变更,持证机构应到原发证机关履行变更登记手续;终止广播电视节目制作经营活动的,应在 1 周内到原发证机关办理注销手续。"❻

---

❶ 国家广播电影电视总局.广播电视节目制作经营管理规定[Z].2015-8-28. 第 21 条.
❷ 国家广播电影电视总局.广播电视节目制作经营管理规定[Z].2015-8-28. 第 23 条.
❸ 国家广播电影电视总局.广播电视节目制作经营管理规定[Z].2015-8-28. 第 24 条.
❹ 国家广播电影电视总局.广播电视节目制作经营管理规定[Z].2015-8-28. 第 25 条.
❺ 国家广播电影电视总局.广播电视节目制作经营管理规定[Z].2015-8-28. 第 26 条.
❻ 国家广播电影电视总局.广播电视节目制作经营管理规定[Z].2015-8-28. 第 27 条.

二、电视剧内容管理法规

为了规范电视剧内容管理工作,促进电视剧产业的健康发展,2010年,根据《广播电视管理条例》,广电总局制定了《电视剧内容管理规定》❶,2016年,《广电总局关于修改部分规章的决定》对其部分内容进行了修改。

(一) 内容规范标准

电视剧的制作应坚持"二为方向""双百方针",确保导向正确,"电视剧内容的制作、播出应当坚持为人民服务、为社会主义服务的方向和百花齐放、百家争鸣的方针,坚持贴近实际、贴近生活、贴近群众,坚持社会效益第一、社会效益与经济效益相结合的原则,确保正确的文艺导向。"❷

电视剧不得载有"禁载十条"的内容,除此之外,还不得含有"侵害未成年人合法权益或者有害未成年人身心健康的"的内容。❸

(二) 备案和公示

我国实行国产剧、合拍剧的拍摄制作备案公示制度。❹ 申请电视剧拍摄制作备案公示需要具备以下条件:"(1)持有《电视剧制作许可证(甲种)》;(2)持有《广播电视节目制作经营许可证》;(3)设区的市级以上电视台(含广播电视台、广播影视集团);(4)持有《摄制电影许可证》;(5)其他具备申领《电视剧制作许可证(乙种)》资质的制作机构。"❺

省、自治区、直辖市广电行政部门、直接备案制作机构可直接向广电总局申请电视剧拍摄制作备案公示,需要提交以下材料:"(1)《电视剧拍摄制作备案公示表》或者《重大革命和重大历史题材电视剧立项申报表》,并加盖对应的公章;(2)如实准确表述剧目主题思想、主要人物、时代背景、故事情节等内容的不少于1500字的简介;(3)重大题材或者涉及政治、军事、外交、国家安全、统战、民族、宗教、司法、公安等敏感内容

---

❶ 国家广播电影电视总局.电视剧内容管理规定[Z].2006-4-3.第1条.
❷ 国家广播电影电视总局.电视剧内容管理规定[Z].2006-4-3.第4条.
❸ 国家广播电影电视总局.电视剧内容管理规定[Z].2006-4-3.第5条.
❹ 国家广播电影电视总局.电视剧内容管理规定[Z].2006-4-3.第8条.
❺ 国家广播电影电视总局.电视剧内容管理规定[Z].2006-4-3.第10条.

的，应当出具省、自治区、直辖市以上人民政府有关主管部门或者有关方面的书面意见。"❶

(三) 审查和许可

审查和发行制度是我国电视剧管理方面的基本制度，未取得发行许可的电视剧，不得发行、播出和评奖。❷

在我国，设国家和省级两级电视剧审查机构，"国务院广播影视行政部门设立电视剧审查委员会和电视剧复审委员会。省、自治区、直辖市人民政府广播影视行政部门设立电视剧审查机构。"❸

广电总局电视剧审查委员会的主要职责："（1）审查直接备案制作机构制作的电视剧；（2）审查聘请相关国外人员参与创作的国产剧；（3）审查合拍剧剧本（或者分集梗概）和完成片；（4）审查引进剧；（5）审查由省、自治区、直辖区人民政府广播影视行政部门电视剧审查提请国务院广播影视行政部门审查的电视剧；（6）审查引起社会争议的，或者因公共利益需要国务院广播影视行政部门审查的电视剧。"❹

广电总局电视剧复审委员会，负责对送审机构不服有关电视剧审查委员会或者电视剧审查机构的审查结论而提起复审申请的电视剧进行审查。❺

省级广电行政部门电视剧审查机构的职责："（1）审查本行政区域内制作机构制作的、不含国外人员参与创作的国产剧；（2）初审本行政区域内制作机构制作的，含国外人员参与创作的国产剧；（3）初审本行政区域内制作机构与境外机构制作的合拍剧剧本（或分集梗概）和完成片；（4）初审本行政区域内电视台等机构送审的引进剧。"❻

一般题材的国产剧的审查由向省、自治区、直辖市以上广电行政部门实施，送审单位应提交以下材料："（1）国务院广播影视行政部门统一印制的《国产电视剧报审表》；（2）制作机构资质的有效证明；（3）剧目公示打印文本；（4）每集不少于 500 字的剧情梗概；（5）图像、声音、字幕、时码等符合审查要求的完整样片一套；（6）完整的片头、片尾和歌曲的字幕表；（7）国务院广播影视行政部门同意聘请境外人员参与国产剧创作的批准文件的复印件；（8）特殊题材需提交主管部门和有关方面的书面

---

❶ 国家广播电影电视总局.电视剧内容管理规定[Z].2006-4-3.第 11 条.
❷ 国家广播电影电视总局.电视剧内容管理规定[Z].2006-4-3.第 15 条.
❸ 国家广播电影电视总局.电视剧内容管理规定[Z].2006-4-3.第 16 条.
❹ 国家广播电影电视总局.电视剧内容管理规定[Z].2006-4-3.第 19 条.
❺ 国家广播电影电视总局.电视剧内容管理规定[Z].2006-4-3.第 20 条.
❻ 国家广播电影电视总局.电视剧内容管理规定[Z].2006-4-3.第 21 条.

审看意见。"❶ 特殊题材的国产电视剧和合拍剧、引进剧，其审查还要遵守广电总局的有关规定执行。❷

另外，需要注意的是已经取得电视剧发行许可证的电视剧，广电总局根据公共利益的需要，可以做出责令修改、停止播出或者不得发行、评奖的决定。❸ 需变更剧名、主要人物、主要情节和剧集长度等事项的，应当依照本规定向原发证机关重新送审。❹

（1）"电视台在播出电视剧前，应当核验依法取得的电视剧发行许可证。电视台对其播出电视剧的内容，应当依照规定，进行播前审查和重播重审；发现问题应当及时经所在地省、自治区、直辖市人民政府广播影视行政部门报请国务院广播影视行政部门处理。"❺

（2）"电视台播出电视剧时，应当依法完整播出，不得侵害相关著作权人的合法权益。"❻

三、法律责任

（一）擅自制作、发行、播出电视剧或者变更主要事项未重新报审的

违反规定，"擅自制作、发行、播出电视剧或者变更主要事项未重新报审的，由县级以上人民政府广播影视行政部门予以取缔，没收其从事违法活动的专用工具、设备和节目载体，并处1万元以上5万元以下的罚款。"❼

（二）制作、发行、播出的电视剧含有违禁内容的

违反规定，"制作、发行、播出的电视剧含有违禁内容的，由县级以上人民政府广播影视行政部门责令停止制作、播放、向境外提供，收缴其节目载体，并处1万元以上5万元以下的罚款；情节严重的，由原批准机关吊销许可证；违反治安管理规定的，由公安机关依法给予治安管理处

---

❶ 国家广播电影电视总局.电视剧内容管理规定[Z].2006-4-3.第22条.
❷ 国家广播电影电视总局.电视剧内容管理规定[Z].2006-4-3.第23条.
❸ 国家广播电影电视总局.电视剧内容管理规定[Z].2006-4-3.第27条.
❹ 国家广播电影电视总局.电视剧内容管理规定[Z].2006-4-3.第28条.
❺ 国家广播电影电视总局.电视剧内容管理规定[Z].2006-4-3.第30、31条.
❻ 国家广播电影电视总局.电视剧内容管理规定[Z].2006-4-3.第34条.
❼ 国务院.广播电视管理条例[Z].2017-3-1.第48条.

罚；构成犯罪的，依法追究刑事责任。"❶

（三）其他法律责任

"已经向广播影视行政部门申请审查，但尚未取得电视剧发行许可证的，省、自治区、直辖市以上人民政府广播影视行政部门对转移申请不予受理；以欺骗等不正当手段取得发行许可证的，由原发证机关撤销电视剧发行许可证；原发证机关有过错的，对直接负责的主管人员和其他直接责任人员，依法给予处分。"❷

---

❶ 国家广播电影电视总局. 电视剧内容管理规定[Z].2006-4-3.第36条;国务院.广播电视管理条例[Z].2017-3-1.第49条.

❷ 国家广播电影电视总局.电视剧内容管理规定[Z].2006-4-3.第26,37条.

第十章 网络艺术产业法规

网络艺术产业是以互联网技术、信息技术为依托而形成的网络产业与文化产业、信息产业融合发展的产物,"它既包括原有文化产品和服务在各种网络上的传播和延伸扩展,如数字电视以及在线点播音像制品;又包括基于互联网而产生的新的独特的文化形态,如网络游戏、网络动漫。"❶

第一节 网络文化产业法规概述

网络文化产业法规主要表现在两个方面,一是互联网环境里的著作权保护,二是网络文化产业行政管理。

一、互联网环境里的著作权保护

互联网一方面加速了文化产业的发展,另一方面也使得盗版和侵权问题更加突出,互联网环境里的著作权保护问题显得更为迫切,为此国家制定了一批法规,主要包括以下几个方面:

(1)行政法规:《计算机软件保护条例》(2001年颁布,2011年、2013年修订)、《著作权法实施条例》(2002年颁布,2011年、2013年修订)、《信息网络传播权保护条例》(2006年颁布,2013年修订)等。

(2)部门规章:《互联网著作权行政保护办法》(2005年国家版权局、信息产业部颁布)、《网络出版服务管理规定》(2016年广电总局颁布)等。

二、网络文化产业行政管理

网络文化产业的发展对于我国文化产业行政管理体制提出了挑战。由

---

❶ 宋奇慧. 网络文化产业[J]. 北京邮电大学学报(社会科学版). 2005,(3):12.

于互联网技术的发展，演艺、音像、书刊、文物艺术品、视听节目等，都已成为网络文化产业经营的内容。文化部、广电总局、新闻出版总署的互联网行政管理内容也因此出现了交叉，各部门制定的网络文化产业规章中有重复性、矛盾性和模糊性的问题，影响了执法的效力。

目前，我国网络文化产业行政管理方面的行政法规和部门规章包括：

（1）国务院于2000年颁布、2011年修订的《互联网信息服务管理办法》；国务院于2002年颁布，2013年、2016年修订的《互联网上网服务营业场所管理条例》。

（2）国家广电总局、信息产业部于2007年颁布的《互联网视听节目服务管理规定》（2015修订）；新闻出版广电总局、信息产业部于2016年颁布的《互联网出版管理暂行规定》。

（3）文化部于2010年颁布的《网络游戏管理暂行办法》，文化部于2011年颁布的《互联网文化管理暂行规定》，文化部于2013年颁布的《网络文化经营单位内容自审管理办法》。

第二节 网络环境下著作权保护方面的法规

以发掘文化资源的价值为基础的网络文化产业与知识产权的开发、经营和管理密不可分。而文化资源发挥价值的保障是著作权的有效保护。一定意义上，甚至可以说著作权的有效保护和开发是网络文化产业的基础前提。网络文化产业的健康发展，需要坚实的著作权保护，其中著作权的使用人（包括网络文化产品制作者、网络内容提供者ICP和网络服务提供者ISP）对相关著作权法律法规的遵守显得尤为重要。著作权使用人在网络文化环境下应遵守的法规主要包括：

一、"通知与移除规则"

《信息网络传播权保护条例》（以下简称《条例》）规定了"通知与移除规则"的两种情形，第一种情形是：权利人如果认为网络服务提供者侵犯了自己的著作权，可以向其提交书面通知。"网络服务提供者接到权利人的通知书后，应当立即删除涉嫌侵权的作品、表演、录音录像制品，或者断开与涉嫌侵权的作品、表演、录音录像制品的链接，并同时将通知书转送提供作品、表演、录音录像制品的服务对象；服务对象网络地址不明、无法转送的,应当将通知书的内容同时在信息网络上公告。"❶ 第二种情形是:"服务对象接到网络服务提供者转送的通知书后,如果认为其提供的内容未侵犯他人权利的,可以向网络服务提供者提交书面说明,网络服务提供者接到服务对象的书面说明后,应当立即恢复被删除的作品、表演、录音录像制品,或者可以恢复与被断开的作品、表演、录音录像制品的链接,同时将服务对象的书面说明转送权利人。"❷ "权利人不得再通知网络服务提供者删除该作品、表演、录音录像制品,或者断开与该作品、表演、录音录像制品的链接。"❸

一般情况下,网络服务提供者履行了"权利通知、及时删除、断链"义务后,对于权利人的损失将不承担赔偿责任。但是,"明知或者应知所链接的作品、表演、录音录像制品侵权的,应当承担共同侵权责任。"❹

二、关于"避风港"的规定

著作权领域的"避风港"条款最早出现在美国1998年制定的《数字千年版权法案》(DMCA法案)。"避风港原则"是指在发生著作权侵权时,如果网络服务提供商(ISP)只提供空间服务,并不制作网页内容,当收到著作权人的侵权通知后,负有删除的义务,否则构成侵权;如果侵权内容既不在ISP的服务器上存储,又没有被告知哪些内容应该删除,则ISP将不承担侵权的责任。"避风港原则"的核心内容包含"通知"和"移除"两个程序。

我国《条例》也有"避风港"原则的相关规定,其中规定:

(1)"网络服务提供者根据服务对象的指令提供网络自动接入服务,或者对服务对象提供的作品、表演、录音录像制品提供自动传输服务,并具备下列条件的,不承担赔偿责任:(1)未选择并且未改变所传输的作品、表演、录音录像制品;(2)向指定的服务对象提供该作品、表演、录音录像制品,并防止指定的服务对象以外的其他人获得。"❺

(2)"网络服务提供者为提高网络传输效率,自动存储从其他网络服务提供者获得的作品、表演、录音录像制品,根据技术安排自动向服务对象提供,并具备下列条件的,不承担赔偿责任:①未改变自动存储的作

---

❶ 国务院.信息网络传播权保护条例[Z].2013-1-30.第15条.
❷ 国务院.信息网络传播权保护条例[Z].2013-1-30.第16条.
❸ 国务院.信息网络传播权保护条例[Z].2013-1-30.第17条.
❹ 国务院.信息网络传播权保护条例[Z].2013-1-30.第23条.
❺ 国务院.信息网络传播权保护条例[Z].2013-1-30.第20条.

品、表演、录音录像制品；②不影响提供作品、表演、录音录像制品的原网络服务提供者掌握服务对象获取该作品、表演、录音录像制品的情况；③在原网络服务提供者修改、删除或者屏蔽该作品、表演、录音录像制品时，根据技术安排自动予以修改、删除或者屏蔽。"❶

（3）"网络服务提供者为服务对象提供信息存储空间，供服务对象通过信息网络向公众提供作品、表演、录音录像制品，并具备下列条件的，不承担赔偿责任：①明确标示该信息存储空间是为服务对象所提供，并公开网络服务提供者的名称、联系人、网络地址；②未改变服务对象所提供的作品、表演、录音录像制品，③不知道也没有合理的理由应当知道服务对象提供的作品、表演、录音录像制品授权；④未从服务对象提供的作品、表演、录音录像制品中直接获得经济利益；⑤在接到权利人的通知书后，根据本条例规定删除权利人认为侵权的作品、表演、录音录像制品。"❷

（4）"网络服务提供者为服务对象提供搜索或者链接服务，在接到权利人的通知书后，根据本条例规定断开与侵权的作品、表演、录音录像制品的链接的，不承担赔偿责任。但，如果明知或者应知所链接的作品、表演、录音录像制品侵权的，应当承担共同侵权责任。"❸

三、关于合理使用和法定许可

与其他著作权的财产权利相同，信息网络传播权是著作权人的专有权利。《条例》规定："除法律、行政法规另有规定的外，任何组织或者个人将他人的作品、表演、录音录像制品通过信息网络向公众提供，应当取得权利人许可，并支付报酬。"❹ 这"另有规定的情形"指的就是合理使用和法定许可两种情况。

（一）合理使用的情形

《条例》规定了合理使用的几种情形：

"（1）介绍、评论某一作品或者说明某一问题，在向公众提供的作品中适当引用已经发表的作品；（2）为报道时事新闻，在向公众提供的作品中不可避免地再现或者引用已经发表的作品；（3）为学校课堂教学或者科

---

❶ 国务院．信息网络传播权保护条例[Z]．2013-1-30．第21条．
❷ 国务院．信息网络传播权保护条例[Z]．2013-1-30．第22条．
❸ 国务院．信息网络传播权保护条例[Z]．2013-1-30．第23条．
❹ 国务院．信息网络传播权保护条例[Z]．2013-1-30．第2条．

学研究，向少数教学、科研人员提供少量已经发表的作品；（4）国家机关为执行公务，在合理范围内向公众提供已经发表的作品；（5）将中国公民、法人或者其他组织已经发表的、以汉语言文字创作的作品翻译成的少数民族语言文字作品，向中国境内少数民族提供；（6）不以营利为目的，以盲人能够感知的独特方式向盲人提供已经发表的文字作品；（7）向公众提供在信息网络上已经发表的关于政治、经济问题的时事性文章；（8）向公众提供在公众集会上发表的讲话。"❶ 此外，图书馆、档案馆、纪念馆、博物馆、美术馆等"可以不经著作权人许可，通过信息网络向本馆馆舍内服务对象提供本馆收藏的合法出版的数字作品和依法为陈列或者保存版本的需要以数字化形式复制的作品，不向其支付报酬，但不得直接或者间接获得经济利益。当事人另有约定的除外。"❷

（二）法定许可的情形

《条例》规定了法定许可的几种情形：

（1）"为通过信息网络实施九年制义务教育或者国家教育规划，可以不经著作权人许可，使用其已经发表作品的片断或者短小的文字作品、音乐作品或者单幅的美术作品、摄影作品制作课件，由制作课件或者依法取得课件的远程教育机构通过信息网络向注册学生提供，但应当向著作权人支付报酬。"❸

（2）发表的种植养殖、防病治病、防灾减灾等与扶助贫困有关的作品和适应基本文化需求的作品，网络服务提供者应当在提供前公告拟提供的作品及其作者、拟支付报酬的标准。自公告之日起30日内，著作权人不同意提供的，网络服务提供者不得提供其作品；自公告之日起满30日，若作权人没有异议的，网络服务提供者可以提供其作品，并按照公告的标准向著作权人支付报酬。网络服务提供者提供著作权人的作品后，著作权人不同意提供的，网络服务提供者应当立即删除著作权人的作品，并按照公告的标准向著作权人支付提供作品期间的报酬。提供作品的，不得直接或者间接获得经济利益。"❹

---

❶ 国务院.信息网络传播权保护条例[Z].2013-1-30.第6条.
❷ 国务院.信息网络传播权保护条例[Z].2013-1-30.第6条.
❸ 国务院.信息网络传播权保护条例[Z].2013-1-30.第8条.
❹ 国务院.信息网络传播权保护条例[Z].2013-1-30.第9条.

四、技术措施

技术措施，"是指用于防止、限制未经权利人许可浏览、欣赏作品、表演、录音录像制品的或者通过信息网络向公众提供作品、表演、录音录像制品的有效技术、装置或者部件。"❶

《条例》规定，"为了保护信息网络传播权，权利人可以采取技术措施。任何组织或者个人不得故意避开或者破坏技术措施，不得故意制造、进口或者向公众提供主要用于避开或者破坏技术措施的装置或者部件，不得故意为他人避开或者破坏技术措施提供技术服务。但是，法律、行政法规规定可以避开的除外。"❷

"可以避开"的情形包括下列情况：

"（1）为学校课堂教学或者科学研究，通过信息网络向少数教学、科研人员提供已经发表的作品、表演、录音录像制品，而该作品、表演、录音录像制品只能通过信息网络获取；（2）不以营利为目的，通过信息网络以盲人能够感知的独特方式向盲人提供已经发表的文字作品，而该作品只能通过信息网络获取；（3）国家机关依照行政、司法程序执行公务；（4）在信息网络上对计算机及其系统或者网络的安全性能进行测试。"❸

但是，对这些情况也有一定的限制，即"避开技术措施不得向他人提供避开技术措施的技术、装置或者部件，不得侵犯权利人依法享有的其他权利。"❹

五、权利管理电子信息

权利管理电子信息，是"指说明作品及其作者、表演及其表演者、录音录像制品及其制作者的信息，作品、表演、录音录像制品权利人的信息和使用条件的信息，以及表示上述信息的数字或者代码。"❺

对此，《条例》第5条有专门规定：未经权利人许可，任何组织成者个人不得进行下列行为："（1）故意删除或者改变通过信息网络向公众提供的作品、表演、录音录像制品的权利管理电子信息，但由于技术上的原

---

❶ 国务院. 信息网络传播权保护条例[Z]. 2013-1-30. 第26条.
❷ 国务院. 信息网络传播权保护条例[Z]. 2013-1-30. 第4条.
❸ 国务院. 信息网络传播权保护条例[Z]. 2013-1-30. 第12条.
❹ 国务院. 信息网络传播权保护条例[Z]. 2013-1-30. 第12条.
❺ 国务院. 信息网络传播权保护条例[Z]. 2013-1-30. 第26条.

因无法避免删除或者改变的除外；（2）通过信息网络向公众提供明知或者应知未经权利人许可被删除或者改变权利管理电子信息的作品、表演、录音录像制品。"❶

同时，《条例》第14条规定，"对提供信息存储空间或者提供搜索、链接服务的网络服务提供者，权利人认为其服务所涉及的作品、表演、录音录像制品，改变了自己的权利管理电子信息的，可以向该网络服务提供者提交书面通知，要求网络服务提供者删除该作品、表演、录音录像制品，或者断开与该作品、表演、录音录像制品的链接。"❷

《条例》17条规定，侵犯该权利的行为要承担相应的法律责任。❸

第三节　网络艺术产业法规

按照提供的文化产品和服务划分，我国网络文化产业可以分为互联网出版活动、互联网视听节目服务活动和互联网文化经营活动三大类。

一、互联网出版活动法规

互联网出版活动，是指"通过信息网络向公众提供的具有编辑、制作、加工等出版特征的数字化作品的活动。"❹ 其作品主要包括："（1）文学、艺术、科学等领域内具有知识性、思想性的文字、图片、地图、游戏、动漫、音视频读物等原创数字化作品；（2）与已出版的图书、报纸、期刊、音像制品、电子出版物等内容相一致的数字化作品；（3）将上述作品通过选择、编排、汇集等方式形成的网络文献数据库等数字化作品；（4）广电总局认定的其他类型的数字化作品。"❺

2016年，《网络出版服务管理规定》（广电总局与工业和信息化部联合颁布，以下简称《管理规定》）是管理互联网出版的主要法规。此部分将主要结合《管理规定》分析我国规范互联网出版管理的法规的主要内容。

---

❶ 国务院.信息网络传播权保护条例[Z].2013-1-30.第5条.
❷ 国务院.信息网络传播权保护条例[Z].2013-1-30.第14条.
❸ 国务院.信息网络传播权保护条例[Z].2013-1-30.第17条.
❹ 国家新闻出版广电总局、工业和信息化部.网络出版服务管理规定[Z].2016-2-4.第2条.
❺ 国家新闻出版广电总局、工业和信息化部.网络出版服务管理规定[Z].2016-2-4.第2条.

(一) 主管部门

网络出版服务的行业主管部门是广电总局,"负责全国网络出版服务的前置审批和监督管理工作。工业和信息化部作为互联网行业主管部门,依据职责对全国网络出版服务实施相应的监督管理","地方人民政府各级出版行政主管部门和各省级电信主管部门依据各自职责对本行政区域内网络出版服务及接入服务实施相应的监督管理工作并做好配合工作。"❶

(二) 网络出版许可和登记制度

1. 网络出版许可

《管理规定》第7条规定,从事网络出版服务,"必须依法经过出版行政主管部门批准,取得《网络出版服务许可证》。"❷ 获得《网络出版服务许可证》,从事网络出版服务有2种情况:

(1) 图书、音像、电子、报纸、期刊出版单位从事网络出版服务,应当具备以下条件:"①有确定的从事网络出版业务的网站域名、智能终端应用程序等出版平台;②有确定的网络出版服务范围;③有从事网络出版服务所需的必要的技术设备,相关服务器和存储设备必须存放在中华人民共和国境内。"❸

(2) 其他单位从事网络出版服务,除上述条件外,还应当具备以下条件:"①有确定的、不与其他出版单位相重复的,从事网络出版服务主体的名称及章程;②有符合国家规定的法定代表人和主要负责人,法定代表人必须是在境内长久居住的具有完全行为能力的中国公民,法定代表人和主要负责人至少1人应当具有中级以上出版专业技术人员职业资格;③除法定代表人和主要负责人外,有适应网络出版服务范围需要的8名以上具有广电总局认可的出版及相关专业技术职业资格的专职编辑出版人员,其中具有中级以上职业资格的人员不得少于3名;④有从事网络出版服务所需的内容审校制度;⑤有固定的工作场所;⑥法律、行政法规和广电总局规定的其他条件。"❹

《管理规定》特别规定,"中外合资经营、中外合作经营和外资经营的单位不得从事网络出版服务。同时规定,网络出版服务单位可以与境内中

---

❶ 国家新闻出版广电总局、工业和信息化部.网络出版服务管理规定[Z].2016-2-4.第4条.
❷ 国家新闻出版广电总局、工业和信息化部.网络出版服务管理规定[Z].2016-2-4.第7条.
❸ 国家新闻出版广电总局、工业和信息化部.网络出版服务管理规定[Z].2016-2-4.第8条.
❹ 国家新闻出版广电总局、工业和信息化部.网络出版服务管理规定[Z].2016-2-4.第9条.

外合资经营、中外合作经营、外资经营企业或境外组织及个人进行网络出版服务业务的项目合作，但应在合作之前报广电总局审批。"❶

"申请从事网络出版服务，应当向所在地省、自治区、直辖市出版行政主管部门提出申请，经审核同意后，报广电总局审批。"❷

2. 网络出版登记

对于网络出版登记程序，《管理规定》规定：

"设立网络出版服务单位的申请者应自收到批准决定之日起30日内办理注册登记手续：①持批准文件到所在地省、自治区、直辖市出版行政主管部门领取并填写《网络出版服务许可登记表》；②省、自治区、直辖市出版行政主管部门对《网络出版服务许可登记表》审核无误后，在10日内向申请者发放《网络出版服务许可证》；③《网络出版服务许可登记表》1式3份，由申请者和省、自治区、直辖市出版行政主管部门各存1份，另1份由省、自治区、直辖市出版行政主管部门在15日内报送广电总局备案。"❸

《网络出版服务许可证》不是无限期的，其"有效期为5年。有效期届满，需继续从事网络出版服务活动的，应于有效期届满60日前按本规定第十一条的程序提出申请。出版行政主管部门应当在该许可有效期届满前做出是否准予延续的决定。批准的，换发《网络出版服务许可证》。网络出版服务经批准后，申请者应持批准文件、《网络出版服务许可证》到所在地省、自治区、直辖市电信主管部门办理相关手续。"❹

(三) 网络出版机构的权利和义务

1. 互联网出版机构的权利

依法从事互联网出版活动，"任何组织和个人不得干扰、阻止和破坏。国家支持、鼓励优秀的、重点的网络出版物的出版。对为发展、繁荣网络出版服务业做出重要贡献的单位和个人，按照国家有关规定给予奖励。国家保护网络出版物著作权人的合法权益。"❺

---

❶ 国家新闻出版广电总局、工业和信息化部.网络出版服务管理规定[Z].2016-2-4.第10条.
❷ 国家新闻出版广电总局、工业和信息化部.网络出版服务管理规定[Z].2016-2-4.第11条.
❸ 国家新闻出版广电总局、工业和信息化部.网络出版服务管理规定[Z].2016-2-4.第13条.
❹ 国家新闻出版广电总局、工业和信息化部.网络出版服务管理规定[Z].2016-2-4.第14、15条.
❺ 国家新闻出版广电总局、工业和信息化部.网络出版服务管理规定[Z].2016-2-4.第45条.

2. 互联网出版机构的主要义务

(1) 网络出版服务单位"应当在其网站首页上标明出版行政主管部门核发的《网络出版服务许可证》编号。"❶

(2) 网络出版服务单位"实行编辑责任制度,保障网络出版物内容合法。网络出版服务单位实行出版物内容审核责任制度、责任编辑制度、责任校对制度等管理制度,保障网络出版物出版质量。"❷

(3) 在内容把关方面,网络出版的要求要高于传统媒体,除不得载有违反"禁载十条"的内容,还要求不能包含以下内容:"以未成年人为对象的网络出版内容不得含有诱发未成年人模仿违反社会公德的行为和违法犯罪的行为的内容,以及恐怖、残酷等妨害未成年人身心健康的内容"❸;"出版涉及国家安全、社会安定等方面的重大选题,应当依照重大选题备案的规定,报新闻出版总署备案。未经备案的重大选题,不得出版。"❹"内容不真实或不公正,致使公民、法人或者其他组织合法权益受到侵害的,相关网络出版服务单位应当停止侵权,公开更正,消除影响,并依法承担其他民事责任。"❺

(4) 对于网络游戏,《管理规定》规定,"网络游戏上网出版前,必须向所在地省、自治区、直辖市出版行政主管部门提出申请,经审核同意后,报广电总局审批。出版境外著作权人授权的网络游戏,须按规定办理审批手续。"❻

(5) 网络出版服务单位应当"按照国家有关规定或技术标准,配备应用必要的设备和系统,建立健全各项管理制度,保障信息安全、内容合法,并为出版行政主管部门依法履行监督管理职责提供技术支持。"❼

(6) 网络出版服务机构应当"记录备份所登载或者发送的作品内容及其时间、互联网地址或者域名,记录备份应当保存60天,并在国家有关部门依法查询时予以提供。"❽

---

❶ 国家新闻出版广电总局、工业和信息化部.网络出版服务管理规定[Z].2016-2-4.第19条.
❷ 国家新闻出版广电总局、工业和信息化部.网络出版服务管理规定[Z].2016-2-4.第23条.
❸ 国家新闻出版广电总局、工业和信息化部.网络出版服务管理规定[Z].2016-2-4.第25条.
❹ 国家新闻出版广电总局、工业和信息化部.网络出版服务管理规定[Z].2016-2-4.第26条.
❺ 国家新闻出版广电总局、工业和信息化部.网络出版服务管理规定[Z].2016-2-4.第28条.
❻ 国家新闻出版广电总局、工业和信息化部.网络出版服务管理规定[Z].2016-2-4.第27、32条.
❼ 国家新闻出版广电总局、工业和信息化部.网络出版服务管理规定[Z].2016-2-4.第31条.
❽ 国家新闻出版广电总局、工业和信息化部.网络出版服务管理规定[Z].2016-2-4.第34条

(四) 监督管理

网络出版服务的监督管理实行属地管理原则。"各地出版行政主管部门应当加强对本行政区域内的网络出版服务单位及其出版活动的日常监督管理。"❶

"网络出版服务单位实行年度核验制度,年度核验每年进行 1 次。省、自治区、直辖市出版行政主管部门负责对本行政区域内的网络出版服务单位实施年度核验并将有关情况报广电总局备案。年度核验内容包括网络出版服务单位的设立条件、登记项目、出版经营情况、出版质量、遵守法律规范、内部管理情况等。"❷

(五) 法律责任

网络出版服务单位违反《条例》规定的,出版行政主管部门可以采取下列行政措施:"(1)下达警示通知书;(2)通报批评、责令改正;(3)责令公开检讨;(4)责令删除违法内容。"❸

二、互联网视听节目业务法规

互联网视听节目服务,"是指制作、编辑、集成并通过互联网向公众提供视音频节目,以及为他人提供上载传播视听节目服务的活动。"❹

对于互联网视听节目业务的规范,主要有国家广电总局于 2004 年颁布的《互联网等信息网络传播视听节目管理办法》以及国家广电总局于 2007 年颁布的《互联网视听节目服务管理规定》。

综合起来,互联网视听业务的法规的主要内容包括以下几个方面。

(一) 业务许可

从事互联网视听节目服务,"应当依照规定取得广播电影电视主管部门颁发的《信息网络传播视听节目许可证》或履行备案手续。未按照本规定取得广播电影电视主管部门颁发的《许可证》或履行备案手续,任何单

---

❶ 国家新闻出版广电总局、工业和信息化部.网络出版服务管理规定[Z].2016-2-4.第 36 条.
❷ 国家新闻出版广电总局、工业和信息化部.网络出版服务管理规定[Z].2016-2-4.第 38 条.
❸ 国家新闻出版广电总局、工业和信息化部.网络出版服务管理规定[Z].2016-2-4.第 50 条.
❹ 国家广播电影电视总局、中华人民共和国信息产业部.互联网视听节目服务管理规定[Z].2015-8-28.第 2 条.

位和个人不得从事互联网视听节目服务。"❶

申请从事互联网视听节目服务应当具备的条件有："（1）具备法人资格，为国有独资或国有控股单位，且在申请之日前三年内无违法违规记录；（2）有健全的节目安全传播管理制度和安全保护技术措施；（3）有与其业务相适应并符合国家规定的视听节目资源；（4）有与其业务相适应的技术能力、网络资源和资金，且资金来源合法；（5）有与其业务相适应的专业人员，且主要出资者和经营者在申请之日前3年内无违法违规记录；（6）技术方案符合国家标准、行业标准和技术规范；（7）符合国务院广播电影电视主管部门确定的互联网视听节目服务总体规划、布局和业务指导目录；（8）符合法律、行政法规和国家有关规定的条件。"❷

申请者如果要从事广播电台、电视台形态服务和时政类视听新闻服务，"还应当持有广播电视播出机构许可证或互联网新闻信息服务许可证。其中，以自办频道方式播放视听节目的，由地（市）级以上广播电台、电视台、中央新闻单位提出申请。如果要从事主持、访谈、报道类视听服务，还应当持有广播电视节目制作经营许可证和互联网新闻信息服务许可证；从事自办网络剧（片）类服务的，还应当持有广播电视节目制作经营许可证。未经批准，任何组织和个人不得在互联网上使用广播电视专有名称开展业务。"❸

（二）互联网视听节目服务单位的主要义务

（1）"互联网视听节目服务单位应当按照许可证载明或备案的事项开展互联网视听节目服务，并在播出界面显著位置标注国务院广播电影电视主管部门批准的播出标识、名称、许可证或备案编号。"❹

（2）"互联网视听节目服务单位应当遵守著作权法律、行政法规的规定，采取版权保护措施，保护著作权人的合法权益。"❺

（3）对于节目内容，"互联网视听节目服务单位提供的、网络运营单

---

❶ 国家广播电影电视总局、中华人民共和国信息产业部.互联网视听节目服务管理规定[Z]. 2015-8-28.第7条.

❷ 国家广播电影电视总局、中华人民共和国信息产业部.互联网视听节目服务管理规定[Z]. 2015-8-28.第8条.

❸ 国家广播电影电视总局、中华人民共和国信息产业部.互联网视听节目服务管理规定[Z]. 2015-8-28.第9条.

❹ 国家广播电影电视总局、中华人民共和国信息产业部.互联网视听节目服务管理规定[Z]. 2015-8-28.第14条.

❺ 国家广播电影电视总局、中华人民共和国信息产业部.互联网视听节目服务管理规定[Z]. 2015-8-28.第15条.

位接入的视听节目应当符合法律、行政法规、部门规章的规定,已播出的视听节目应至少完整保留 60 天"❶,视听节目不得含有"禁载十条"的内容。互联网视听节目服务单位播出时政类视听新闻节目,"应当是地(市)级以上广播电台、电视台制作、播出的节目和中央新闻单位网站登载的时政类视听新闻节目,用于通过信息网络向公众传播的影视剧类节目,必须取得《电视剧发行许可证》《电影公映许可证》。互联网视听节目服务单位不得允许个人上载时政类视听新闻节目,任何单位和个人不得转播、链接、聚合、集成非法的广播电视频道、视听节目网站的节目。"❷ 互联网视听节目服务单位对含有违反本规定内容的视听节目,"应当立即删除,并保存有关记录,履行报告义务,落实有关主管部门的管理要求。"❸

(4)"互联网视听节目服务单位应当选择依法取得互联网接入服务电信业务经营许可证或广播电视节目传送业务经营许可证的网络运营单位提供服务;应当依法维护用户权利,履行对用户的承诺,对用户信息保密,不得进行虚假宣传或误导用户,做出对用户不公平不合理的规定、损害用户的合法权益;提供有偿服务时,应当以显著方式公布所提供服务的视听节目种类、范围、资费标准和时限,并告知用户中止或者取消互联网视听节目服务的条件和方式。"❹

三、互联网文化活动法规

互联网文化产品"是指通过互联网生产、传播和流通的文化产品,主要包括两类:一类是专门为互联网而生产的各类互联网文化产品,二是将文化产品以一定的技术手段制作、复制到互联网上传播的互联网文化产品。"❺

互联网文化活动"是指提供互联网文化产品及其服务的活动,主要包括互联网文化产品的制作、复制、进口、发行、播放等活动;将文化产品登载在互联网上,或者通过互联网、移动通信网等信息网络发送到计算

---

❶ 国家广播电影电视总局、中华人民共和国信息产业部.互联网视听节目服务管理规定[Z].2015-8-28.第 16 条.
❷ 国家广播电影电视总局、中华人民共和国信息产业部.互联网视听节目服务管理规定[Z].2015-8-28.第 17 条.
❸ 国家广播电影电视总局、中华人民共和国信息产业部.互联网视听节目服务管理规定[Z].2015-8-28.第 18 条.
❹ 国家广播电影电视总局、中华人民共和国信息产业部.互联网视听节目服务管理规定[Z].2015-8-28.第 19 条.
❺ 文化部.互联网文化管理暂行规定[Z].2017-12-25.第 2 条.

机、固定电话机、移动电话机、电视机、游戏机等用户端以及网吧等互联网上网服务营业场所，供用户浏览、欣赏、使用或者下载的在线传播行为；互联网文化产品的展览、比赛等活动。"❶ 互联网文化活动"分为经营性和非经营性两类。经营性互联网文化活动是指以营利为目的，以各种方式获取利益，提供互联网文化产品及其服务的活动。非经营性互联网文化活动是指不以营利为目的向上网用户提供互联网文化产品及其服务的活动。"❷

目前，管理互联网文化活动的主要法规有文化部于 2011 年颁布的《互联网文化管理暂行规定》。结合该规定，对我国互联网文化活动的法规的主要内容进行说明。

（一）联网文化单位的设立

互联网文化单位，是指经文化行政部门和电信管理机构批准或者备案，从事互联网文化活动的互联网信息服务提供者。

申请设立经营性互联网文化单位，应当符合《互联网信息服务管理办法》的有关规定，并具备以下条件："（1）单位的名称、住所、组织机构和章程；（2）确定的互联网文化活动范围；（3）适应互联网文化活动需要并取得相应从业资格的 8 名以上业务管理人员和专业技术人员；（4）适应互联网文化活动需要的设备、工作场所以及相应的经营管理技术措施；（5）不低于 100 万元的注册资金，其中申请从事网络游戏经营活动的应当具备不低于 1000 万元的注册资金；（6）符合法律、行政法规和国家有关规定的条件。"❸ 此外，申请设立经营性互联网文化单位，"还应当符合互联网文化单位总量、结构和布局的规划。"❹

（二）互联网文化单位的义务

为促进我国互联网文化健康、有序发展，《互联网视听节目服务管理规定》要求互联网文化单位应尽如下义务：

（1）"互联网文化单位应当在其网站主页的显著位置标明文化行政部门颁发的《网络文化经营许可证》编号或者备案编号，标明国务院信息产业主管部门或者省、自治区、直辖市电信管理机构颁发的经营许可证编号

---

❶ 文化部.互联网文化管理暂行规定[Z].2017-12-25.第 3 条.
❷ 文化部.互联网文化管理暂行规定[Z].2017-12-25.第 3 条.
❸ 文化部.互联网文化管理暂行规定[Z].2017-12-25.第 7 条.
❹ 文化部.互联网文化管理暂行规定[Z].2017-12-25.第 7 条.

或者备案编号。"[1]

(2)"经营进口互联网文化产品的活动应当由取得文化行政部门核发的《网络文化经营许可证》的经营性互联网文化单位实施,进口互联网文化产品应当报文化部进行内容审查。经批准的进口互联网文化产品应当在其显著位置标明文化部的批准文号,不得擅自变更产品名称或者增删产品内容。经营性互联网文化单位经营的国产互联网文化产品应当自正式经营起30日内报省级以上文化行政部门备案,并在其显著位置标明文化部备案编号。"[2]

(3)关于内容,互联网文化单位不得提供载有违反"禁载十条"的文化产品。"互联网文化单位提供的文化产品,使公民、法人或者其他组织的合法利益受到侵害的,互联网文化单位应当依法承担民事责任。"[3] 当互联网文化单位发现所提供的互联网文化产品含有禁载内容时,"应当立即停止提供,保存有关记录,向所在地省、自治区、直辖市人民政府文化行政部门报告并抄报文化部。"[4] "互联网文化单位应当记录备份所提供的文化产品内容及其时间、互联网地址或者域名;记录备份应当保存60天,并在国家有关部门依法查询时予以提供。"[5]

(4)"互联网文化单位应当建立自审制度,明确专门部门,配备专业人员负责互联网文化产品内容和活动的自查与管理,保障互联网文化产品内容和活动的合法性。"[6]

(三)网络游戏经营管理制度

目前,网络游戏是我国互联网文化活动的主要项目。为维护网络游戏行业的健康发展,2010年,文化部专门针对网络游戏管理,根据相关法律法规的有关规定,制定了《网络游戏管理暂行办法》(以下简称《办法》)。

《办法》中对网络游戏单位设立的许可规定和禁载内容的规定与《互联网文化管理暂行规定》保持一致,此处不再赘述。但对网络游戏内容的审查与管理、网络游戏经营活动进行了专门规定。

---

[1] 文化部.互联网文化管理暂行规定[Z].2017-12-25.第12条.
[2] 文化部.互联网文化管理暂行规定[Z].2017-12-25.第15条.
[3] 文化部.互联网文化管理暂行规定[Z].2017-12-25.第17条.
[4] 文化部.互联网文化管理暂行规定[Z].2017-12-25.第19条.
[5] 文化部.互联网文化管理暂行规定[Z].2017-12-25.第20条.
[6] 文化部.互联网文化管理暂行规定[Z].2017-12-25.第18条.

1. 网络游戏内容的审查与管理

网络游戏对用户的人生观、世界观、价值观有重要影响。因此，加强内容管理是网络游戏管理工作的重要环节。

实施进口网络游戏内容审查和国产网络游戏备案是内容管理的基本制度。

进口网络游戏审查制度规定：（1）"国务院文化行政部门依法对进口网络游戏进行内容审查。进口网络游戏应当在获得国务院文化行政部门内容审查批准后，方可上网运营。"❶ （2）"申报进口网络游戏内容审查的，应当为依法获得独占性授权的网络游戏运营企业。"❷ （3）"经批准的进口网络游戏应当在其运营网站指定位置及游戏内显著位置标明批准编号。"❸ （4）批准进口的网络游戏变更运营企业的，由变更后的运营企业，按照规定，向国务院文化行政部门重新申报。进口网络游戏内容上网运营后需要进行实质性变动的，网络游戏运营企业应当将拟变更的内容报国务院文化行政部门进行内容审查。"❹

2. 网络游戏单位经营活动规范

《办法》对网络游戏的研发、推广、运营、消费等全流程经营活动进行了制度规范，网络游戏经营单位应在以下4个方面履行义务：

（1）加强网络游戏未成年人保护。网络游戏经营单位应当采取一系列保护未成年人措施："根据内容、功能和适用人群，制定用户指引和警示说明，并在网站和网络游戏的显著位置予以标明；以未成年人为对象的网络游戏不得含有诱发未成年人模仿违反社会公德的行为和违法犯罪的行为的内容，以及恐怖、残酷等妨害未成年人身心健康的内容；按照国家规定，采取技术措施禁止未成年人接触不适宜的游戏或者游戏功能，限制未成年人的游戏时间，预防未成年人沉迷网络；不得为未成年人提供网络游戏虚拟货币交易服务。"❺

（2）规范经营行为。网络游戏经营单位应当遵守以下规范经营行为：①"网络游戏经营单位不得授权无网络游戏运营资质的单位运营网络游戏"❻；②"不得设置未经网络游戏用户同意的强制对战；推广和宣传网络

---

❶ 文化部.网络游戏管理暂行办法[Z].2017-11-24.第11条.
❷ 文化部.网络游戏管理暂行办法[Z].2017-11-24.第12条.
❸ 文化部.网络游戏管理暂行办法[Z].2017-11-24.第13条.
❹ 文化部.网络游戏管理暂行办法[Z].2017-11-24.第14条.
❺ 文化部.网络游戏管理暂行办法[Z].2017-11-24.第16,20条.
❻ 文化部.网络游戏管理暂行办法[Z].2017-11-24.第17条.

游戏不得含有法规规定的禁止内容；不得以随机抽取等偶然方式，诱导网络游戏用户采取投入法定货币或者网络游戏虚拟货币方式获取网络游戏产品和服务"❶；③"要求网络游戏用户使用有效身份证件进行实名注册"❷；④终止运营网络游戏，或者网络游戏运营权发生转移的，"应当提前60天予以公告，并妥善处理用户尚未使用的网络游戏虚拟货币及尚未失效的游戏服务"❸；⑤"按照国家规定采取技术和管理措施保证网络信息安全……依法保护国家秘密、商业秘密和用户个人信息。"❹

（3）规范网络游戏虚拟货币发行及交易活动。作为发行网络游戏虚拟货币的网络游戏运营企业，应当遵循："网络游戏虚拟货币的使用范围仅限于兑换自身提供的网络游戏产品和服务；不得以恶意占用使用者预付资金为目的；保存网络游戏用户的购买记录180天以上；将网络游戏虚拟货币发行种类、价格、总量等情况按规定报送注册地省级文化行政部门备案等。"❺

作为网络游戏虚拟货币交易服务企业，应当遵循："不得为未成年人提供交易服务；不得为未经审查或备案的网络游戏提供交易服务；提供服务时，应保证用户使用有效身份证件进行注册，并绑定与该用户注册信息相一致的银行账户；接到利害关系人、政府部门、司法机关通知后，应当协助核实交易行为的合法性。经核实属于违法交易的，应当立即采取措施终止交易服务并保存有关纪录；保存用户间的交易记录和账务记录等相关信息不得少于180天。"❻

（4）保障网络游戏用户权益。网络游戏经营单位应当"在规范自身经营活动的基础上，着力保障网络游戏用户的合法权益。在提供服务网站的显著位置公布纠纷处理方式，并对经审核真实的实名注册用户负有依法举证责任；与使用者的服务协议应当包括国务院文化行政部门制定的《网络游戏服务格式化协议必备条款》的全部内容，且无与其相抵触的其他条款。"❼

---

❶ 文化部.网络游戏管理暂行办法[Z].2017-11-24.第18条.
❷ 文化部.网络游戏管理暂行办法[Z].2017-11-24.第21条.
❸ 文化部.网络游戏管理暂行办法[Z].2017-11-24.第22条.
❹ 文化部.网络游戏管理暂行办法[Z].2017-11-24.第28条.
❺ 文化部.网络游戏管理暂行办法[Z].2017-11-24.第19条.
❻ 文化部.网络游戏管理暂行办法[Z].2017-11-24.第20条.
❼ 文化部.网络游戏管理暂行办法[Z].2017-11-24.第23条.

第十一章　文化遗产保护法规

以宪法、法律为基础，文化遗产法规为物质文化遗产和非物质文化遗产保护提供了更为细致的操作指南和依据，在我国的文化遗产保护中发挥着重要的作用。

第一节　行政法规

行政法规常表现为根据法律而制定的有关条例和实施细则。我国文化遗产行政法规数量较多。其中与文物有关的较多，重要的有《文物保护法实施条例》《水下文物保护管理条例》《历史文化名城名镇名村保护条例》《长城保护条例》等。《文物保护法实施条例》对《文物保护法》的内容进行了细化，根据操作性；《水下文物保护管理条例》《历史文化名城名镇名村保护条例》《长城保护条例》等对特定文化遗产或某种类别文化遗产进行了规范。

一、《文物保护法实施条例》

2003年5月18日，《中华人民共和国文物保护法实施条例》（以下称之《实施条例》）公布，自2003年7月1日起施行。配合2013年《文物保护法》的修正，同年12月，经国务院第32次常务会议批准，对其中的第27、35、40条进行了修正。根据2016年2月6日发布的国务院令第666号《国务院关于修改部分行政法规的决定》第二次修正，根据2017年3月1日国务院令第676号公布的《国务院关于修改和废止部分行政法规的决定》第三次修正。

与《文物保护法》体例一致，《实施条例》共8章64条。《实施条例》对《文物保护法》实施中的一些具体事项，如实施考古发掘的主体的资质、文物进出境审核机构的人员组成、文物出境审核程序等做了更详细的规定，是《文物保护法》的有益补充。

二、《水下文物保护管理条例》

1989年10月20日,国务院颁布了《中华人民共和国水下文物保护管理条例》,在国际范围内也是较早的水下文物保护的专门法规。2011年1月,对其第10条第一款、第二款的内容进行了修正,表彰、奖励以及行政处罚、追究刑事责任的范围有所扩大。条例共13条,对水下文物的概念、所有权、管辖范围、主管机关及其职能、水下文物保护单位、考古勘探和发掘行为的管理、奖励和惩罚措施等做出了规定,对于遏制非法盗捞水下文物、开展水下文物考古、加强水下文物保护等发挥了重要作用。

虽然经过2011年的修订,但修订的幅度较小,随着经济社会的发展,《条例》对于当下保护水下文物的力度已呈现不足。因此,2013年,国务院法制办公室将《条例》修订列入需要积极研究论证的立法项目。2016年,国务院明确要求加快推进《条例》修订工作。国家文物局也积极开展工作,修订过程中注重与文物保护法以及相关法律法规衔接,起草形成修订草案,先后征求中央有关部门和各级文物行政部门的意见,并向社会公开征求了意见。《条例》的修订主要体现在增加了统一规划水下考古、水下文物保护措施、涉建工程中水下文物保护、水下文物利用等条款,细化了水下文物保护管理工作的程序规定和实体要求等内容。❶

三、《历史文化名城名镇名村保护条例》

自1982年开始,《文物保护法》中就规定要对历史文化名城进行保护。2002年修订的《文物保护法》中又增加了对历史文化名镇、名村进行保护的条款。为配合《文物保护法》的调整,强化对具有特殊历史价值的历史文化名城、名镇、名村的保护,2008年4月22日,《历史文化名城名镇名村保护条例》公布,自2008年7月1日起施行。条例共6章48条,对历史文化名城、名镇、名村的申报与批准程序、要求,保护规划的内容、审批程序,保护措施及法律责任等事项做出了规定。《条例》明确了保护经费来源、保护原则和保护方法,扩展了遗产保护对象和内容。其中、保护对象不再限于国家级历史文化名城、重要建筑物或部分历史街区,而是扩大到小城镇和村庄;保护内容不仅包括物质遗产,而是进一步

---

❶ 《水下文物保护管理条例》修订草案专家论证会在京召开[DB/OL]. 2018-07-06,http://www.sach.gov.cn/art/2018/7/6/art_722_150391.html.

深入到历史空间遗产领域。

四、《长城保护条例》

长城是世界文化遗产,是中华民族的象征。《文物保护法》及其实施条例的贯彻实施,对长城的保护起了积极作用。但是,由于长城跨越11个省市及直辖市,各地在贯彻执行相关法律法规过程中遇到了一些特殊问题,包括工程建设中随意拆毁、穿越长城,随意的旅游开发对长城及其历史风貌造成破坏,居(村)民在长城上取土、取石、农耕生产活动等。为强化对长城的保护、规范长城的利用,2006年10月11日,国务院公布《长城保护条例》,自2006年12月1日起施行。条例共31条,保护对象包括长城的墙体、城堡、关隘、烽火台、敌楼等,确立了长城保护的专家咨询制度和总体规划制度,对长城保护原则、保护标志、利用长城的限制等事项做出了规定。

五、《传统工艺美术保护条例》

传统工艺美术是十分重要的非物质文化遗产。《非物质文化遗产法》出台前,《传统工艺美术保护条例》在我国的非物质文化遗产保护方面发挥了重要作用。传统工艺美术行业的突出特点是手工制作,其传承大多为父子相传或师徒传艺,容易出现"人亡技灭"的状况,在发展过程中经常遇到一些困难和问题。为保护传统工艺美术,1997年5月20日,国务院发布《传统工艺美术保护条例》,通过立法加强对传统工艺美术行业的保护,2013年对其进行了修正,修正内容如下:(1)"中国工艺美术大师称号"的评审权由国务院的相关部门调整为行业协会组织;(2)取消了各级政府和相关单位、部门对工艺美术大师创造工作条件和环境的表述。条例共20条,就传统工艺美术品种和技艺的认定、国家对认定的传统工艺美术技艺的保护措施、中国工艺美术珍品的保护措施等事项作出规定。

此外,我国的行政法规还有《中华人民共和国考古涉外工作管理办法》《关于加强文物保护利用改革的若干意见》《关于实施革命文物保护利用工程(2018-2022年)的意见》《国务院办公厅关于进一步加强文物安全工作的实施意见》等。

第二节 部门规章

文化遗产部门规章，主要是指由文化部和旅游部、建设部等为规范文化遗产的保护和管理行为，在本部门的权限范围内制定的规章。文化部和旅游部是新设机构，是在整合文化部与旅游部的基础上形成的，整合之前，文化部颁布了多部部门规章，分析时将对其说明。

一、《文物行政处罚程序暂行规定》

随着《文物保护法》和《文物保护法实施条例》的出台，文物行政部门被赋予了更多的行政处罚权。为了规范文物行政部门的行政处罚行为，保护公民、法人和其他组织的合法权益。根据《行政处罚法》、《文物保护法》及其他相关法律法规的规定，文化部制定并于2005年1月24日发布了《文物行政处罚程序暂行规定》，同日正式施行。2011年8月，国家文物局曾在其网站上发布了《文物行政处罚程序规定（征求意见稿）》，全文共70条，但后来未正式颁布实施。

《文物行政处罚程序暂行规定》共7章53条，对文物行政处罚应当遵循的原则、案件的级别管辖、立案、调查取证、处罚决定（简易程序、一般程序、听证程序）等内容作出规定。规定是针对当时某些地区文物行政处罚行为没有得到有效规范、文物行政处罚管理比较混乱的状况制定的。规定施行后，对于文物行政管理工作的改善和行政执法的规范都起到了一定作用。

二、《考古发掘管理办法》

考古发掘是文化遗产保护的重要手段，也是实现我国文物管理的有效方式。为了加强考古发掘管理工作，《考古发掘管理办法》于1998年4月21日第十次国家文物局局长办公会议通过，并经文化部同意，于1998年7月15日发布施行。

《考古发掘管理办法》共7章33条，主要对该法适用范围、考古发掘资格审定、项目申请和审批、项目执行和监督、考古资料发掘报告、奖励与惩罚等内容作出规定，是开展为科学研究而进行的主动发掘和配合基本建设的抢救性考古发掘活动的重要法律依据，也是规范上述行为的法律准绳。

三、《世界文化遗产保护管理办法》

为履行 1972 年《保护世界文化与自然遗产公约》所规定的责任和义务，加强对世界文化遗产的保护和管理，依据《中华人民共和国文物保护法》，文化部制定了《世界文化遗产保护管理办法》，于 2006 年 11 月 14 日公布并施行。《世界文化遗产保护管理办法》共 22 条，对世界文化遗产的范围、主管部门、制度保障、保护规划、世界文化遗产中的不可移动文物的保护和管理、警示名单等内容做出了规定。为了保证该办法得到有效实施，以《文物保护法》和《世界文化遗产保护管理办法》为依据，国家文物局制定了《中国世界文化遗产监测巡视管理办法》、《中国世界文化遗产专家咨询管理办法》、《世界文化遗产申报项目审核管理规定》等规范性文件，对世界文化遗产的监视巡视、专家咨询等制度做出更为细致的规定。

四、非物质文化遗产保护部门规章

《非物质文化遗产法》颁布实施以前，我国已制定了一些规章对国家级非物质文化遗产进行保护及管理，其中较为重要的有 2006 年 12 月起施行的《国家级非物质文化遗产保护与管理暂行办法》、2008 年 6 月开始施行的《国家级非物质文化遗产项目代表性传承人认定与管理暂行办法》等。《非物质文化遗产法》颁布后，上述规章仍在发挥着重要作用。其中，《国家级非物质文化遗产保护与管理暂行办法暂行办法》共 28 条，对国家级非物质文化遗产的主管部门职责和保护单位的条件、职责，国家级非物质文化遗产项目代表性传承人的评选条件，保护措施和名称、标牌的使用，违反办法的法律责任等进行了规定。非物质文化遗产名录制度是具有中国特色的非物质文化遗产保护制度的重要组成部分，而国家级非物质文化遗产的保护与管理又是省、市、县级非遗项目进行保护操作的参考，因而出台相应的管理办法具有很强的示范性，能够引导相关非遗保护工作的有序进行。

《国家级非物质文化遗产项目代表性传承人认定与管理暂行办法》共 18 条，规定了可以申请或者被推荐为国家级非遗项目代表性传承人的条件，申请人需要提供的申请材料，申报和评审的程序，对代表性传承人传承活动的记录和支持方式，代表性传承人应承担的义务，以及对传承人的监督和管理等。

此外,文化遗产保护的部门规章还有《古人类化石和古脊椎动物化石保护管理办法》《文物拍卖管理办法》《文物保护工程管理办法》《文物进出境审核管理办法》《文化部关于加强非物质文化遗产生产性保护的指导意见》《关于加强国家级文化生态保护区建设的指导意见》《关于加强国家级非物质文化遗产代表性项目保护管理工作的通知》《文化部关于加强非物质文化遗产生产性保护的指导意见》《中宣部、中央文明办、教育部、民政部、文化部关于运用传统节日弘扬民族文化的优秀传统的意见》《商务部、文化部关于加强老字号非物质文化遗产保护工作的通知》《文化部、教育部、全国青少年校外教育工作联席会议办公室关于在未成年人校外活动场所开展非物质文化遗产传承教育活动的通知》等。相对法律、行政法规而言,文化遗产部门规章数量较多,规定更为具体,可操作性也更强。

主要参考文献

［1］孙连才，侯红婕．文化产业教程［M］．北京：中国传媒大学出版社，2012．

［2］刘吉发，陈怀平．文化产业导论［M］．北京：首都经济贸易大学出版社，2010．

［3］韩骏伟，胡晓明．文化产业概论［M］．广州：中山大学出版社，2009．

［4］蔡尚伟．文化产业导论［M］．上海：复旦大学出版社，2006．

［5］成乔明．艺术产业管理［M］．昆明：云南大学出版社，2004．

［6］赵阳，徐宝祥．文化产业政策与法规［M］．广州：中山大学出版社，2012．

［7］韩赤风．文化创意产业法律评论（第1卷）［M］．北京：法律出版社，2013．

［8］郭雅君．政府文化管理法治化［M］．北京：人民出版社，2013．

［9］林日葵．中国文化产业政策法规与典型案例分析［M］．杭州：浙江工商大学出版社，2009．

［10］黄虚峰．文化产业政策与法律法规［M］．北京：北京大学出版社，2013．

［11］陈杰，闫瑞武．文化产业政策与法规［M］．北京：中国海洋大学出版社，2006．

［13］宋震．艺术法基础［M］．北京：文化艺术出版社，2008．

［14］刘洁．我国著作权集体管理制度研究［M］．北京：中国政法大学出版社，2014．

［15］黄鸣奋．互联网艺术产业［M］．上海：学林出版社，2008．

［16］胡康生．中华人民共和国著作权法释义［M］．北京：法律出版社，2002．

［17］黄宪容．出版法及其应用［M］．苏州：苏州大学出版社，2005．

［18］王迁．知识产权法教程［M］．北京：中国人民大学出版

社，2007.

［19］周安平．中国著作权理论与实践研究［M］．北京：人民出版社，2014.

［20］哈利·希尔曼·沙特朗［著］，张文镝［译］．论美国的艺术产业［J］．马克思主义与现实，2004，（1）．

［21］黄鸣奋．关于艺术产业及其定位的思考［J］．宁波广播电视大学学报，2007，（4）．

［22］李波．中国当代艺术产业现状分析［J］．社会科学家，2008，（12）．

［23］赵小平，游达明，杨晓辉．艺术产业价值链"陷阱"与协调［J］．系统工程，2016，（4）．

［24］赵小平，游达明．艺术产业战略选择与价值创造的关系研究［J］．湖南社会科学，2016，（2）．

［25］巫峻．艺术产业与金融对接的现状与问题分析［J］．贵州大学学报（艺术版），2016，（4）．

［26］李骏．我国艺术产业管理的对策［J］．东南大学学报（哲学社会科学版），2015（1）．

［27］戴哲．美国追续权立法研究——兼谈对我国追续权立法的影响与启示［J］，2016，（8）．

［28］王云霞．文化遗产法教程［M］．商务印书馆，2012.

［29］李书文，信春鹰，袁曙宏，王文章．非物质文化遗产法律指南［M］．北京：文化艺术出版社，2011.

［30］刘红婴．非物质文化遗产的法律保护体系［M］．北京：知识产权出版社，2014.

［31］［美］博登海默［著］，邓正来［译］．法理学：法律哲学与法律方法［M］．北京：中国政法大学出版社，2004.

后 记

《文化产业与文化遗产法律法规研究》是作者对当代文化产业与文化遗产法律法规的具体思考。写作过程中，一方面争取充分展现国内最新的艺术产业法律法规条款以及我国加入的国际文化艺术公约，另一方面也尽量借鉴国内外最新的研究成果。

特别感谢田川流教授百忙之中提出详尽的修改意见和建议，它们对于本书的完成具有不可或缺的作用。

山东艺术学院艺术管理学院王凤苓院长、张琰书记、郑华立书记、刘金龙副院长、孙春波副书记以及其他领导同事为本书提供了很多帮助，在此致以衷心感谢。

北京工业大学出版社的领导和责任编辑对于该书的撰写予以极大的关心与帮助，谨致以诚挚的谢意。

张兆莉女士协助搜集整理大量资料，为本书的顺利完成付出了艰辛努力，一并表示感谢。

本书可供文化艺术从业者和研究者使用，也可作为艺术管理、文化产业等相关专业的学习资料使用。

虽努力收集最新研究成果和学术资料，但水平有限，舛误之处在所难免，欢迎各位同仁批评指正。